KB238498

10년간의
우리 행복은

10년간의
우리 행복은

소찬 이문호 지음

한국학술정보㈜

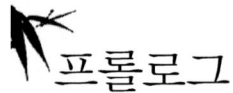
프롤로그

하늘이 높은 줄을 알고, 땅이 단단한 줄을 알게 되기까지는 많은 눈물을 흘려야 했습니다. 남이 있고, 나무가 있고, 꽃이 있고, 잡초가 있고, 모난 돌이 있는 것을 알게 되고. 내가 흙과 같고, 돌과 같고, 나무와 같고, 시냇물과 같고, 흙탕물과 같고, 구정물과 같고, 물고기와 같음을 알게 되기까지는 많은 피를 흘려야 했습니다.

내가 나무이고, 내가 돌이고, 내가 잡초이고, 내가 남이고, 내가 자동차인 것을. 이 모든 것들이 나와 똑같이 중요하고, 소중하고, 하찮고, 아무것도 아닌 것을. 모든 것이 아무것도 아니며, 모든 것이 아무것인 것을. 내가 아무것도 아니며, 아무것이며, 중요하고, 중요하지 않은 것을 알게 되기까지는 수많은 피눈물을 흘려야 했습니다.

할머니.

할머니는 모든 것을 주시는 분입니다. 그냥 아낌없이 주시는 분입니다. 우연히 알게 된 존재의 비밀이 그를 움직입니다. 그대가 있기에 내가 있음이 자명하기에, 그대가 누구인지 관심을 가집니다. 뿌리를 찾는 것이 아니라, 존재 자체를 찾는 일입니다. 그대의 흔적은 400년이나 된 작은 그림 속에 있었습니다. 그저 평범한 묵죽도(墨竹圖). 묵죽도보다 그 옆에 있는 풍죽도(風竹圖)에 관심을 가집니다. 거기에서 그를 발견합니다. 그대는 그입니다. 그는 그대입니다. 400년을 거슬러 올라가는 것은 연어가 태어난 곳을 찾아가기 위해서 폭포를 거스르기보다 어렵습니다. 폭포는 항상 거기에 있기에 매년 다른 연어가 도전을 합니다. 그는 매년 그곳에 있지 않습니다. 그대 또한 언제나 그곳에 있지는 않습니다. 처음이자 마지막인 도전을 하게 한 그대. 그대는 그에게 유일입니다.

조모님.
내 할머님. 특별한 능력으로 나를 키워내신 내 할머니. 많은 것을 가르치셨지만 하나도 물려받지 않은 손자는 이제 겨우 할머니의 뜻을 알게 됩니다. 일 년 전에는 몰랐습니다. 어제도 몰랐습니다. 오늘. 이제 겨우 알았습니다. 그것도 30년의 세월마냥 어렴풋이 알게 됩니다. 조선에 없는 손자는 할머니의 뜻을 알지 못했습니다. 할아버지가 되는 나이가 되어서야 겨우 할머니의 뜻을 알게 됩니다. 조모님이 만들어놓으신, 닦아놓으신, 표시해놓으신 길을 가고 있음을 30년이 지난 후에야 깨닫게 됩니다. 1950~1960년대에 보편적인 조손 간의 관계를 조금이라도 기록으로 남겨놓으려고 노력했지만, 지나친 자기변명에 지나지 않을 이야기로만 채워지는 것에 애꿎은 짧은 필력만 나무랍니다. 조선에 없는 손자에서 조선의 손자로, 마침내 손자로 바뀌는 과정은 저자의 이력입니다.

어머님.
서로 얽혀 있던 실타래가 풀리기 시작하던 홀로 사신 기간 동안 자신을 발산하고 자아를 찾아내시던 어머니와의 추억 나눔이 그리워집니다.

10년간의 우리 행복은?
강산도 변한다는 10년은 새로운 세상을 향한 염원이며 몸부림이었을까? 10년간 누렸던 행복은 서로를 되돌아보게 하고 태어난 곳을 찾아가게 하는 마력을 지녔을까? 짧았던 순간의 행복을 회상하기 위함일까?

목차

첫 번째 이야기,

그대 있음에

1. 옥산의 따님

그가 조선 시대 중기의 풍류가이자 율곡의 동생인 옥산 이우 선생을 처음 만난 것은 정말 우연이었다. 어릴 때부터 할머니들로부터 들어온,

"옥산의 따님이신 우리 할머니……."

로 시작되는 집안의 내력에서 등장하는 옥산. 그리고 율곡과 사임당은 먼 역사 속에 자리하는 인물로만 기억되고 있었다. 사임당이나 율곡은 초등학교 때부터 들어온 역사적인 인물이었지만, 옥산은 오로지 이야기 속에 존재하는 머릿속 한구석에 조용히 자리 잡고 있는 이름에 지나지 않았다. 그런 이름이 어느 날 갑자기 그의 머리를 가득 채우고 말았다.

45년간 초등학교에서 아이들을 가르치다 교장으로 정년을 맞이하신 그의 부친께서 갑자기 그를 호출했다. 족보 한 권을 꺼내놓으면서,

"세상에 별일이지. 어떤 사람이 우리 족보를 흉내 내어 유사족보를 만들었는데, 이것이 우연한 일로 발견되었으니 그나마 다행이다. 이게 그 유사족보인데, 이것하고 옛날 족보하고 비교해서 어떤 부분이

가짜로 첨가되었는지 알아보거라."

평소에 아무런 관심이 없던 족보를 비교 검토하라는 말씀이시다. 몇십 번이나 바뀐 교육정책 때문에 한자를 배우는 둥 마는 둥해서 한자와는 별로 친숙하지 못했기에 족보와는 거리가 멀 수밖에 없었다. 시키시는 일이니 하기는 해야 하지만 솔직하게 말씀드렸다.

"한자를 잘 몰라서 못할 것 같습니다."

간신히 위기라도 넘긴 듯 안도의 한숨을 쉬다가 평소에 궁금하게 여기던 옥산의 따님에 대한 이야기를 여쭈었다.

"옥산의 따님에 대한 이야기는 정확하게 어떻게 되는지요?"

"그거는 전해오는 이야기가 전부다. 확실한 건 아니고."

옥산의 따님에 대해서 족보에 기록된 내용을 그 자리에서 읽어보 았지만, 별다른 내용이 없었다.

「德水李氏僉正玉山君瑀女宣廟十二年甲申生光海元年己酉六月一日卒」

＜첨정벼슬을 지낸 호가 옥산인 덕수 이씨 우의 따님으로, 선조 12년에 태어나고, 광해군 원년 6월 1일에 세상을 떠나다.＞

일반적으로 족보에 나와 있는 산소(묘)에 대한 이야기가 빠져 있다. 어디에 있다든지 아니면 없다든지 하는 내용이 없다. 그냥 없는 것으로 간주하면 될 일이다. 한 가지 이상한 것은 아래위의 모든 분들에 대해서는 탄생과 사망뿐만 아니라 자녀의 수나 산소에 대해서도 자세히 나와 있는데, 오로지 이 옥산의 따님에 대해서만 기록이 빠져 있다. 심지어 당신의 장남은 무과에 급제하고 벽사도 찰방을 지냈으며, 둘째는 문과에 급제하고 경기도 남포현감으로 있을 때 일어난 병자호란에서 전사하여 이조참의를 증직 받았으며, 셋째는 군자정을 지냈다. 다시 말해서 아들 셋 모두 벼슬을 하고, 한 명은 대과에도 급제했는데, 그 어머니의 묘지가 명확하지 않다? 아들과 남편의 묘에 대해서는 매년 시제도 지내는데?

부군이 병조판서를 지냈다면 혹시 문집이라도 있을 수 있겠다. 문집을 조사해보자. 부군의 호를 딴 『벽오유고』에는 그냥 재능 있고 정숙한 부인으로만 소개되어 있었다.

친정인 덕수 이씨 쪽에서도 어떤 기록이 있을지도 모른다. 덕수 이씨에 대한 정보를 먼저 조사했다. 조사 결과를 바탕으로 덕수 이씨 화수회로 연락을 해서 회장과 총무를 만날 수 있었다. 옥산의 따님의 후손이라 소개하였더니 매우 반가워했다. 옥산의 따님이 그의 문중에서 어떻게 중요한 분인가를 설명하고는, 친정에서 소장하고 있는 자료를 보여달라고 했다.

"미안하지만 우리가 가진 자료라고는 이것밖에 없습니다."

그러면서 장인인 옥산이 당시 경주부윤인 사위 벽오에게 보낸 편지의 사본과 그 내용에 대한 한글해석을 건네었다. 내용은 경주부윤인 사위가 관내의 노인들을 위한 시설인 노인정을 준공하는 것을 축하하는 편지였다.

"그렇다면, 덕수 이씨 옥산공파 족보에서 옥산의 따님과 관계있는 부분의 사본을 얻을 수 있으면 좋겠습니다."

"글쎄, 그건 어려운데요."

"정 어렵다면 학교 도서관에 소장되어 있는 족보를 참고하겠습니다."

앞으로도 많은 도움을 부탁한다는 말을 덧붙이며 그렇게 만남을 끝냈다.

왜 족보의 사본을 건네는 것이 어려울까?

왜 옥산의 따님에 대한 기록만 불충분할까?

이런 의문이 생기는 것은 무엇 때문일까? 무슨 비밀이 있는 게 확실하다고 생각한 그는 우선 그가 가지고 있는 족보에 기록되어 있는 내용의 진위를 확인하기로 했다. 그래서 옥산의 따님을 중심으로 아래위 5대, 모두 10대를 걸쳐 확인할 수 있는 기록들을 살펴보았다. 기록들 중에서 객관적으로 확인할 수 있는 것은 무엇일까? 우선『조선왕조실록』에서 굵직한 사건들을 확인했다. 그리고 과거시험 합격자와 공신에 대한 기록을 확인하였다. 한글로 번역한『조선왕조실록』CD가 판매되고 있어, 손쉽게 입수할 수 있었다. 과거합격자 중에서 문과(대과)에 합격한 사람의 이름과 공신에 대한 기록은 입수하기 어려워 그가 20여 년간 교수로 재직하고 있는 대학의 도서관을 찾았다. 서지학을 전공한 O 박사의 도움으로 간단하게 문과 급제자 명단이 있는『국조방목』과 각종『공신록』을 찾아내었다. 그는 옥산의 따님

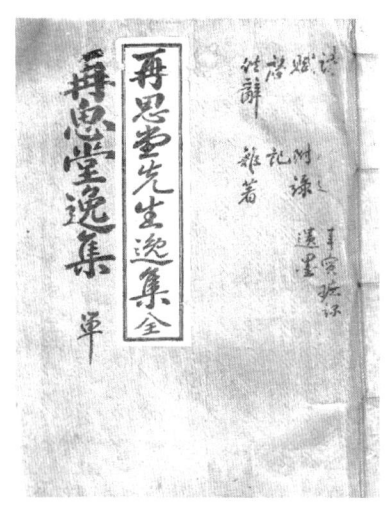

〈그림 1〉 재사당일집

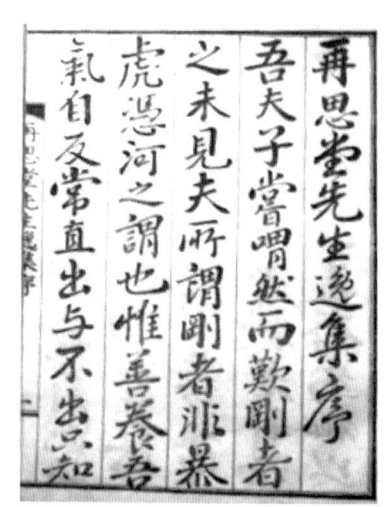

〈그림 2〉 재사당일집 서문

에 대한 실체를 찾아내기 위해서 족보의 기록과 각종 참고자료의 기록을 훑기 시작했다.

팔별(八鼈)집

옥산의 따님의 부군인 벽오(碧梧)는 그의 14대 조부였다. 오동나무 벽자에 오동나무 오자이니 오동나무를 무척 사랑했나 보다. 벽오의 본명은 이시발(李時發)인데, 본관은 경주(慶州)이다. 그에 대한 이야기는 조금 긴 편이다.

고려 말의 익제 이제현(益濟 李濟賢)의 직손인 윤인(尹仁)은 조선 세종(世宗) 때 평안도 관찰사를 지냈다. 그의 아들 공린(公麟)은 창평 현령을 지냈는데, 사육신의 한 사람인 취금헌 박팽년(翠琴軒 朴彭年)의 딸과 혼인을 했다. 공린이 박팽년의 집으로 장가를 온 첫날밤에 묘한 꿈을 꾸었다. 잠에서 깨어난 후에 신부에게 꿈 이야기를 했다.

"부인, 내가 간밤에 참 묘한 꿈을 꾸었어요. 동해용왕의 아들이라고 주장하는 젊은 사람 8명이 나에게 살려달라고 애원을 하는 바람에 잠을 설쳤어요. 혹시 뭐 짚이는 데가 없어요?"

신랑의 꿈 이야기를 들은 신부는 그 내용을 친정어머니에게 말했다. 꿈 이야기를 다 들은 친정어머니는 뭔가를 골똘히 생각하다가 웃으면서 말했다.

"새신랑에게 주기 위해 자라 8마리를 사다가 줄로 묶어서 광에 넣어두었다. 어쩌면 그 자라들이 동해용왕의 아들인지도 모르겠구나."

장모의 말을 전해들은 공린은 신부에게 꿈의 내용과 비슷하니 자라를 살려주자고 제안했다. 그래서 신부는 광에 가서 줄에 매달려 있는 8마리의 자라를 가져왔다. 공린은 신부와 같이 후원에 있는 연못으로 가서 자라 8마리를 놓아주었다.

"잘 가거라."

자라들은 물속으로 헤엄쳐 들어갔다. 그런데 마지막으로 들어가는 한 마리가 헤엄을 멈추고는 고개를 돌려 이 신혼부부를 한번 힐끗 보고는 다시 헤엄쳐 들어갔다. 이를 본 신부는 속삭였다.

"어머, 막내는 눈 위에 빨간 상처가 있네요. 안타까워라."

부부는 신통하게도 8명의 아들을 낳았다. 아들의 이름은 모두 거북 구(龜)나 자라 별(鼈) 자가 들어가는 한자로 이름을 지었는데, 모두 외자 이름이다. 그런데, 마지막 두 아들의 이름은 6명의 아들과는 다른 고기 어(魚) 자가 들어가는 이름을 가졌다. 신기하게도 막내아들은 태어날 때 눈 위에 상처가 있었다. 신혼 첫날밤에 꾸었던 신랑의 꿈과 신기하게도 일치하는 믿거나 말거나 한 이야기이다. 그래서 그 집안을 팔별(八鼈)집이라 부른다. 아직도 팔별집에서는 자라나 거북을 먹지 않는다. 많은 사람들이 개고기를 먹지 않듯이.

단종 복위 사건이 미수에 그쳤을 때, 성삼문을 비롯한 사육신의 가족들은 모두 죽임을 당했다. 물론 박팽년의 사위인 공린을 비롯한 팔별집의 가족들도 모두 화를 입을 수밖에 없었다. 그런데, 공린의 부친인 윤인이 조정에 기여한 바가 컸다. 그리고 윤인의 부인인 남양 홍씨께서 절행(節行)이 탁월하여 정문을 받은 바 있었다. 이것이 참작되어 커다란 화는 면하고, 공린은 종신금고형에 처하게 되었다. 모친인 남양 홍씨의 절행과, 때마침 내훈(內訓)을 지으신 성종의 모후인 인수대비께서 모범이 될 만한 부인을 찾게 되었는데, 이때 남양 홍씨의 절행이 인수대비의 눈에 띄어 정려와 함께 공린이 종신금고형에서 풀려나는 상을 받게 된다. 이로부터 공린은 30세가 넘은 많은 나이에 무과에 급제하여 현령으로 벼슬살이를 할 수 있게 되었다.

   팔별집의 셋째는 원(黿)인데, 호를 재사당(再思堂)이라 한다. 일찍이 영남사림의 태두인 점필제 김종직(佔畢齊 金宗直)에게서 학문을 익혀 19세에 문과에 급제하였다. 23세에 봉상시 직장(정7품)으로 있을 때, 직장으로서 점필제의 시호를 의정한 문서를 작성한 것이 죄가 되어 사직하였다. 같은 해 대제학인 홍귀달의 추천으로 독서당에 들어갔다가, 예조좌랑으로 승진했다. 24세 때 성종(成宗)이 승하하고 연산군이 왕위를 계승했다. 28세 때 무오사화가 일어나 김종직과 관련된 사람들이 모두 화를 입었는데, 재사당도 김종직의 제자라서 곤장 80대를 맞고 평안북도 정주의 곽산으로 유배되었다. 이어 갑자사화가 일어나, 무오사화에 연루된 모든 이가 다시 중형을 받았는데, 그도 참형되었다. 그는 작은 의리나 절조에 얽매이지 않고, 기개와 도량이 넓고 당당하였다. 죄를 취조받을 때도 언제나 논리 정연하고 당당하게 대답하였다. 외할아버지인 박팽년의 피를 받았기 때문일까? 중종반정 후에는 도승지로 복권되었다.

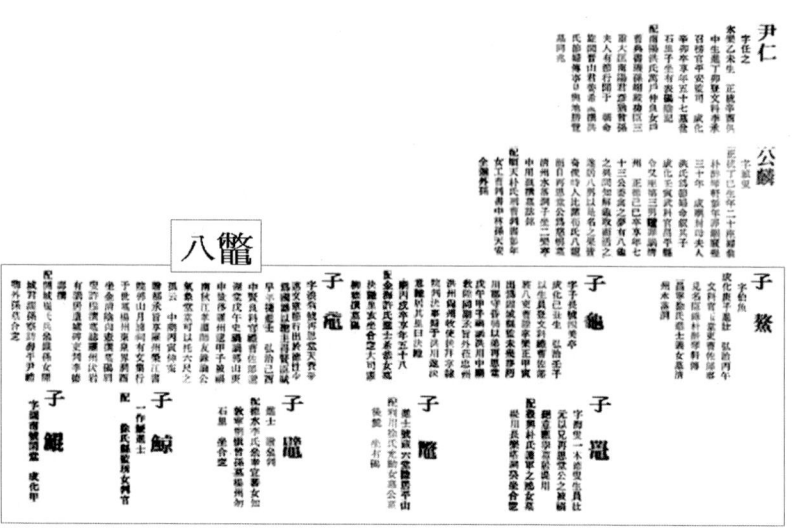

〈그림 3〉 팔별집 가계도

　재사당의 증손 오촌(梧村) 대건(大建)은 24세에 진사가 되었으나, 다음 해에 사망했다. 그의 장남이 벽오인데, 21세(1499년)에 문과에 급제하였다. 벽오가 24살이 되던 해(1502년)에 왜가 조선을 침략한 임진왜란이 일어나, 조선을 돕기 위해 명(明)나라의 장수와 사신들이 조선으로 돌아왔다. 중인 출신의 역관들은 통역을 하였다. 총사령관 격의 명의 장수는 조선의 국왕과 맞먹는 제후에 해당하므로 조선 측의 접반사는 정2품에 상응하는 고위관리가 맡아야만 했다. 조정에는 중국어에 능하고, 중국의 시에 능통한 고위관리가 발견되지 않았다. 벽오가 중국어를 특히 잘하고 중국 시에 아주 능하여 낮은 직위에도 불구하고 중국의 사신과 장수들을 대접하는 접반사의 직책을 맡았다. 중국에서 온 사신들과 장수들이 임무를 수행하고 나서 중국으로 돌아갈 때, 국왕인 선조에게 가서 하직인사를 하면서,

"이시발 덕택에 공무를 잘 수행할 수 있었다. 앞으로 그를 크게 등용하라."

고 추천하였다. 그래서 그는 곧이어 사간원 정언, 병조좌랑을 거쳐, 28세에 충청도 순안어사를 했다. 30세의 나이에 경상감사(종2품)에 올랐으나, 너무 어린 나이에 감사를 맡았다고 수많은 탄핵 상소가 올라왔다. 선조(宣祖)도 1년 후에 어쩔 수 없이 그를 경주부윤(종2품)으로 좌천시켰다. 다시 2년 후인 1601년에 경상감사로 복귀했다. 그로부터 3년 뒤인 1604년에 동지중추부사, 형조참판, 병조참판, 1605년에 동지춘추관사를 거쳐 함경감사를 맡았다. 2년 후인 1607년에 예조참판과 병조참판을 맡았다. 광해군 4년(1612년)에 인목대비의 폐서인을 반대하는 상소를 했다가 관직을 삭탈당하고 귀양을 갔다. 3년 후인 1615년에 그의 병법과 병참술을 높이 산 조정에서 북쪽의 방위를 위해 그를 안변부사로 불러들여 북쪽의 방비를 맡겼다. 1623년에 인조반정이 일어나 인조가 왕위에 오르자, 그는 형조판서에 오른다. 1624년에는 병조판서 겸 체찰부사로서 이괄의 난을 평정했다. 그해 11월에 병으로 병조판서를 사임하였는데, 약 1년 반 후인 1626년에 병으로 사망했다.

〈그림 4〉 경주 이씨 족보-벽오의 부인들

벽오의 부인들

벽오(1569~1626)에게는 여흥 민씨, 고령 신씨, 덕수 이씨 등 3명의 부인이 있었다. 사망한 연도를 보면, 첫째 부인이 1609년, 둘째 부인이 1661년, 셋째 부인이 1609년으로 첫째와 셋째 부인은 같은 해에 별세했다. 이럴 수가 있을까? 첫째 부인이 별세하기도 전에 셋째 부인이 있었다는 이야기가 된다. 출생한 연도를 보면, 첫째 부인이 1569년, 둘째 부인이 1590년, 셋째 부인이 1584년으로 둘째와 셋째 부인의 나이가 뒤바뀌었다. 그것도 6살의 차이로. 그 당시의 조혼풍습을 고려해서 둘째 부인이 12~17세 사이에 결혼했다고 가정할 때, 셋째 부인의 나이는 18~23세로, 셋째 부인이 26세에 돌아가신 것을 감안하면 뭔가 이상한 부분이 있다. 이렇게 이상한 점들은 모두 셋째 부인의 존재에서 나온 것이다. 뭔가를 많이 남겨놓아 후손인 그로 하여금 그것을 찾아내라고 한 것인가? 그 비밀은 무엇일까?

첫째 부인인 여흥 민씨는 19세에 벽오와 혼인하였다. 시댁이 충청도 청주이었기에 2년 동안 시댁에서 지내다가, 21세 때 부군이 대과에 급제하고 그 이듬해에 서울로 벼슬살이를 하게 되어 부군과 같이 서울로 옮겨갔다. 24세에 임진왜란이 발발하여 부군과 같이 시모를 모시러 고향으로 내려갔다. 이때 부군과 헤어져, 부군인 벽오는 선조대왕을 따라 평양, 의주로 갔고, 부인은 어린 딸을 데리고 방황하다가 어렵게 친정인 충청도 제천으로 갔다. 전쟁이 진정되자 다시 시댁으로 가서 시어머니를 모셨다. 그 후 부군의 임지를 따라다니다가 41세의 나이로 평양에서 세상을 떠났는데, 조선 중기의 양반 벼슬아치의 부인으로서 전형적인 삶을 살았다. 1609년에 사망했을 때, 부군인 벽오의 부탁으로 최립(崔岦)은 그녀의 묘갈문을 지었다. 최립은 묘갈문에서,

"부인은 이미 부도를 알고서 집안일을 다스려 시어머니의 귀여움을 받았다. 남편을 걱정시키지 않는 어짊이 있으니 그 부드럽고 정숙한 행위는 이미 정도에 지나치리만큼 훌륭하였다. …… 진실로 교양과 인격이 높은 사람들이 행할 바의 경중을 알고 그 길을 찾았다. 여사를 명찰하지 아니하고 후진의 무리가 어찌 칭찬하여 말하는 것으로서 그칠 수 있겠는가."

둘째 부인인 고령 신씨는 선조 23년에 태어나서 현종 2년에 72세로 별세하였으니 대단히 장수하였다. 우암 송시열이 지은 산소 표음기에는,

"여자로서 군자의 행실이 있는 여사다. 이미 전 부인에게서 1남 3녀, 시비가 낳아서 기르던 아이, 자신이 낳은 2남 1녀, 모두를 구별하거나 차별하지 않고 어루만져서 기르고, 출가시켜 두터운 정의가 골고루 미치게 하였다."

부인은 아무리 기쁜 일이나 슬픈 일이 있어도 내색하지 않았다. 일찍이 부군이 병조판서가 되어 정경부인의 첩지를 받았으나, 항상 겸손하고 검약했다. 부인의 나이 37세 때 부군이 58세로 별세하자, 10살과 7살인 친아들 둘을 안고 울면서,

"내가 너희들로 하여금 아버지의 뒤를 잇도록 하지 못한다면, 저승에 가서 무슨 할 말이 있겠느냐."

라고 했다. 부인은 자식들이 잘못을 뉘우칠 때까지 용서하지 않고, 공

부도 엄하게 시켜, 게으르게 하지 않았다. 두 아들은 모두 대과에 급제하여 각각 이조판서와 좌의정을 지냈다. 그리고 손자들도 대과에 급제하여 이조참판, 대제학을 지냈다. 심지어 1693년의 알성 문과에서 손자 둘이 동시에 급제하였는데, 그중 한 명은 장원을 하였다. 왕이 친히 급제한 형제를 불러 물었다.

"누구의 자손이냐?"

"벽오의 손자입니다."

"과연 벽오의 자손이로다."

이들은 각각 황해감사와 교리를 지냈다.

셋째 부인인 덕수 이씨는 선조 17년에 태어났는데, 군자감정을 지낸 옥산 이우의 딸이고, 율곡 이이의 질녀이며, 사임당 신씨의 손녀이다. 광해원년에 사망했다. 이 기록이 전부이다. 묘지가 없으니 묘갈명도 없다. 참고할 수 있는 자료가 전혀 없는 것일까? 그래서 혹시 구전으로라도 전해오는 것은 없을까 해서 조사해보았으나 별 소득이 없었다. 다만, 족보에는 벽오의 3배(配), 즉 세 번째 부인으로, 묘는 진천에 있으며, 슬하에 3남 1녀를 두었다고 기록되어 있다. 3남 중에서 장자는 경충으로, 무과에 급제하여 이괄의 난을 평정한 공이 있으며, 찰방을 지냈다. 차남은 경선으로, 문과에 급제하여 남포현감을 지냈으며, 병자호란 때 참모관으로 참전하여 전사한 공이 있어 예조참의로 증직되었다. 삼남은 경종으로 군자정으로 증직되었다. 차남인 경선의 아들은 둘인데, 모두 진사시에 합격했다.

허점 많은 기록들

최근에 발간된 족보에서 공통적으로 발견할 수 있는 것은, 책마다 기록이 조금씩 다르다는 것이다. 옥산의 따님에 대한 기록도 마찬가지였다. 조선 말기에 편찬된 족보에는 아예 옥산의 따님에 대한 기록이 없다. 일제치하 이후에 발간된 것의 내용을 정리할 수밖에 없다. 여러 가지 의문이 생겼다. 여러 족보로부터 발견한 이상한 점을 정리하였다.

(1) 다른 두 벽오 부인의 경우에는 묘가 어디에 있는지 명시되어 있으나, 덕수 이씨 벽오 부인의 묘에 대해서는 언급이 없거나, 나중에 발간된 족보에는 그냥 '진천'이라고만 적혀 있다. 아마, 후손들이 진천이라고 적어놓은 것 같다. 그 이유로는 ① 후손이 미미해서 묘를 잃어버린 경우와 ② 실제로 묘가 없는 경우인데, 조선 시대의 관습에 따르면 첩의 경우에는 묘가 없는 경우가 많다.

(2) 첫째 부인과 셋째 부인이 같은 해에 사망할 수 있을까? 이것은 ① 다처제가 음성적으로 유지되고 있었을 가능성과 ② 첩일 가능성으로 검토할 수 있다. 고급관료(감사·부윤·참판)인 벽오가 법으로 금하는 다처를 취할 가능성은 거의 없다.

(3) 세 부인들의 자식이 족보에 기재된 순서가 맞질 않다. 즉, 여흥 민씨의 경연(1599~1616), 고령 신씨의 경휘(1617~1669), 경억(1620~1673), 덕수 이씨의 경충(1598~1648), 경선(1600~1636), 경종(1602~1647)의 순서로 기재되어 있다. 만약 다처제를 인정할 경우에는 태어난 순서대로 기재하는 것이 일반적인데, 그렇지 않기에 다처제 때문이 아닌 것이 확실하다.

(4) 조선 후기에 발간된 족보에는 덕수 이씨에 대한 기록뿐만 아니라 그녀의 아들들과 후손에 대한 기록도 없다.

다처제는 일단 제외하자. 그렇다면, 왜 자녀들에 대한 기록이 상식에서 벗어나며, 부인(配)에 대한 기록이 특이할까. 후손이 미미하여 오랫동안 등재되어 있지 않다가, 나중에 나타나서 정실로 인정할 수 없기 때문일까. 서자이기 때문일까. 그는 많은 이유들을 검토했다. 그래서 우선 그 까닭을 이렇게 생각했다.

① 셋째 벽오 부인이 첩일 가능성,

② 후손들이 일가와 친척을 떠나 있다가 나중에 다시 합세한 경우,

③ 법으로 인정되지는 않지만 다처제의 중혼(重婚).

생각이 여기에 미치자, 그는 부친께 옥산의 따님에 대해서 전해오는 이야기가 없는지 여쭈었다.

"옥산의 따님이 족보에 잘못 올라 있는 것은 아마도 그 당시의 혼인제도 때문일 게다. 전하는 이야기가 있지. 우리 할머니께서 어려서 정혼을 했는데, 결혼식을 올리기 전에 신랑 될 사람이 병으로 사망했단다. 그래서 다시는 혼인할 수 없는 처녀과부가 된 것이지. 그런데, 아버지 옥산으로부터 글과 그림을 공부한 똑똑하고 당찬 따님은 임금께 처녀과부제도의 부당함과 자신의 처지에 대한 억울함을 상소하였다. 임금께서 이를 어여삐 여겨 특별히 혼인을 허락하였다. 옛날부터 세 번째 부인부터는 첩과 같은 입장이라, 그래서 족보의 기록이 복잡하게 된 것일지도 모른다."

처녀가 상소를 한다. 여성이 상소를 한 기록이 얼마나 있을까? 그것도 처녀가. 과연 아버지가 허락을 할까? 임금께서 특별히 허락했다

면, 많은 신하들과 의논을 했을 것이 분명하다. 그 당시의 임금은 물론 선조. 왜란으로 핍박해진 나라 살림을 챙기느라 바빴을 것이다. 그렇지만 백성들의 민심을 추스르기 위해서 웬만한 상소는 긍정적으로 검토했을 수도 있다. 그래서 그는 『조선왕조실록』을 훑었다. 옥산의 따님이 태어나서 결혼을 할 때까지 십여 년간(1584~1598)의 기록을 확인했다. 사건이 경미해서 어전회의에서 거론되지 않았나?

아니다. '재혼'에 관한 많은 논의들이 조선 시대에 있었다. 여기서 문제가 되는 재혼은 양반 여성들의 재혼을 말한다. 양반이 아닌 여성들은 그 대상이 아니다. 재혼에 대한 논의가 있을 때마다 명분론이 우세했다. 그래서 임금은 언제나 명분론을 따를 수밖에 없었다. 심지어는 과부들이 경제력이 없어서 굶어 죽는 경우가 많기 때문에 이런 경우에 한하여 재혼을 허락하자는 건의가 있었다. 그렇지만 내린 결론은 이러하다.

"굶어 죽는 것은 작은 일이요, 정절을 잃는 것은 큰일이다."

굶어 죽으라는 말이다. 양반 관리들이야 굶어본 적도 없으니, 배고픔의 고통이 어떠한지 모른다. 더욱이 굶어 죽는다는 것은 더더욱 모른다. 말만 사람이지 히틀러보다 더 나쁜 비인간적인 사람들이 아닐까? 물론 양반들만이 사람이므로, 양반 부녀자로 과부들만이 굶어 죽어야 했다. 양반이 아닌 사람은 사람이 아니기에, 규제대상에서 제외되었다. 물론, 재혼이 가능했고, 재혼뿐인가. 삼혼, 사혼, …… 신고할 필요도 없었다. 이혼의 표시로 옷깃을 잘라서 서로 나누면 공식적으로 이혼한 부부로 인정되어 딴 남자를 만나도 문제가 없었다. 자른 옷깃의 모양이 나비처럼 생겼다고 '나비 베'라고 하는데, 이것이야말로 만능이었다. 그러나 양반 부녀자에게는 나비 베가 허용되지 않았다.

그는 삼촌에게 물었다.

"벽오 산소에 대한 시제 때 옥산의 따님에 대해서는 어떻게 합니까?"

"옥산의 따님의 대표로서 형님이 멀리서 참석해도 잔 한번 올리지 못했다. 우리 할머니에 대한 잔은 산소가 없으니, 그 아드님 산소에서 같이 올린다."

왜 우리는 벽오께 잔을 올리지 못하는 것일까? 벽오의 자손으로 잔을 올리지 못하는 이유는 뭘까? 족보에 없다가 다시 나타난 것과 관계가 있는 것일까? 이런저런 생각을 해보았지만, 그로서는 더 이상 아무런 해답을 구할 수 없었다.

그녀의 후손들이 미미해서 족보조차 제대로 지키지 못한 것일까? 산소를 잃어버리고, 선조에게 잔을 올리지도 못하고. 무엇보다 족보의 기록에서조차 사라지는 수모를 당한 것일까? 그는 마음이 착잡했다. 정말로 이런 일이 가능할까. 그래서 기록을 다시 한번 정리해보았다. 옥산의 따님의 자녀 3남 1녀는 그런 대로 양반으로서 자리매김을 하고 있었다.

장남 경충은 23세에 무과에 급제하여, 1624년에 일어난 이괄의 난을 평정하는 데 참여하여 무공 1등의 공훈을 받았으며, 벽사도 찰방을 지냈다. 차남 경선은 1624년 진사시에 합격하고, 1633년에 문과에 급제하여 성균관 전적, 호조좌랑, 남포현감을 지냈다. 병자호란이 일어남에 정세규(鄭世規)의 참모관으로 참전하여 험천(險川)전투에서 전사하였다. 예조참의에 증직되었으며, 영조 6년에 용인 공세곡촌 앞에 정려가 건립되었다. 삼남 경종은 군자감정을 증직으로 받았다. 이러한 행장이라면 당시의 사대부로서는 미미한 것이 아니라 상당한 수준이다. 후손이 미미해서 족보에 오류가 발생한 것은 아닐 것이다.

[조선 시대 문과 합격자 명단인 문과방목을 활자화한 『국조방목(國朝榜目)』(대한민국 국회도서관, 1971)에 따르면, 경선이 갑자진사이나 족보에는 갑자사마로 되어 있음.]

[『국조방목』과 『조선왕조실록』에는 '성균관전적, 호조좌랑, 남포현감'에 대한 기록은 없고, 현감으로만 기재되어 있음.]

[『조선왕조실록』: 『인조실록』, 인조 15년 5월 26일(계사) 참고, 비국의 건의로 좌영장 최진립 등에게 표창하게 하다: '해조에게 명하여 최진립 이하 진중에서 죽은 참모관 이경선 등 7명에 표창하고 증직하게 하라'.]

[족보에는 경기도 검천(儉川)으로 기록되어 있으나, 왕조실록에는 험천(險川)으로 기재됨;

족보에는 이경선이 종사관 혹은 병마절제도위로 참전한 것으로 기록되어 있지만, 왕조실록에는 참모관으로 기재됨.]

천민이 인기 있다

일반적으로 족보는 17세기 이후에 와서 만들어지기 시작했다. 물론 문화 유씨나 안동 권씨의 일부 족보는 16세기에 만든 것도 남아 있기는 하지만, 대체로 최근에 와서야 제대로 형태를 갖춘 족보를 만들었다. 그러니까 그 이전의 기록들은 다른 문헌들을 참고로 해서 작성된 것이다. 사정이 이러하다 보니, 누락되거나 실제보다 과장된 경우도 있다. 대체로 누락된 경우보다 과장된 경우가 훨씬 더 많다. 그러니 모두가 양반이고, 모두가 권력자의 후예들이다. 모두가 양반이고, 권력자들이라면 대접을 받을 수 있을까? 대접받을 사람은 많은데, 대접할 사람은 거의 없으니, 누가 그들을 알아주고 대접해주나? 당연히 대접할 사람이 대접받을 사람보다 몇 배 이상은 되어야 하지 않을까. 피라미드 구조가 되어야 피라미드의 꼭대기에 해당하는 계층이 권세를 부릴 수 있다. 그런데 족보에 따르면 양반이나 세도가들의 수가 그 아래 계층만큼이나 되니 대접받기는 애초에 틀렸다. 언제 이렇게 양반이나 세도가의 수가 많아지기 시작했던가? 당연히 조선 말기에서 일제강점기에 이르면서 이런 현상이 나타났다.

계층의 수가 점차 줄어들면 오히려 대접을 받는다. 소를 잡던 백정이 그렇고, 양반놀음에 흥을 돋우던 각종 예술인들이 그렇다. 기생이나 악공, 화공이나 기예인들이 그렇다. 특별히 조선 시대의 통계를 인용하지 않더라도 대체로 지배계급이 전체의 10%를 초과하면, 대접받기 힘들어진다.

1997년 말부터 시작된 IMF 체제에서 돈이 많은 부자들은 살맛이 났다. 이전에는 중산층이라고 우기는(?) 다수의 부류가 있어서 어딜 가더라도 돈의 위력을 발휘할 수 없었다. 예를 들어 쇼핑을 가더라도 중산층이라는 존재 때문에 부자계층이 두드러지지 않았다. 국외여행이나, 부동산투자, 주식투자 등등의 투자에서 차별화가 되지 않으니, 부자들은 돈 쓰는 재미를 별로 느낄 수 없었다. 그러다가 IMF 체제가 시작되면서 중산층이 몰락했다. 이제 부자 흉내를 내는 계층이 사라졌다. 게다가 여러 금리정책과 경기부양책으로 인해서 부익부 빈익빈 현상이 두드러졌다. 이제는 돈 쓰는 맛이 난다. 고급스런 물건을 조금만 구입해도 대접을 받는다. 살맛이 나는 것이다.

똑같은 현상이 양반 사대부의 놀음이다. 모두가 양반인 요즘에는 양반놀음이 재미없다. 오히려 상놈이 재미있다. 조선 시대에 가장 천한 계층이 무엇이었던가. 노비? 사노비인가 아니면 관노인가. 관노는 관의 물건이다. 병기고에 보관된 창과 칼이다. 헛간에 있는 괭이나 호미와 같은 신세이다. 매번 그 수를 파악했다. 병이 들어도 돌보지 않았다. 죽어도 무덤 하나 차지하지 못했다.

관노에 속했던 기녀는 어떠했을까? 기생 점고가 무엇인가. 숫자를 맞추는 것이다. 그러니 기생은 물건과 같다. 힘 있는 양반이 기생을 첩으로 데려가려면 기적에서 빼내야 한다. 그런데 원칙적으로는 그렇게 할 수 없다. 국가 소유의 물건인 기생들을 빼내어 개인 소유의 기생첩으로 만들 수 없다. 최소한 도둑질 아니면 국가재산 사취에 해당하는 횡령이 된다. 그렇지만 왕의 종친들이 이 짓을 하니 왕은 모른 척하니 눈을 감을 수밖에 없다. 기생뿐이 아니다. 사당패인 남사당이나 여사당은 어쩌면 관노나 기생보다 더 천한 계층이었을 지도 모른다. 그렇지만 요즈음으로 하자면 이들은 예술인이다. 그것도 인기 있는 예술인이다. 이렇듯 이들은 사람대접을 받지 못했다.

요즈음은 어떤가. 젊은이들이 서로 하려고 기를 쓴다. 옛날에도 일부 극소수의 인기인들이 있긴 했다. 지금은 조금만 인기가 있어도 난리가 난다. 이 대열에 동참하는 사람들은 세대 간, 남녀 성별 간, 나이의 노소 차이도 없다. 한 나라의 총리나 대통령에서부터 유아들에 이르기까지 거의 전 세대에 걸쳐서 난리다. 이렇듯 옛날의 천민이 오늘의 인기인이다. 요즈음의 젊은이들이 가장 선망하는 직종이다. 아이러니하게도 요즈음 가장 선망하는 것들은 조선 시대에서 가장 천대하던 직업들이다. 왜 그럴까? 인기가 있는 이유가 무엇일까. 숫자가 적기 때문이 아닐까?

시대가 바뀌면서 양반의 수가 점점 많아졌다. 급기야는 일제강점
시기를 거치면서 모두가 양반으로 바뀌는 진기한 현상이 벌어졌다.
상민이나 천민처럼 옛날에는 아무런 기록을 가질 수 없었던 계층에
서는 새로운 기록들을 더하거나 빼서 새롭게 그럴싸한 기록(?)으로
만들었다. 그러다 보니, 요즈음에는 무엇이 진실이고 무엇이 거짓인
지 구별하기도 힘들어졌다. 양반이 상놈인지, 상놈이 양반인지 정말
로 헷갈린다. 가치관의 혼돈이 아니다. 인도처럼 계층이 분명했었지
만, 이제는 불분명하다. 결혼도 그렇다. 옛날에는 끼리끼리 결혼했다.
양반은 양반끼리, 상민은 상민끼리, 천민은 천민끼리. 오죽하면 양반
끼리 정식으로 결혼한 사이에서 태어난 자식만이 양반으로 인정되고,
양반에게만 자격이 주어지던 사마시에 응시하여 합격하면 진사나 생
원이 될 수 있지 않는가? 그런데 그것이 바뀌어 이제는 결혼도 자
유로워져 옛날에 양반이던 계층과 천인이었던 계층이 마음대로 결혼
하고 있다. 즉, 양천교혼(良賤交婚)이 마음대로 이루어지고 있다. 만약
조선 시대라면 이런 양천교혼은 어떻게 대접받았을까?

남성은 양반이고, 여성이 양반이 아닌 경우에는 첩이 될 수밖에 없
다. 양반의 처는 정식으로 혼인절차에 따라 결혼한 양반인 여성만이
될 수 있다. 정식으로 혼인절차를 거치지 않은 경우에는 정처가 될
수 없다. 여성에게 문제가 있어 더 이상 결혼관계를 유지할 수 없는
상태일지라도 첩이 아니고 정처가 된다. 반대로 아무리 잘나고 똑똑
하고 현숙하고 예뻐도 출신이 천인이면 양반의 정처가 될 수 없다.
천첩이 된다. 천첩은 천인 출신의 첩을 말한다. 그러면 양첩도 있는

가? 물론 있다. 양첩은 양반이나 양민출신의 첩을 말한다.

여성이 양반인 경우에는 어떻게 되는가? 여성은 양반, 남성은 천인. 얼마 전 TV 드라마 '허준'에 이런 것이 나왔다. 허준은 천첩의 자식이며, 허준의 부인은 양반으로 나왔다. 이런 경우는 무조건 이혼이며, 혼인 자체가 근본적으로 인정되지 않는다. 천인인 남성은 혼인이 성립된 과정에 따라 심한 경우에는 곧장 곤장 몇십 대를 맞은 뒤에 유배를 당하는 수도 있다.

조선 말에 와서 신분의 구별이 흐려지면서 판단이 어렵게 되자(?) 신분에 구애를 받지 않고 결혼하는 양천교혼이 많이 이루어졌다. 그래서 지금은 조선의 순수한(?) 양반혈통을 거의 찾기 힘들어졌다. 상황이 이리되었으니 오늘날의 족보에서 뾰족한 수를 어떻게 찾는단 말인가. 옥산의 따님에 대한 실마리를 찾는 것은 결코 쉽지는 않을 터이다. 백사장에서 바늘을 찾는 것보다 훨씬 어려울지도 모른다.

중혼이 가능할까

그는 옛날 우리 선조들이 부인을 몇 명까지 두었는지 궁금했다. 처가 있고, 첩도 있으니 재력이 있거나 권력이 있는 양반들은 여러 명의 부인을 두었을 것으로 생각했다. 몇 년 전에 우리나라에서 상영된 적이 있는 중국의 마지막 실력자인 서태후에 대한 영화가 기억났다. 서태후가 권력을 장악하기 위해서 동태후를 살해하는 장면도 있었다. 태후는 우리 조선 시대로 말하면 대비가 되므로, 동서태후는 동서대비가 되는데, 대비가 두 명이나 있다는 뜻이다. 그러니까 정실로 인정하는 왕이나 황제의 부인이 2명이라는 의미다. 우리 조선 시대의 경우와는 너무 다르다. 혼란스럽다. 그렇다면, 우리의 경우에는 언제나 정실부인이 1명이었을까?

조선의 첫 번째 왕인 태조 이성계를 보자. 그는 향처와 경처 두 사람의 정실부인을 두었다. 고향 함흥에 있는 향처에게서 5명의 아들을, 서울인 개성에 있는 경처에게서 2명의 아들을 두었다. 물론 향처가 살아 있음에도 불구하고 경처를 두었으니, 2처 병축에 해당한다. 이들(5+2)로 대별되는 배다른 형제들 간의 칼부림이 바로 제1차 왕자의 난이 아니었던가.

태조 이후로는 아무도 2명의 정실부인을 두지 않았다. 고려 시대에는 많은 왕들이 친척과 근친혼을 했고 여러 명의 부인을 두는 중혼(重婚)을 했다. 일반 관리들도 여러 명의 부인을 두었다. 조선 건국 초기까지도 정실부인이 1명 이상이었다. 그러니까, 제1부인, 제2부인, 제3부인, 이렇게 여러 명의 정실부인이 있었다. 정실부인, 즉 정처(正妻)가 2명 이상인 일명 다처병축(多妻竝蓄)의 풍조는 고려 말을 거쳐 조선 건국 후에도 얼마간 지속되었다.

성리학을 통치의 기본으로 확립한 조선 초기에 발간된 『태종실록』에는 흥미 있는 기록들이 있다.

"전조(고려) 이래로 예의가 제대로 지켜지지 못하니, 부부의 의리가 먼저 무너져 경, 대부, 관리, 선비들이 오직 욕심만 좇고 애정에 미혹되어, 처가 있는데도 처를 취하는 자가 있고, 첩으로 처를 삼는 자도 있어, 마침내 오늘날 처첩이 서로 송사하는 단서가 되었다(태종 13년 3월)."

아마도 민심을 얻지 못한 조선의 세력가들이 고려의 관습을 심하게 폄하하여 자신들의 역성혁명을 정당화하려는 의도가 엿보인다. 그뿐인가. 그 당시의 윤리적인 붕괴를 순전히 전조인 고려의 탓으로 돌리고 있다.

"전조 이래로 예의가 문란해지고 기강이 무너져서, 대소의 인원이 경외에 두 처를 병축하였다(태종 14년 6월)."

"전조 이래로 두 처를 병축하는 자가 있고, 다시 혼인하였다가 본래의 처와 도로 결합하는 자가 있고, 먼저 첩을 취하고서 후에 처를 취하는 자가 있고, 먼저 처를 취하고 후에 첩을 취하는 자가 있고, 또 일시에 세 처를 병축한 자도 있었다(태종 17년 2월)."

오늘의 기준에서 보더라도 윤리가 땅에 떨어졌다. 그런데 한 가지 이상한 것은 모든 판단이 남자의 입장에서 이루어졌다는 것이다. 왜 남자만이 처가 2명과 3명인 경우, 헤어졌다가 다시 결혼한 경우, 첩을 취하고 나서 처를 취한 경우, …… 등이 문제가 되는가? 여성은 힘이 약하기 때문에 당하기만 하는 존재라서 그럴까?

이것은 아마도 여자들이 설치는 것을 용납하지 못하는 신진세력의 자존심일지도 모른다. 그래서 남자의 잘잘못만을 이야기한 것인지도 모른다.

조선 개국에 참여한 신진세력들은 고려의 어지럽고 위태로운 상황을 핑계로 역성혁명을 일으켜 조선을 개국하였는데, 나라가 어렵게 된 이유가 불교를 숭상하고 여성들이 너무 설치기 때문이라고 했다면 참 재미있는 논리이다. 『조선왕조실록』 중에서 태조, 정종, 태종에 이르는 3대의 왕에 관한 기록들만을 본다면, 그들 신진세력이 이야기하는 고려의 악습과 폐단이 그때까지도 지속되었다. 그뿐이 아니다. 여러 가지 정황을 종합해보면, 역성혁명, 즉 조선의 건국은 국민인 백성들의 지지를 얻지 못했다는 것을 알 수 있다. 그들의 논리를 다시 보자. 불교의 사찰은 온갖 범죄의 온상이며, 사찰 주변에 대한 사찰의 횡포가 극심하고, 불교행사를 핑계로 부녀자들이 모여 좋지 않은 일을 저지른다고 생각했다. 그래서 신진 사대부들은 사찰을 없애 불교를 배척하고, 가족의 윤리를 확립하여 새로운 사회를 건설하기 위해서는 유학 특히 성리학을 통치철학으로 삼아야 한다고 주장했다.

그리고 여성들이 남편을 존경하지 않는 풍조를 바꾸고자 했다. 남자를 유혹하고, 결혼하고, 이혼을 마음대로 할 수 있는 것은 가족 윤리가 무너졌기 때문이며, 여성들이 남자를 무시하고 존경하지 않기 때문이라고 생각했다. 특히, 여성들이 마음대로 이혼하고 마음대로 결혼하는 것은, 근본적으로 여성들이 가지고 있는 경제적인 능력 때문이므로, 여성들의 경제적인 능력을 박탈하는 것이 급선무라고 생각했다.

그래서 우선 일부일처제를 도입하고, 부녀자의 개가를 금지시켰다. 즉, 처첩제는 그대로 유지하되, 정처는 1인밖에 두지 못하게 하여 가정 내의 기강을 바로잡고자 하였으며, 부녀의 개가에 대한 규제를 시도하고 점차 그 강도를 강화하였다. 개가한 부녀의 자손이 관료로 진출하는 것을 제한하면, 부녀자들은 함부로 개가를 못할 것이다. 자식의 장래를 망치니까. 경제적인 압박이나 차별을 해서 개가를 못하도록 유도했다. 즉, 첩의 자식들인 서자녀(양첩이 나은 아들과 딸)나 얼자녀(천첩이 나은 아들과 딸)에게는 유산을 적자녀의 1/7을 배분하도록 했다.

그런데도 중혼자나 개가금지를 위반한 사람이 많이 나왔다. 심지어 태종 13년에는 '대명률(大明律)'에 따라 중혼자에 대한 처벌기준을 마련했다.

"혼인할 당시 정식 절차를 밟았는가에 따라 처첩을 구분한다."

조선은 성리학의 나라이다. 그리고 명분과 절차를 중요시하는 나라이다. 정식 절차를 거치지 않고 결혼한 사람은 정처가 될 수 없었다. 그래서 허례허식이 만연했나 보다.

"처가 있는데 첩으로 처를 삼은 자는 90대의 매를 맞고 원래대로 환원하며, 처가 있는데도 다시 처를 취한 자는 90대의 매를 맞고 후처를 이혼시킨다."

"이미 죽어 환원하거나 이혼시키지 못하는 경우는 먼저 취한 처를 정처로 삼아 봉작하고 수신전을 받게 한다."

편법으로, 태종 13년 3월 이전에 취한 다처는 한시적으로 모두 정처로서 인정하기로 했다.

아주 흥미로운 기록이 태종 11년 윤12월(갑술)에 있다.

<사헌부에서 상소하여 이조 좌랑(吏曹佐郎) 장진(張晋)이 다시 장가든 죄를 청하였다.

"장진이 나이 젊었을 때에 전 부정(副正) 김생려(金生麗)의 딸과 결혼하여 자녀를 낳고 20여 년을 살았다. 김 씨가 비록 병이 있더라도 마땅히 약을 써서 구제하여야 할 것이다. 하물며, 병이 이미 회복되었는데도 사연을 핑계하여 김 씨를 버렸다. 한술 더 떠 재상인 정남진(鄭南晋)의 딸에게 다시 장가들었다. 장진은 특히 부부(夫婦) 해로(偕老)의 뜻에 합하지 않을 뿐만 아니라, 풍속이 야박하기가 이보다 더 심할 수가 없다."

임금이 명하여 순금사(巡禁司)에 내려 율에 의하여 시행하게 하였다.>

정처가 마음에 들지 않는다 하여 버리고, 다시 다른 사람과 혼인하여 정처로 삼는 것을 허락하지 않았다는 내용인데, 법을 어겼을 때는 엄하게 다스렸다는 것을 알 수 있다.

특수한 조건 하에서는 후취임에도 정처로 인정된 사례가 있다. 조선 시대만의 독특한 신분제도 때문에 발생하였던 것이다. 세조 때의 공신 조득림은 본래 천인이었다. 그가 천인 신분일 때 아들 조성을 낳았다. 그 후에 조득림이 세조를 위해 공을 세워 공신이 되었다. 공신이 되어 양반이 된 조득림이 천인 신분의 '본부인'과 사는 것을 보고, 양반의 정처는 양반이어야 한다는 율법에 따라 왕인 세조가 중매를 하여, 양반인 사족 윤심의 딸과 정식 절차에 따라 혼인하게 하여 그녀를 정처로 삼았다. 이후 성종 15년, 그가 천인일 때 태어난 아들인 조성은 충의위(忠義衛)에 속하게 할 것인가를 문제 삼았다. 사헌부에서는 다음의 결정을 내렸다.

"조득림이 처음에 천인이었을 때 조성의 어미를 처로 취하였다. 모두가 천인이니 처첩을 논할 수 없다. 후에 윤 씨를 처로 취하였는데, 윤 씨는 사족부녀이다. 그래서 처첩의 구분이 정해진 것이다."

조성의 어미는 먼저 결혼했음에도 불구하고 첩이 되었으며, 윤 씨는 나중에 결혼했음에도 정처로 인정됐다. 이 경우에 조득림은 이미 양반이므로, 조성의 어미는 천인이기 때문에 양반의 정처가 될 수 없다. 그래서 그녀는 천첩이 된다. 한 가지 더 재미있는 사실은, "모두가 천인이니 처첩을 논할 수 없다."라는 부분이다. 즉, 천인에게는 처와 첩의 구분이 없다. 처와 첩의 구분은 오로지 양반에게만 적용된다는 의미다. 만약 세조가 조득림의 공을 높이 사서 조득림의 본부인의 신분을 양반으로 만들었더라면 새로이 윤심의 딸과 결혼하지 않아도 되었을 것이며, 그 이후에 이것으로 인해서 문제가 발생하지도 않았을 것이다. 그렇지만 세조는 그렇게 하지 못했다. 율법에 그렇게 할 수 있는 조항이 없었는지, 아니면 공을 세운 조득림에게 포상의 의미에서 양반의 딸과 결혼하는 선물(?)을 내린 것인지는 알 수 없다.

일단 중혼행위가 발견되면 거의 예외 없이 어떠한 형태로든 불이익을 당한다. 그래서 관리들은 다른 여자를 취하고 싶어도 불만인 채로 혼인을 유지하거나, 마음에 드는 여성을 첩으로 맞이할 수밖에 없었다. 이러한 중혼에 대한 규제는 엄격하게 시행되지 않았지만, 고려말의 다처풍조를 억세하고, 정처의 지위를 지키는 데 기여한 것은 사실이다. 이런 규제는 성종(成宗) 대에 와서 『경국대전(經國大典)』이라는 이름으로 법제화되었고, 그 이후로는 엄하게 지켜졌다. 그런데, 옥산의 따님은 이로부터 100여 년이 지난 선조 때 벽오와 혼인하였으므로, 당시 경상감사라는 높은 신분인 벽오가 이미 정처가 있는데도 불구하고 중혼을 할 하등의 이유가 없었다는 것을 그는 밝혀냈다. 중혼이 아니라면 옥산의 따님은 첩인가?

처첩과 서자, 얼자

만일 옥산의 따님이 벽오의 첩이라면 세 아들은 서자, 딸은 서녀가 된다. 조선 중기에 서자는 어떤 의미를 가지는가? 사회적인 신분은? 자격은? 재산상속은 도대체 어떤가?

그는 할아버지와 할머니들의 실체가 궁금했다.

그런데 만일 옥산의 따님이 정말로 첩이라면, 너무나 두렵다.

이 추적을 계속해야 하나, 아니면, 그만두어야 하나? 괴롭다.

태종 때는 건국 초기라, 제도를 정착시키기 위해서 많은 율법을 제정했다. 급기야 왕과 사대부가 취할 수 있는 처첩의 수를 정하기에 이르렀다. 태종 2년 1월에 예조에서 상소를 한 내용을 보자.

"혼의(昏義)에 제후는 1취 9녀 하니, 경과 대부는 1처 2첩을, 사(士)는 1처 1첩을 두어, 널리 후사를 잇게 하여 대를 잇도록 합니다. …… 전하께서는 궁호지의(宮壺之儀)를 갖추시고, 경과 대부와 사에게도 법을 정하시어 그들의 후사가 끊어지지 않게 하시며, 또 이 법을 잘 지키게 하여 인륜의 본을 삼게 하시고, 어기는 자는 법에 따라 다스리게 하옵소서."

『전율통고(典律通考)』의 '혼가'조에는 이렇게 기록되어 있다.

"상민으로 나이 40 이상인데도 자식이 없는 자는 허가를 받아서 첩을 취한다. 위반한 자에게는 매를 40대 때린다."

사대의 나라 조선에서 중국의 제후에 해당하는 대접을 받은 조선 국왕은 1취 9녀 한다. 즉, 정처 1명이 왕후이며, 후궁을 9명까지 둘 수 있다. 이것을 어긴 조선의 왕은 몇 명이나 될까? 아마도 거의 없었을 것이다. 처첩을 취하는 데도 사대를 했다니 기가 막힌 일이다. 사대의 나라 조선에서 떵떵거리며 살았던 우리의 양반 사대부들은 합법적으로 첩을 겨우 1명 또는 2명 취할 수 있었다. 겨우 1~2명. 숫자가 적어서 그러는 것이 아니다.

상민은 원칙적으로 첩을 둘 수 없지만, 40 이상인데도 자식이 없을 경우에는 첩을 두어 자식을 둘 수 있다. 첩을 취할 때, 양반은 허가를 받지 않아도 되지만, 상민은 허가를 받아야 한다. 그러니까 상민이 마음대로 첩을 취하면, 양반과 같이 되므로 이를 용인할 수 없었던 것이다. 돈이 있다고, 권세가 있다고 첩을 둘 수 있는 것이 아니었다. 허가는 어디에서 받나? 당연히 관에 가서 신고를 한 후에 허가를 얻었을 것이다. 허락하는 주체는 당연히 그 고을의 장인 양반이다. 상민에게 양반은 무서운 존재였을 것이다. 돈 많은 상민은 양반에게 어떻게 비쳤을까? 정말로 건실하게 살아서 돈을 번 경우라도 양반이 그걸 제대로 인정했을까? 부자를 바라보는 오늘의 시각을 보면 쉽게 짐작이 간다. 돈 없는 양반이 바라보는 돈 많은 상민. 허가를 해주는 고을의 관장은 권력을 가진 양반이다. 양반만 해도 돈 많은 상민이 곱게 보이지 않았을 텐데, 권력을 가진 관장에게 부자인 상민이 제대로 보일 리가 있었을까? 거기다 첩을 얻겠다고 신고하러 오면 가만히 두었을까? 온몸에서 피가 나도록 곤장을 때리지 않았을까? 상민이 첩을 얻는다는 것은 하늘의 별 따기였을 것이다. 돈 많은 상민은 많은 돈을 관에 갖다 바치고 첩을 얻어, 그것도 숨겨놓고 지내지는 않았을까? 양반만이 첩을 둘 수 있는 것이다. 그야말로 양반 천국이다. 이런 것을 추정할 수 있는 제도가 있었다. 바로 양첩과 천첩이다.

첩에는 두 종류가 있다. 양반이나 양민의 여성을 첩으로 취한 경우는 양첩이라 하고, 여기서 태어난 자녀는 서자 또는 서녀라 하였다. 시비나 관비 또는 기녀와 같은 천인을 첩으로 취한 경우는 천첩이라 하였고, 여기서 태어난 자녀는 얼자 또는 얼녀라 하였다. 그래서 첩의 자식도 첩의 신분에 따라 서얼로 구분하였다. 서자와 얼자로 구분하는 기준은 첩이 양인인가 아니면 천인인가에 따라 달렸다. 그러니 상민과는 거리가 멀다. 오로지 양반과 관계있는 사안이다.

첩에게서 태어난 자녀의 신분은 어떻게 될까?

마찬가지로 태종은 즉위 13년에 이런 명을 내렸다.

"서얼의 자손은 현직에 쓰지 말라."

건국 초기에 있었던 왕자의 난에서 배다른 동생들을 죽였던 쓰라린 경험 때문에 서자에 대해서 좋지 않은 감정을 가진 태종이 내린 명이었다. 신하나 백성들의 생각이 어떠한지를 알아볼 생각도 아니하고, 왕의 개인적인 경험에 의한 생각이 나라의 정책으로 바뀌는 순간이다. 이것이 여성들의 발에 족쇄를 채우는 수단으로 변했다. 즉, 결국에는 『경국대전』의 예전제과(禮典諸科)에 이렇게 기록하였다.

"개가하여 실행한 자의 자손 및 서얼 자손은 문과, 생원시, 진사시에 응할 수 없다."

여기서 실행은 어떤 뜻인가? 도리에 어긋난 좋지 못한 행동이 바로 실행이다. 개가 즉, 재혼은 여성의 입장에서 볼 때는 실행이 아니고, 남성의 입장에서 볼 때만 실행이 될 수도 있다. 특히 여성의 행위에 대해 편견을 가지고 있을 때는 더욱 그러하다. 이 외에도 『경국대전』을 주해(註解)할 때, "서얼자손은 자자손손 문무과시에 응할 수 없다."로 고쳤다.

『속대전(續大典)』에, "서얼은 쌀을 바치고 과거에 응할 수 있다."로 되어 있던 규정을 영구히 삭제하였다. 또, 이전(吏典)에는 서자와 얼자를 관리로 등용할 때 올라갈 수 있는 최고의 직급을 이렇게 제한하였다.

"문무관으로 2품 이상인 관리의 양첩 자손은 정3품까지, 천첩 자손은 정5품까지 쓴다. 6품 이상인 자의 양첩 자손은 정4품까지, 천첩 자손은 정6품까지 쓴다. 7품 이하 무직의 양첩 자손은 정5품까지 쓴다. 천첩 자손과 천인으로 양인이 된 자는 정8품까지 쓴다.”

제한적인 등용, 즉 한품서용(限品敍用)에 대한 규정이다.

여기에서 가장 중요한 규정은 문과와 진사시 및 생원시는 양반만이 응시할 수 있다는 조항이다. 양반이 아닌 사람은 무과(나중에는 폐지)나 잡과에만 응시할 수 있는 것이다. 그러므로 양반만이 진사나 생원이 될 수 있고, 문과에 응시할 수 있다.

조선 초기의 전체 인구를 600만 명이라고 가정한다면, 이 중에서 거의 절반은 여자이므로 남자는 약 300만 명이 된다. 양반의 수를 10%라 하면 30만 명이 양반 남자들이다. 시험을 준비하는 연령을 15~40세로 간주하면 약 50%가량이 될 것이다. 이를 고려하면 입시생(?)의 수는 15만 명이다. 그리고 경제적 여유가 있어야 공부도 하고 시험도 치를 수 있으므로, 그 수를 50~60%로 계산하면 8만 명이 된다. 따라서 유자격자 8만 명 중에서 문과에 응시할 수 있는 비율을 50%라 하면 입시생의 수는 약 4만 명이다.

그런데 서얼의 수는 얼마나 될까? 양반 중에서 50% 가까이 되지 않을까? 그렇다면 최종적으로 약 2만 명이 입시생에 해당한다. 2만 명 중에서 문과에 응시할 수 있는 자격을 가진 사람은 예비시험에 해당하는 진사시, 생원시 등등에 합격해야 한다. 그리고 시험을 치를 때 답안지의 상단에 자신이 어떤 신분인가를 명시하면서, 부, 조부, 증조부, 외조부 등을 기재해야 하므로, 신분을 속인다는 것은 절대로 불가능하다. 시험 중에서 문과(대과)는 더욱 그러하다. 그래서 서자나 얼자가 문과에 응시하는 경우는 전혀 없었다.

마지막으로 남은 가능성. 옥산의 따님이 외람되게도 첩(妾)인 경우이다. 만약 첩이라면? 그 자녀들은 모두 서자나 서녀? 그렇다면 산소를 제대로 챙기지 못했겠지. 자식들의 교육은? 문제가 심각해진다. 그는 괜히 왜 이걸 건드렸을까? 몰랐으면 좋았을 것을. 이렇게 미묘한데. 선무당이 사람 잡고, 선풍수가 집안 망친다고 하지 않는가? 이일을 계속해야 하나? 지난 5년여간 생각해온 것이 이제 해결될 기미가 보이는 이 시점에서 그는 드디어 심한 고민에 싸이기 시작했다.

하지만 아직은 해결된 것이 아무것도 없다. 모두 다 해결한 후에 다시 고민하도록 하자. 아니다. 이 시점에서 그만두자. 그것이 집안의 화평을 위하는 것이다. 산소를 모르고 지내면 어때. 지금까지 모르고도 잘 지내왔지 않은가. 그는 고민에 휩싸였다. 많은 시간이 흘렀다.

첩과 서얼의 신분과 사회적인 위치를 알았지만, 정말로 첩인지 서자인지는 모른다. 옥산의 따님이 첩일까. 또 그 자녀들은 어떤 신분일까? 족보에 따르면, 차남인 경선은 사마시에 합격하고 문과에 급제했다. 그리고 장남은 무과에 급제했다. 이것이 사실이라면, 우리 옥산의 따님은 첩이 될 수 없다.

만약, 족보의 기록이 거짓이라면, [족보는 미화를 시킨 부분도 많고, 경우에 따라서는 거짓말도 섞여 있다.]

13대조인 경선은 서자이며, 그의 자식들, 즉 인섭과 인형은 서손이 된다. 서손은 진사나 생원시에 응시할 자격도 없다. 그런데도 이 두 사람은 모두 사마시에 합격해서 진사가 되었다. 또 그들의 4대손도 진사시에 합격했다. 그것도 왕이 입회한 성균관 시험에서 당당히 합격하여 성균진사가 되지 않았던가. 만약, 경선이 세운 병자호란 때의 공으로 인해서 양반의 서자 신분에서 양반으로 신분이 바뀌었다면, 이런 성균진사는 가능했을 것이다. 이렇듯, 족보의 기록이 사실이라 할지라도 이해가 되지 않으며, 사실이 아니라 할지라도 이해가 되지 않는다. 근본적인 의문이 생겼다. "족보의 기록이 사실일까?"

2. 뿌리를 찾아서

뿌리를 찾는 것은 무슨 의미일까? 왜 뿌리를 찾아야만 할까?

근본적인 의문에 대한 답은 나중에 구하기로 하고, 일단 옥산의 따님이신 덕수 이씨에 대한 명확한 기록을 찾아보기로 했다. 그렇다면 무엇을 어떻게 해야 할까를 고민하기 이전에 사전 조사를 위해서 옥산의 따님이신 덕수 이씨 할머니의 체취를 느끼기 위해서 할머니가 살았던 경북 구미시 예강리로 먼저 가보기로 했다.

〈그림 5〉 시묘암

강거민, 심회, 황기로, 이우

구미시 고아읍 예강리는 많은 이야기를 담고 있는 마을이다. 조선 태종 때 영의정 심온(沈溫, 1375~1418)은 세종의 장인이며, 심 왕후의 친정아버지이다. 태종의 명을 받고 중국 명나라에 사은사로 파견되었다. 당시 좌의정(左議政) 박은이 임금님께 고하기를,

"명나라에 간 심온은 태종을 비난하는 사건에 관련되어 장차 왕위를 노리고 있다."

라고 모함하니 이 사실을 안 심온의 딸 소헌왕후(昭憲王后-세종의 비)는 압록강까지 몰래 사람을 보내어 아버지 심온의 귀국을 만류하였다. 그러나 심온은,

"나는 일편단심 나라와 임금을 위하여 충성을 다하였을 뿐 조금도 사사로운 마음을 가져본 적이 없다. 정의를 위해서는 죽음도 두렵지 않다."

하고 돌아오다가 마침내 압록강에서 체포된 그는 장단(長湍)으로 귀양을 가서 사약을 받고 죽었다. 이는 왕의 외척이 발호하는 것을 막기 위해서 세종의 처가세력인 청송 심씨 일족을 제거하기 위해서 태종이 꾸민 것이었다.

이에 연루되어 심온의 일족은 모두 죽임을 당했다. 다만 젖먹이인 그의 막내아들 심회(沈澮, 1418~1493)는 유모의 기지로 죽임을 면하였다. 유모는 어린 아기를 업고 정처 없이 영남지방으로 내려오다 마침내 선산 땅에 이르렀다. 해도 저물고 몸도 피곤하여 밭에서 아기를 업고 하룻밤을 지냈다. 그때 이 마을에 살고 있던 강거민(信川人, 康居敏)이 잠을 자다 앞들에서 용이 하늘로 올라가는 꿈을 꾸었다. 꿈을

이상히 여겨 초롱불을 들고 그곳에 가보니 한 노파가 옥동자를 안고 있는지라 이들을 집에 데리고 와서 그 아이를 친자식과 같이 키웠다. 심회가 15살(세종 15년, 1433)이 되던 해에 아버지 심온의 청렴결백함이 밝혀졌다.

나라에서는 전국 각지에 수소문하여 선산에서 심회를 간신히 찾을 수 있었다. 한양으로 올라간 그는 과거에 급제한 후 세조 12년(1467)에 영의정(領議政)에 올랐다. 성종 3년(1472)에 청송 부원군이 되었을 때 강거민 내외의 부고를 받고 심회는,

"나를 낳아주신 분도 부모요, 나를 길러주신 분도 부모와 다름없다." 하며 모든 관직을 버리고 선산 고아로 내려와 강 씨 내외의 묘소(예강리) 앞에 6년간 시묘살이를 하였다. 이때 그가 시묘살이를 한 곳이 시묘암 또는 거류암(居留岩)이다.

구미시 고아읍 예강리 보천산(寶泉山) 기슭 보천탄 가에는 고산(孤山)이 있고, 고산 기슭에는 매학정(梅鶴亭)이 자리하고 있다. 매학정은 조선 시대 중종 14년(1519)에 황필이 처음 터를 잡아 모옥(茅屋)을 몇 칸 엮어 만년을 보낸 곳이다. 그 후 1533년 봄 황필의 손자 고산 황기로(孤山 黃耆老, 1521~1575)가 이곳에 정자를 짓고 매학정이라 이름 지었다. 고산은 그 후 사위되는 옥산 이우(玉山 李瑀, 1542~1609)에게 이 정자를 물려준다. 이 정자는 임진왜란을 겪으면서 허물어진 것을 효종 갑오년(1654)에 옥산의 증손자 되는 이동명(李東溟)이 본래 장소에서 강가로 조금 내려 중건하였다. 이동명은 그 서북 모퉁이에 귀락당(歸樂堂)을 지어 거처하면서 매학정을 보존하였으나, 귀락당은 완전히 없어졌고 매학정도 화재로 소실되었다. 이동명의 종손인 이민복

(李敏復)이 1896년경에 매학정을 복원하였다.

황필은 점필재 김종직의 제자였는데, 황필의 손자인 고산 황기로는 초서로 유명하였다. 고산은 일찍이 모재(慕齋) 김안국의 찬탄을 받았고, 그와 중국에 들어가 당나라 서법가인 장욱(張旭)의 필법을 전수하게 되어 해동명필로 인정받게 되었다. 어릴 때 조부 황필로부터 주역을 전수받았으며, 퇴계 선생 문하에서 수학하였다. 해동호보(海東號譜)와 서청(書鯖)에는 그가 '초성(草聖)으로 이름이 났다.'라고 기록되어 있다.

조선 시대 서예사(書藝史)에서 초서로는 김구(金絿), 양사언(楊士彦)을 최고로 꼽았으나, 고산은 이들과 함께 제1인자라는 평을 받았다. 그의 글씨는 근묵(槿墨) 등에 약간 남아 있으며, 『관란정첩(觀瀾亭帖)』, 『대동서법(大東書法)』, 『고금법첩(古今法帖)』 등에 모각된 필적이 남아 있다. 이 외에도 『고산서첩』은 당나라 회소(懷素)의 『자서첩(自敍帖)』 중 광초(狂草)와 비슷한 것으로 알려져 있다. 금석문으로 전하는 고산의 글씨는 곳곳에 산재해 있는데, 그중에서 충주의 이승지번비(李承旨蕃碑)가 유명하다.

고산의 슬하에는 아들이 없고 딸만 하나 있었다. 율곡과 고산은 각별한 사이였다. 율곡의 부친 이원수는 을사사화 때 성주로 유배된 이문건(李文楗)과 친하게 지냈는데, 이로 인하여 율곡은 성주를 왕래하던 중에 황기로와 교제하게 되었다. 성주목사 노경린의 따님과 혼인한 율곡은 성주에 왔다가 칠곡 약목을 거쳐 구미를 지나 도산에 있는 퇴계 이황을 만나러 가던 길에 매학정에 있는 황기로를 찾았다. 이러한 교제가 끈이 되어 훗날 율곡의 동생 옥산(玉山) 이우가 고산의 사위가 되었고, 고산이 거처하던 매학정은 옥산에게로 전해졌다.

옥산은 진사시에 합격하여 비안 현감, 괴산 군수와 고부 군수를 역임하였으며, 시·서·화 거문고를 잘하여 사절(四絶)이라 칭송되었다. 장인인 고산의 영향을 받은 옥산의 필법은 정교하여 깨알에 거북 구(龜)자를 써넣어도 필법이 분명하였고, 콩을 두 쪽으로 쪼개어 오언절구를 써넣어도 필법은 분명하였다고 한다. 선조(宣祖)는 옥산을 사랑하여 『초결백운가(草訣百韻歌)』를 하사하면서 손수 표지를 써주었다. 고산은 옥산의 글씨를 두고 이렇게 평하였다.

"이군의 서법이 웅장하기는 나보다 훌륭하나, 아름다움은 나에게 못 미친다. 조금 더 공부한다면 내가 이군을 미칠 바가 아니다."

옥산은 매학정을 이렇게 묘사했다.

그대가 나의 집이 어디냐고 묻는다면,
산 의지하고 강물에 임하여 사립문 닫힌 곳이라 말하리.
때로는 구름 맑아 모래밭에 있노라니,
사립문 보이지 않고 다만 구름만 보이네.
君問我家何處住, 依山臨水掩荊門
有時雲淡沙場路, 不見荊門只見雲

황기로의 조부 황필은 매학정에서 이렇게 노래했다.

낙동강 서쪽 여울 가 보천 앞은 원래 세속 티끌 이르지 않는 곳.
강에는 황금 물결 솟아 찰랑이는데 산월(山月)은 작아 보이고,
바람은 푸른 물줄기 흔들어 마른풀 끌어당기네.
외딴 마을 깜박이는 것은 고기잡이하는 불빛이요,
언덕 끼고 돌아오는 것은 상인들의 배로다.
강과 마을 사이에 만일 내가 정착하게 된다면,
영원히 아들에게 맡기고 여기서 여생을 보내겠노라.
落西灘上寶泉前, 元是紅鹿不到邊,

江涌金波山月小, 風搖翠帶水荇索,
孤村起伏漁人火, 來岸歸來賈客船,
兩地中間如着我, 永隨三子過殘年.

〈그림 6〉 매학정, 고산, 낙동강

매학정과 충렬사

그는 여러 가지 의문들을 뒤로하고 옥산의 따님이 남긴 흔적을 찾
아보기로 했다. 먼저 옥산을 알기 위해서 인터넷을 뒤졌다.

옥산은 서울에서 태어나 10살의 어린 나이에 모친인 사임당과 사
별하고, 낙동강 가의 선산 예곡(지금의 구미시 고아읍 예강 1리)으로
장가를 왔다. 신부는 그곳의 부호인 고산 황기로의 무남독녀였다. 황
고산은 한자 글씨 종류(서체) 중의 하나인 초서(흘림체)에 능하여 중
국과 조선 지역에서 초서의 성인, 즉 '초성'으로 불리었다. 옥산은
1609년에 68세의 일기로 세상을 떠났다. 그의 묘는 선산읍 북산동에
있다. 이러한 자료를 가지고 무작정 차를 몰아 그가 늘 시간을 보냈

을 낙동강 가의 고산 기슭에 있는 매학정을 찾았다.

정말로 묘한 기분이 들었다. 고아읍에서 낙동대교 옆의 예강 2리를 찾아 최근에 포장된 듯한 도로를 2분가량 달렸다. 낙동대교 아래로 나 있는 진입로를 따라 들어가니 강가에 조그마한 정자가 있었다.

매학정(梅鶴亭)!

주위를 둘러보니 넓은 들판에 조그만 동산 하나. 그리고 커다란 강.

이 동산이 넓은 들판에 외로이 혼자 있으니 고산(孤山), 외로운 산 일 수밖에.

400년의 세월.

고산과 옥산은 보이지 않고 시원한 강바람이 그를 맞이한다. 아담한 동산 아래 얌전히 자리 잡은 정자. 발아래로 벌건 황톳물이 홍수져 내려간다. 멀리 강 따라 탁 트인 전망이 그의 마음을 후련하게 한다. 사방을 둘러봐도 넓은 들판, 들판 가운데로 외로이 흘러가는 낙동강. 외로운 강 옆에 정다운 친구마냥 조그만 동산 하나가 자리를 잡았다. 이름 하여 고산.

선비의 마음을 말해주듯 외롭게 자리 잡은 정자 하나.

선비는 외로운가!

먼 옛날, 신라의 최치원 선생도 외로워서 고운이라 이름 짓고 전국을 돌아다녔지. 해운대의 모습에 넋이 빠져 머물던 중, 동백섬의 고즈넉한 풍치에 자신의 호를 해운으로 했으니, 모두가 외로이 자리 잡은 작은 동산에서 사색을 즐기셨나?

매학정 마루에 올랐다. 책에서만 보던 옥산의 글씨가 나무에 새겨져 벽에 걸려 있다. 한자의 서체를 모르는지라, 이 글씨가 초서인가

보다. 마치 여러 마리의 지렁이가 꿈틀거리는 듯 글자들이 살아 숨 쉬는 것 같다. 수많은 사람들이 흔적을 남기었다. 벽에 걸려 있는 많은 글들이 글쓴이의 가쁜 숨, 고른 숨을 생생히 전해준다. 한편에는 매학정의 역사가 새겨져 있다. 여러 번 지을 수밖에 없었던 안타까운 이야기며, 삶의 향기를 느낄 수 있는 아름다운 이야기며, 많은 이야기가 눈으로 가득 들어온다. 마루에서 내려와 뜨락에 서서 다시 한번 주위를 둘러본다. 고산에서 서쪽 멀리 마을이 있는 예곡까지는 족히 10리는 되어 보인다. 고개를 돌려 정자를 다시 본다. 어딘가 구조가 이상하다. 방이 하늘에 떠 있는 마루로 되어 있다. 겨울에는 추워서 지낼 수가 없겠다. 아하. 겨울에는 저 멀리 예곡에서 여기까지 심부름 하기가 여간 힘든 것이 아니겠다. 칼로 살을 에는 듯한 매서운 들바람과 강바람. 그래. 아랫사람들을 배려하는 주인의 따스한 마음이 구들 없는 방으로 만들었는지도 모르겠다.

매학정을 나와 예곡으로 발길을 돌렸다. 자동차로도 꽤 시간이 걸렸다. 고산과 옥산은 여기서 예곡까지 어떻게 갔을까? 10리는 족히 되고도 남을 길인데, 걸어서 갔을까? 빨간 석양을 얼굴 하나 가득 받으면서. 아니면 선비답게 품위 있게 말을 타고 갔을까? 운치 있게 암소를 탔을까? 나귀는, 망아지는 어땠을까? 이런저런 생각을 하면서 예곡으로 차를 몰았다. 고아읍에서 간단하게 점심을 하고 예곡으로 들어갔다. 마을 어귀에서 덕수 이씨 종가를 물었더니 아무도 몰랐다. 그냥 안으로 들어가란다. 차를 몰아서 골목 안으로 들어갔다.

커다란 바위가 길에 떡 버티고 앉아 있다. 아, 그 시묘암. 그래도 옛 주인을 만난 양 방문객인 그를 마중한다. 그 옆 노인정에 혼자 있는 노인에게 덕수 이씨 종가를 물었더니 가는귀가 먹은 건지 대답을 못한다. 소리를 내지르니 겨우 대답하는데, 종가는 없고 나이 많은 덕수 이씨네 집을 안다고 골목 안에 있는 집 하나를 가르쳐준다. 골목 안에 들어가니 이씨네 집이 하나 있어 문패를 확인하니 노인이 말한 집이 맞다. 집 안으로 들어가서 주인을 찾았으나 아무도 없다. 허무한 마음이다. 동네 밖으로 나오다가 고개를 돌려 동네가 자리한 곳을 다시 한 번 보았다. 제법 자리를 잘 잡았다. 전통 풍수이론에 따라 터를 잘 잡았으리라. 마을 앞에는 넓은 들판이 시원하게 펼쳐져 있다. 전형적인 배산임수. 저 넓은 들판은 제 주인을 잃은 지 오래라. 옛 주인이 온 줄도 모르고 졸고만 있다. 도시화한다고 한쪽 살이 뜯겨져 나가는 것도 모른 채.

〈그림 7〉 벽오 이시발 묘소

〈그림 8〉 참의공 이경선 묘소

   예곡엘 다녀왔지만 별 소득이 없어 허전한 마음에 티끌이라도 잡아야겠다는 생각이 들었다. 그래서 날을 잡아 옥산의 따님의 둘째 아들이자 그의 13대 조부의 산소를 찾아가보기로 했다. 오래전부터 몇 번씩이나 부친께서 그 할아버지의 시제에 참석하러 가자고 말씀하셨지만, 솔직히 가기 싫어서 바쁘다는 핑계만 대고 말씀을 따르지 않은 것에 은근히 죄스러운 마음이 들었다. 전화로 숙부께 산소의 위치만 대충 물어본 후 차를 몰아 산소가 있는 충북 진천으로 향했다. 집에서 진천까지 4시간. 산소는 다행히 쉽게 찾을 수가 있었다. 조선 말 고종 때 벨기에의 헤이그로 황제의 밀지를 지니고 가셨다가 뜻을 이루지 못하자 할복을 하신 이준 열사와 동행하셨던 이상설 열사의 생가에 있는 충렬사 바로 앞에 산소가 있었다. 이 열사도 그와 일가였다.

   그의 13대 조부이신 君善 李慶善(1600~1636)은 조용히 누워계셨다. 주위에는 일가들의 분묘 10여 기가 옹기종기 모여 있었다. 여기가 할아버지의 고향이라는 것이 새삼스럽게 느껴졌다. 비석에 새겨져 있는 글은 이미 족보에서 읽은 바다. 새로울 것은 없었지만 다시 읽으면서 여러 가지를 확인하였다. 그런데 갑자기 의문이 들었다. 왜 13대 조부모의 산소만 여기에 있고 직계의 다른 산소들은 여기에 없을까? 상석과 비석을 왜 최근에 와서야 설치했을까? 묘갈문의 내용은 믿을 수 있는 것일까? 이 외에도 여러 가지 외람된 생각이 들었다. 언젠가는 이런 의문들이 말끔히 해결될 것이라는 희망을 가지면서.

法帖草跡畵卷。
縱觀之。興到。
則吟小詩。或草玉
露一兩段。再烹
苦茗一杯。出步
溪邊。邂逅。園
翁谿友。問桑麻。
說秔稻。量晴校
雨。探節數時。相
與劇談一餉。歸
而倚杖。柴門之
下。則夕陽在山。紫
綠萬狀。變幻頃
刻。恍可人目。牛
背笛聲。兩兩
來歸。而月印
前溪矣。味子西
此句。可謂妙絶。然
此句妙矣。識其
妙者。蓋小。彼牽
黃犢。臂蒼鷹。
馳獵於聲利之
場者。但見衮衮
馬頭塵。怱怱駒
隙影。焉得知
此句之妙。真
人能真知此妙。
則東坡所謂無
事此靜坐。一日
是兩日。若活七
十年。便是百
四十。所得不已
多乎
故顯主人。頃寄居
士。玉山畸人。鼎坐
于月城新齋。語
及閑適。以道竊思。
偶披鶴林玉露。
得此一段。攷益。開
刻藤。請寫。手辭
不獲
萬曆(西紀一六〇〇年正月初四日)庚子上元前四日
德水後人書

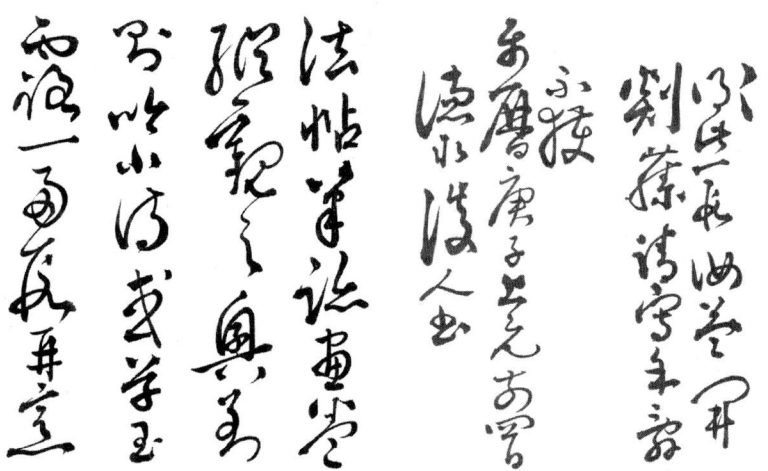

〈그림 9〉 옥산이 벽오에게 보낸 서찰 내용

〈그림 10〉 옥산이 벽오에게 보낸 서찰(1)

〈그림 11〉 옥산이 벽오에게 보낸 서찰(2)

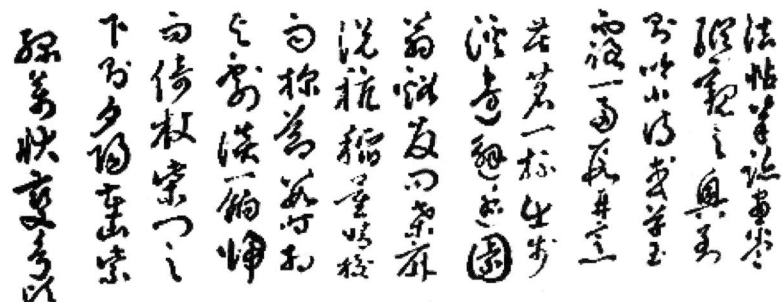

〈그림 12〉 옥산이 벽오에게 보낸 편지

명분을 찾아서

별 소득이 없었다. 다시 족보의 기록과 『조선왕조실록』의 기록을
정리하여 보았다. 벽오의 연도별 행장을 새롭게 정리하고, 자녀들의
출생연도를 새롭게 정리했다. 정리한 결과를 자세히 살펴본 그는 한
가지 재미있는 사실을 발견했다. 우리 할머니인 옥산의 따님은 자녀
를 4명(3남 1녀) 출산하셨는데, 출생시기가 벽오께서 경주(경주부윤)
와 대구(경상감사)에 계실 때였다. 벽오의 임지가 내직으로 바뀌어 한
양으로 임지를 옮기신 1604년(21세)부터 그녀가 돌아가신 1609년(26
세)까지 5년 동안에는 자녀를 출산하지 않은 것이다. 아무리 옛날이
라도 여자 나이 26세는 출산을 충분히 하고도 남음이 있었을 텐데.
그전에는 2년 터울로 3남 1녀를 출산하셨는데, 여기에는 충분한 이유
가 있을 법하다. 벽오께서는 아직도 첫째 부인이 살아 계셨다. 왜냐하
면, 우리 할머니와 같은 해에 돌아가신 것으로 기록되어 있으므로.

그리고 첫째 부인은 장남을 1599(31세)년에 낳았기 때문에, 옥산의
따님이 그녀의 장남인 경충을 낳은 1598년(할머님이 17세일 때)보다

오히려 1년 늦다. 그렇다면, 옥산의 따님은 5년(1604~1609년) 동안 하늘인 벽오를 못 본 것이 아닐까? 즉, 벽오께서 한양으로 가실 때 옥산의 따님은 경상도에 남아 계셨던 것이 확실하다. 왜냐하면, 벽오의 정실부인께서 임지를 따라다니셨기 때문에. 여전히 옥산의 따님이 첩이라는 생각이 그의 머리에서 떠나지 않았다. 너무나 확실한 증거들이 많았기 때문에.

이 문제를 원점에서부터 새로 생각하기로 했다. 우선 옥산의 따님이 첩이라는 가정을 한 뒤에 벌어질 여러 가지 문제들을 추측해보기로 했다. 옥산(1542~1609)께서 벽오(1569~1626)의 눈부신 활약을 전해 듣고 마침 가까이에 있는 임지에 와 있는 벽오를 초청했다. 벗으로 하기엔 27년의 차이가 났다. 그래서 딸과 혼인시켜 사위로 삼고 싶었다. 그런데 벽오는 이미 정처가 있는 몸이다. 만약 딸을 주면 첩이 될 것이다. 그렇다고, 정실인 덕산 황씨 소생의 양반 딸을 벽오와 정식으로 혼인시키면, 종2품의 고위관리인 벽오가 국법을 위반하여 벌을 받게 될 것이다. 그러면, 어느 누가 아무리 탐이 난다고 해서 양반인 딸을 첩으로 주겠는가? 당연히 첩의 소생인 서녀를 벽오의 첩으로 줄 것이다. 그렇게 되면, 첩 사위도 사위임에는 틀림없는 것. 벽오도 처가를 핑계 대고 옥산의 집을 자연스럽게 출입할 수 있고, 옥산도 마음에 드는 벽오를 사위라고 자주 부를 수 있고 얼마나 좋으랴. 이것이 그 당시로써는 최선의 방법이 아닐까? 그렇다면 그가 확인해야 할 내용은 자명해진다. 그녀가 서녀인가? 확인해보자. 어디에 가서?

덕수 이씨 옥산공파 화수 회장에게 만나자고 약속을 했다. 가능하면 족보의 원본이나 사본도 보고 싶다고 했다. 처음 만났을 때는 별다른 정보를 얻지 못했지만, 6개월 후에 다시 만나는 이번엔 기필코 뭔가를 얻어야 한다.

"옥산의 따님이 아무래도 첩이며, 서녀일 것 같은데, 가지고 계시는 기록을 좀 보여주십시오."

조심스럽게 말을 꺼냈다. 그제야 그분은 족보의 사본과 옥산의 묘갈문 사본을 건네주었다.

"지난번에는 오해를 하실까 봐 이걸 드리지 못했습니다. 오늘도 어떻게 이야기를 하는지를 보고 이걸 건네려고 했습니다. 오해는 마십시오."

"오해라니요. 이것 때문에 수많은 나날을 애태웠습니다."

많은 의문들이 풀리는 순간이었다. 그가 예측한 대로 옥산의 따님은 서녀였다. 다시 회의가 들었다. 내가 왜 이런 일을 하고 있는가? 무슨 자격으로? 일가친척들의 얼굴이 떠올랐다. 그리고 한참의 세월이 흘렀다.

3개월이 지난 후, 그는 명분을 찾았다. 그리고 너무나도 기뻤다.

그래, 생각해보라. 그렇게도 열악한 신분임에도 세상에 굴하지 않고 이렇게 훌륭한 예술작품을 남기지 않으셨는가!

그뿐이랴. 어떻게 된 영문인지는 몰라도 훌륭한 아드님들을 낳고, 기르시지 않으셨는가!

한 분은 이괄의 난을 평정한 1등 공신. 한 분은 병자호란 때 장렬하게 전사하신 공신. 할머님, 너무나 자랑스럽습니다. 이 먼 손자는 아드님들이 공신이 되도록 키우신 할머님이 자랑스럽습니다. 무엇보다도 그토록 어려운 환경에서도 훌륭한 예술작품을 남기신 것이 몇 백 배, 몇 천 배 더 자랑스럽습니다.

신분상의 열등감에 대한 콤플렉스와 다른 사람들의 따가운 시선을 극복하신 할머님의 신념과 용기를 너무나도 자랑스럽게 생각합니다. 그래서 그는 화수 회장에게 그 집안에 내려오는 작가를 확인할 수 없는 글씨(주로 초서)나 그림들이 있으면, 모두 모아서 보여달라고 부탁했다. 아마도 그중의 상당수는 자랑스러운 옥산의 따님이 남기신 것이기에.

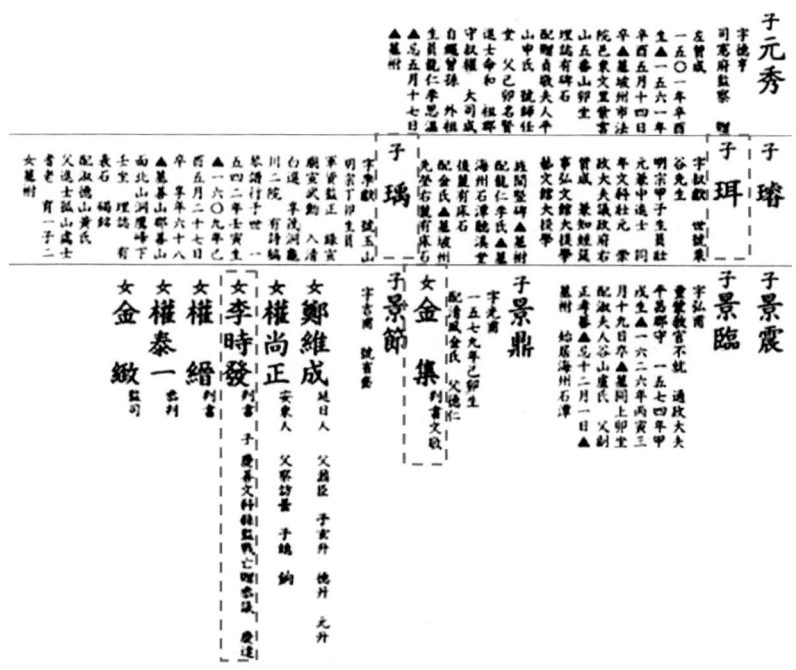

〈그림 13〉 덕수 이씨 족보

어째서 이런 결론을

'덕수 이씨 옥산공파 파보'와 '경주 이씨 참의공파 파보' 및 『조선왕조실록』을 다시 살펴보았다.

① 옥산의 따님에 대한 그녀의 13대손인 재향이 최근 참의공파 파보에 기술한 '벽오 부인 덕수 이씨의 여류예술'이라는 제목의 글에서 『벽오유고』를 참고하여,

"부군은 나라의 급한 부름을 받아 떠난 후, 타향에서 고적하게 친정부친의 뒤를 따라 짧은 26세의 일생을 마쳤다."

고 서술하였다. 성리학의 입장에서 보면, 타향에서 별세했다는 것은 시댁이 아닌 곳에서 별세했다는 뜻이다. 고적하게란 말은 시댁식구가 없었다는 뜻이며, 친정부친의 뒤를 따랐다는 표현은 정확하다.

② 옥산 이우의 정처 덕산 황씨의 소생이 1남 2녀라는 사실은 덕수 이씨 족보와 옥산의 묘갈문에 분명히 명시되어 있다. 이는 나머지 네 명의 딸은 모두 서녀이며, 옥산의 따님은 서장녀라는 뜻이다.

③ 경주 이씨 족보에 의하면, 옥산의 따님이 아이도 먼저 낳았지만, 나중에 혼인한 고령신씨 벽오 부인 다음으로 3배로 기록되어 있는 점이다.

④ 영남대 도서관에 보관되어 있는 경주 이씨 족보에 옥산의 따님과 그녀의 자손들에 대한 기록이 전혀 없는 것이 사실이다. 이 족보는 을축년에 목활자로 인쇄된 것이다. 을축년이 1925년인지, 아니면 1865년인지 명확하지는 않다. 서지학 전공인 O 선생의 견해로는 1865년이 거의 확실하다고 하지만, 그는 현재 계속 출간연도를 추적 중에 있다. 이 족보에는 벽오의 자식으로 경연, 경휘, 경억만 기재되

어 있고, 옥산의 따님과 그녀의 자식인 경충, 경선, 경종에 대한 기록이 누락되어 있다.

⑤ 우암 송시열이 작성한 '정경부인 고령 신씨 표표음기'에 의하면,

"공의 전 부인과 '그 시비가 낳아서 기르던 아이들'이 대단히 많았지만, 부인은 아들을 어루만져 길러서 성취시키고 출가시켜 두터운 정의가 골고루 미치게 하였다."

로 기술되어 있다. 여기서 "그 시비가 낳아서 기르던 아이들"은 바로 옥산의 따님이 낳아서 기르던 아이들을 의미한다. 이것은 전 부인의 시비가 아니라, 첩이라는 의미로 표현한 것이며, 고령 신씨가 죽은 후에도 옥산의 따님은 여전히 첩으로, 집에서는 그 아이들을 여전히 서자로 대접했다는 것을 의미한다. 이것은 국법으로 그 신분을 면하더라도, 개인의 가정에서는 여전히 그 신분이 유지되었다는 것을 의미한다.

⑥ 이러한 사실을 입증할 만한 최근의 예도 있었다. 그의 선친께서 십수 년 전부터 충청도 진천에서 열리는 벽오와 그의 부친인 오촌의 시제에 참석하여 왔다. 최근에는 그 대접이 많이 달라졌지만, 몇 년 전까지도 그곳의 적자 후손들이 그의 집안을 제대로 쳐다보지도 않은 것은 물론, 향사에조차도 참여시키지 않았다 한다.

그 후손들이 무슨 죄가 있겠냐만, 그 내막도 제대로 모르면서 웃어른들이 하던 것을 그대로 따른 후손들의 무지에 고소를 금치 못한다. 실제로 적자 후손들 중에서 친척, 외척을 다 따졌을 때 제대로 자랑할 만한 것이 조금이라도 있을는지. 오늘을 살아가는 사람들은 오늘의 윤리를 따르고, 오늘의 풍습을 따르는 것이 순리에 맞지 않을까?

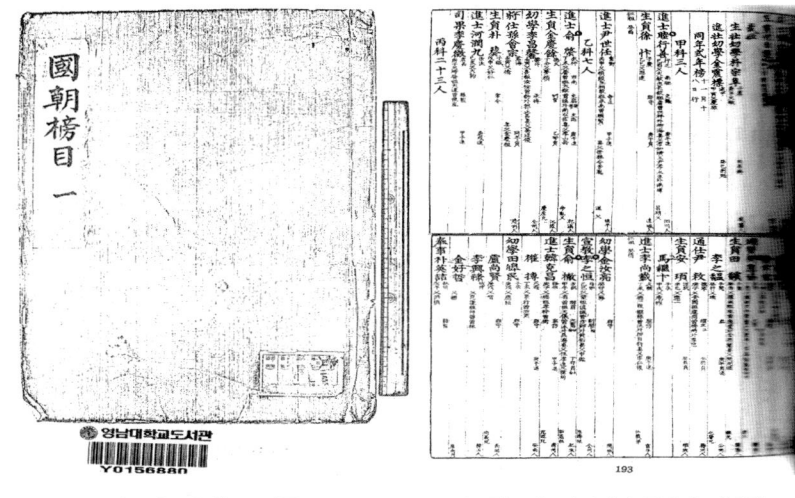

〈그림 14〉『국조방목』

〈그림 15〉 이경징의 급제가 기록된 문과방목

문과 급제

옥산의 따님은 첩이다. 서녀 출신의 첩이다. 그런데도 그녀의 둘째 아들인 경선이 문과에 급제했다. 사실일까? 옥산의 따님이 첩이기에 경선은 서자이므로 진사시, 생원시 및 대과(문과)에는 응시 자격이 아예 없다. 그러면, 문과 합격자인지 아닌지를 확인하는 것이 급선무이다.

그는 영남대 도서관에서 이 기록을 뒤지기 시작했다. 문과 급제 기록과 족보를 다시 뒤졌다. 1971년에 우리나라 국회도서관에서는 『국조방목(國朝榜目)』이라는 책을 출간했다. 이 책의 서문에는 이런 구절이 있다.

"조선의 문과합격자 명단 원본이 3종류인데, 이 3종의 문과방목을 토대로 해서 만들었으며, 원본은 규장각에 있다. 이 『국조방목』은 규

첫 번째 이야기, 그대 있음에 61

장각에 있는 원본을 활자화한 것이다."

이 책에서 가장 관심 있는 내용은, '경선이 문과에 급제했는가?'이다. 그래서 그에 대한 정확한 기록을 족보에서 찾았다. 1933년에 납활자(活字)로 인쇄된 족보에는,

<경선(慶善)의 처음 이름은 경징(慶徵)이다. 자는 군선(君善)이며, 갑자년에 사마에 오르고, 계유년에 문과에 급제하였다.>로 기술되어 있다. 이것을 토대로 하여『국조방목』의 인조년조를 뒤져서 계유년에 치룬 문과의 합격자 명단을 찾았다. 거기에서 이경선 혹은 이경징을 찾아보았다.

물론, 없을 것이라 예상하고서.

왜냐하면, 옥산의 따님은 첩이며, 그 아들들은 모두 서자이고, 족보의 기록은 미화된 표현일 뿐이라는 결론을 이미 내렸으니까.

계유년에는 원종대왕을 추모하기 위한 증광시가 4월 19일에 시행되었는데, 갑과에 3명, 을과에 7명, 병과에 23명, 모두 33명이 급제하였다. 여기에는 당연히 이경선이라는 이름이 없었다. 같은 해 11월 18일에는 3년마다 거행되는 식년시가 있었다. 갑과에 3명, 을과에 7명, 병과에 23명, 모두 33명이 급제하였다. 여기에도 당연히 이경선이라는 이름은 없었다. 그리고 그해 대과는 더 이상 없었다.

그런데, 식년시 명단에 사과 이경징(司果 李慶徵)이라는 이름이 보였다. 다시 유심히 조사했다. 놀라웠다. 그는 눈을 의심했다. 모든 추측이, 모든 결론이 와르르 무너지는 것을 느꼈다. 새로운 결론을 도출해야만 한다. 이것이 어쩌면 우리의 조선사(朝鮮史)를 바꾸게 될지도

모른다는 생각이 들었다.

아이구, 조상님들이여.

어쩌면 이리도 어려운 숙제를 계속 주시나이까.

족보에는 분명히, "경선의 처음 이름은 경징이다."라고 기록되어 있다. 『국조방목』에서 찾아낸 경선의 기록을 복사했다.

"司果, 李慶徵, 君善"

사과(司果)는 정확히 무슨 뜻인지는 알 수 없었다. 아마도 신분을 나타내는 것일 터인데.

[司果: 조선 시대 5위에 두었던 정6품의 군직, 주로 음직이었음.]

이경징은 처음 이름이며, 군선(君善)은 그의 이름 대신에 부르는 자(字)이다. 현감은 최종으로 지낸 벼슬을 나타내며, 갑자는 갑자년(1624)에 진사시에 합격한 것을 의미하고, 경자는 아마도 출생연도를 나타낸 것으로 보인다. 무엇보다도 아버지 시발(時發), 할아버지 대건(大建), 증조부 경윤(憬胤)이라는 것이, 그가 이경선과 동일인임을 명확하게 한다. 족보의 기록과 너무나도 정확하게 일치하지 않는가.

지금부터가 문제이다. 옥산의 따님은 서녀 출신의 첩인데, 그 아드님은 양반들만 응시자격이 있는 사마시에 합격하고 문과에 급제하였으니. 이 양자 간의 괴리를 어떻게 해결하나? 너무 머리가 복잡하여, 족보에 있는 여러 가지 기록들 중에서 대과에 확실히 급제한 것부터 확인하였다. 거의 대부분 맞았으나, 딱 하나만이 사실과 달랐는데, 그것은 아마도 무슨 사연이 있는 것으로 추측되었다.

그리고 내친김에 이괄의 난을 평정한 사람들에 대한 공신기록을 확인하였다. 이때의 공신 명칭은 '진무원종공신(振武原從功臣)'이며,

이시발(時發)은 체찰부사로 공신 1등에, 그의 아들이자 옥산의 따님의 장남 경충(慶忠)도 공신 1등에 봉하여졌음을 확인할 수 있었다. 그저, 요즈음의 요량으로 족보의 기록에 미화된 부분이 많은 것이며, 상당한 부분은 거짓일 것으로 추측한 자신이 부끄러웠다. 선조들의 사실에 입각한 엄격한 기록에 새삼 놀랄 뿐이었다.

아무리 우리 옥산의 따님이 자랑스러워도 해결해야 할 의문 때문에 고민이 나날이 늘어만 갔다. 가장 큰 의문은, "어떻게 그녀의 아들이 사마시에 합격하여 진사가 되었는지?"에 대한 답을 구하는 것이다. 이것이 해결되지 않으면 대과(문과)에 응시할 자격이 없기 때문이다. 엉뚱하게 이런 상상도 하였다. 잘나가는 벽오께서 임금께 상소하여 아들의 신분을 올려달라고 요청하지는 않았을까? 만약 그랬다면 이것은 중대한 사건이다. 틀림없이 왕의 허가가 있어야 하는 법. 왕의 허가가 났다면 『조선왕조실록』에 무슨 기록이 있을 것이다. 『조선왕조실록』을 뒤졌다. 아무런 소득이 없었다. 그러면 왕명의 출납을 맡은 승정원에 무슨 기록이 있지 않을까? 여기저기 알아보니 『승정원일기』가 곧 우리말로 번역되어 출판된다 하니 출판위원회에 연락을 해보자.

그러는 도중에 재미있는 기록을 하나 찾았다.

"『속대전』을 반포하시어 서얼의 자손을 문무과시와 생원진사시에 응하지 못하도록 하였는데, 그때 증손은 금하지 않도록 하였지만, '대전'을 주해할 때 자자손손의 문구를 넣어 서얼 자손을 영세 금고하였다. 앞으로는 서자는 손자에서 허락하고, 얼자는 증손에서 허락한다 (성종 때)."

"선조 1년에 서얼인 신분을 가진 1천6백 명이 글을 올려 원한을 터뜨렸다."

그렇다면 경선(경징)이 사마시에 급제한 1624년에는 어떻게 되나? 서얼은 물론이요, 손자 대까지 사마시에 응시할 자격이 없어서 생원이나 진사가 될 기회가 전혀 없는 것이 아닌가? 도대체 무슨 일이 있었기에 사마시에 응시할 수 있었을까? 그뿐인가 경선의 두 아들도 모두 사마시에 합격했고, 그 손자들도 사마시에 합격을 했는데, 도대체 무슨 일이 있었을까?

3. 신분의 변화

　역사나 국사를 전공하지 않은 그로서는 더 이상 이 문제를 해결할 수가 없었다. 그래서 같은 학교에 있는 동료 교수들 중에서 문화인류학이나 국사를 전공하는 분에게 자문을 청했다. 그들은 본교의 명예교수인 L 교수를 추천해 주었다. 그래서 그 교수님께 전화로 사정을 말씀드렸더니, 사마시와 문과시에서 예외가 되는 경우를 설명해주었다. 그의 자세한 설명을 들은 후에 그녀의 아들인 13대 조부께서 어떻게 사마시와 문과시에 응할 수 있었는지를 찾아낼 수 있을 것만 같았다. 가능성 있는 예외의 규정은 다름 아닌 공신의 자손일 경우에 비천한 신분을 면할 수 있다는 것이다. 그래서 13대조인 군선의 부친인 벽오의 공신기록을 왕조실록에서 새롭게 뒤져보았다.

공신이 되면 서자도 양반이 될 수 있다!

　그는 『조선왕조실록』에 나오는 공신에 대한 공식적인 기록을 살펴보았다. 먼저 수양대군이 권력을 잡은 좌익공신에 관한 기록을 확인했다.

(1) 조득림(趙得琳)은 원래 안평대군의 종이었다. 1455년에 세조(世祖)가 즉위하자, 한명회와 수양대군을 도와서 김종서와 안평대군을 제거한 공으로 그는 좌익공신 3등에 책봉되었다. 난을 평정한 후에 승리자들은 자신들과 자신들을 도운 사람들을 공신으로 책봉하고, 공을 세운 정도에 따라 재물과 벼슬을 나누었다. 당연히 패배자인 난신의 재산과 가족들까지 빼앗아 공신들이 나누어 가졌다.

안평대군의 노비였던 조득림에게는 내시였던 엄자치가 소유했던 양주의 논과 밭, 유의마전 전토, 연천 전토, 박쟁의 수원 전지 등을 주었다. 더불어 난신인 송령의 아내인 소사, 난신인 권저의 첩인 복가이를 주었다. 개인 소유의 노비인 계집종 영로를 비롯해서 총 16명의 노비를 주었다. 세조 2년에는 왕이 친히 어찰을 내려,

"조득림의 아비인 노예 신분의 조만(趙萬)을 특별히 영구히 방면하여 양민이 되게 하였다. 아울러 조득림의 어미도 양민이 되게 하였다."

『공신록』에 명시되어 있는 내용과 같이 조득림의 자손들도 모두 천인의 신분을 면하여 양인이 되었다.

이상의 기록은 『조선왕조실록』의 『단종실록』과 『세조실록』에서 발췌한 내용이다. 조득림이 수혜 받은 것들은 모두 『공신록』에 기재되어 있는 공신에게 주어진 혜택들이다. 다만, 『공신록』에 기재되어 있지 않은 부분이 한곳 있다. 그것은 바로,

"세조 2년에 친히 어찰을 내려 조득림의 아비인 노예 신분의 조만(趙萬)을 <특별히> 영구히 방면하여 양민이 되게 하였다."

라는 부분이다.

왕조실록에 기록되어 있는 조득림이 공신 3등에 책봉될 당시의 기

록을 보자(『세조실록』, 세조년, 12월 27일, 무진).

<공(功)을 기록하고 상(賞)을 주는 것은 나라의 아름다운 법이다. 내가 부족한 덕(德)으로 외람되게 대위(大位)에 앉았는데, 잠저(潛邸)에서의 어려울 때를 회고하니, 신하들이 전후좌우에서 과인을 보호하였기 때문이다. 혹은 나의 동렬(同列)로서, 혹은 나의 요좌(僚佐)로서 혹은 가까운 친척으로서 혹은 오래 수종(隨從)하던 사람으로서, 혹은 내가 중국에 갈 때에 발섭(跋涉)의 노고를 함께하였고, 혹은 정난(靖難)에 참여하여 방위(防衛)에 힘쓰고, 아래로 복예(僕隸)에 이르기까지 힘을 다하였으니, 모두 원종(原從)의 공(功)이 있어서 오늘의 아름다움에 이르렀으니, 내가 감히 잊겠는가? 마땅히 먼저 포상(褒賞)하는 법을 보여서 처음부터 끝까지 변하지 아니하는 의리를 굳게 하려고 한다. 너희 의정부에서는 나의 지극한 마음을 본받아서 마땅히 빨리 거행할 것이다.

1등에게는 각각 1자급(資級)을 더하여 주고, 자손은 음직(蔭職)을 받게 하며 후세에까지 유죄(宥罪)하고, 자손 중에서 한 사람을 자원에 따라 산관 1자급(資級)을 더하여 준다. 그 가운데 자손이 없는 자에게는 형제·사위·조카 중에서 자원에 따라 산관 1자급을 더하여 준다. 3등에게는 각각 1자급을 더해주고, 자손은 음직을 받고 후세에까지 유죄(宥罪)한다. 공신(功臣) 가운데 통정대부(通政大夫) 이상은 자손·형제·생질(甥姪)·사위 가운데에서 한 사람을 자원에 따라 산관(散官) 1자급(資級)을 더하여 주고, 죽은 자에게는 각각 본등(本等)에 의하여 시행하고 1자급(資級)을 추증(追贈)한다. 죄를 범하여 산관이 된 자는 본품(本品)으로 서용하고 상중(喪中)에 있는 자와 연고가 없이 산관이 된 자는 1자급을 더하여 주어 서용하며, 영구히 서용하지 못하게 된 자

에게는 벼슬길에 통함을 허락한다. 고신(告身)을 거둔 자는 돌려주고, 첩의 아들은 한품(限品)을 적용하지 말고, 공사천인(公私賤人)은 모두 천인을 면하게 하고, 사천(私賤)은 주인에게 공천(公賤)으로 보상하게 한다. >

조득림에게 주어지는 사항들이 명확하게 기록되어 있다. 물론, 공신에게 주어지는 혜택은 등급에 따라 차이가 났다.

벽오와 관계되는 공신기록을『조선왕조실록』선조, 인조조에서 찾아냈다.

(2) 먼저 첫 번째로 찾아낸 기록은 선조 29년(1596)에 일어난 이몽학의 난을 평정한 공로로 청난공신 2등에 오른 것이다. 충청도 홍산을 중심으로 일어난 이몽학의 난은 무엇인가. 1596년 7월에, 왕실의 후손인 이몽학(李夢鶴)은 속모관(粟募官)인 한현(韓絢)의 선봉장이었다. 이때는 임진왜란이 막 끝난 시점인데, 때마침 엄청난 기근이 들어 많은 농민들이 굶주리고 있었다. 이것을 노린 이몽학은, 자기와 나이가 같은 사람들끼리 모인 동갑계원 700명을 꼬드겨,

"왜적의 재침을 막고, 나라를 바로 잡자."

는 구호를 내걸고 반란을 일으켜 지휘를 하였다. 수많은 농민들이 대대적으로 호응을 하여 삽시간에 수천 명이 모여들었다. 홍산에서 반란을 일으킨 뒤에 관아를 점령하여 현감을 옥에 가두었다. 연이어 임천을 함락하고, 정산, 청양, 대흥을 휩쓸고, 서울로 향하면서 홍주(지금의 홍성)를 공격하였다. 홍주 목사 홍가신은 민병을 동원해서 이들을 반격하는 한편, 이몽학의 목에 현상금을 걸어 반란군의 분열을 꾀하였다. 이몽학의 부하 김경창과 임억명은 전세가 불리함을 느끼고,

이몽학의 목을 베어 항복하였다. 면천에서 형세를 살피던 한현도 체포되어, 이 반란은 시작된 후 1개월도 못 되어 평정되었다. 1등 공신 홍가신, 2등 공신 2인, 3등 공신 2인 등 모두 5명이 공신에 책봉되었다. 이들은 선조 37년(1604)에 최종 확정되어 정공신(正功臣)으로 책봉되었다. 원래의 공신의 명단은 난이 평정된 직후인 선조 29년(1596)에 선정되었으나, 여러 가지 이의가 많아서 8년 만인 1604년에 최종적으로 확정되었다.

이몽학의 난에서 벽오는 충청도 순안어사로 참전했다. 홍산의 변란이 발생했음을 조정에 보고하고, 조정의 지시대로 군사를 움직였다. 공주에 있으면서 관군을 징발하여, 홍산으로 진격하였다. 임억명은 전세가 불리한 것을 보고, 이몽학의 목을 베었다. 그래서 벽오와 임억명은 처음에 공신 2등에 책봉되었으나, 시비하는 사람들이 그 공을 너무 과다하게 평가되었다고 주장하여 선조 36년(1603)에 공신에서 제외되었다.

[전체적인 상황으로 볼 때, 정공신 2등에서 제외된 것은 당시의 시기하는 무리들이 올린 수많은 상소 때문이다. 『조선왕조실록』(선조)에 의하면, 수십 건의 공신책봉 불가 상소가 올라왔다. 그러나 정공신 2등은 불가할지라도 원종공신 1등에는 아무런 무리가 없다. 원종공신에도 등재되지 못한 것은 전적으로 벽오의 벼락출세를 시기하는 무리들의 횡포이다. 이러한 시기는 벽오가 30세의 어린 나이로 경상감사에 임명되었을 때도 수십 건의 불가 상소가 올라왔다. 그래서 선조는 벽오를 경상감사에서 각은 직급인 경주부윤으로 좌천시켰다가 2년 후에 다시 경상감사로 임명했다.]

(3) 두 번째로 찾아낸 기록은 이괄의 난(1623년)을 평정한 공로이다. 이괄은 이귀, 김자점, 김유 등과 광해군을 폐위하고 인조를 왕위에 앉히는 인조반정의 주역이다. 그런데 이괄은 2등 공신에 책봉된 것이 실제로 세운 공로에 비해 너무 낮게 책정되었다는 심한 불만을 가지고 있었다. 게다가 내직에 있다가 평안도 병마절도사로 좌천되어 그의 불만은 더욱 컸다. 종래에는 그가 반역을 모의하고 있다는 모함까지 받아 그의 아들이 잡혀갔다. 결국, 그의 부하인 기익헌, 한병련 등을 꼬드겨 난을 일으켰다. 반란군은 한때 한양까지 점령하였으므로, 인조는 공주로 피난하였다.

그러나 그의 군대는 한양을 점령한 지 하루 만에 정부군에 패하였으며, 이괄은 부하에게 죽임을 당했다. 그의 잔당들이 북쪽의 후금으로 도망가서 후금을 선동하는 바람에 마침내 정묘호란이 일어났다. 이괄의 난을 평정한 장만, 정충신, 남이흥 등 3명은 진무공신 1등에, 9명은 공신 2등에, 20명은 공신 3등에 책봉되었다.

벽오는 광해군이 선조의 정비였던 인목대비를 폐비하는 것에 대해 반대상소를 올렸다가 귀양을 갔으며, 나중에는 벼슬에 나가지 않았다. 광해군 말엽에 서북쪽의 방비를 책임지게 되자 다시 벼슬길에 나갔다. 인조가 반정에 성공하자, 반정세력들이 벽오를 병조판서로 천거하여, 50대의 나이에도 병조판서를 맡았다. 이괄이 난을 일으킴에 난을 평정하는 총사령관격인 도체찰사인 이원익이 벽오와 정엽을 체찰부사로 임명하였다. 그렇지만 이원익과 정엽은 현지(戰場)에 가지 않고 병조판서인 벽오만이 종사관인 최현과 김시양을 데리고 임지로 떠났다. 우여곡절 끝에 난이 평정되어 32명이 정공신에 책봉되었다.

보통, 정공신을 도운 사람들도 원종공신으로 책봉되는데, 그 수는 보통 수천 명에 이른다. 이괄의 난을 평정한 진무공신에도 원종공신이 약 6,000명가량 있는데, 이들을 진무원종공신이라 한다. 벽오는 서장자인 경충을 데리고 참전하였는바, 아들과 같이 진무원종공신 1등에 책봉되었다. 이 공적으로 벽오는 정헌대부에 올랐으며, 부친과 조부 및 증조부는 증직을 받았다.

만약 벽오가 공신이 되었다면, 아버지(父)에서 조부 및 증조에 이르는 선조에 대해서 증직이 하사된다. 그래서 족보를 다시 확인하여, 이러한 사실이 있는가를 조사하였더니, 역시 예상대로 증직이 하사된 것을 확인할 수 있었다. 아버지인 오촌공은 좌찬성을, 할아버지인 군소공은 이조판서를, 증조부 두사공은 좌승지를 각각 하사받았다. 아울러, 벼슬을 하지 못한 직장자인 경연은 이조참판을 증직 받았다. 이러한 기록으로부터 벽오가 공신에 책봉된 것을 확인할 수 있다.

벽오가 공신으로 책봉된 '진무원종공신 1등'의 봉록에 대한 기록을 보면,

"1자급을 더하여 주고, 자손은 음직을 받고, 후세에 봉작을 받는다. …… 공신가운데 통훈대부(종3품) 이상은 자손, 형제, 생질, 사위 가운데서 한 사람을 자원에 따라 산관 1자급을 더하여 주고, 죽은 자에게는 각각 본등에 의하여 시행하고 1자급을 추증한다. 죄를 범하여 산관이 된 자는 본품으로 서용하고, 상중에 있는 자와 연고가 없이 산관이 된 자는 1자급을 더하여 주어 서용하며, 영구히 서용하지 못하게 된 자에게는 벼슬길에 통함을 허락한다. 직첩을 빼앗긴 자는 그것을 돌려주고, 첩의 아들은 한품을 적용하지 말고, 공사 천인은 모두

천인을 면하게 하고, 사천은 그 주인에게 공천으로 보상하게 한다."

이 기록에서, <영구히 서용하지 못하게 된 자에게는 벼슬길에 통함을 허락한다. 직첩을 빼앗긴 자는 그것을 돌려주고, 첩의 아들은 한품을 적용하지 말고, 공사 천인은 모두 천인을 면하게 하고>의 내용이다.

이 기록에 따르면, 벽오의 서자인 경충, 경선, 경종은 과거시험(사마시와 문과시험)과 벼슬길 진출에서 서자의 신분에서 양반으로 바뀌게 된다. 그리고 벽오의 품계는 이미 자헌대부(정2품, 병조판서)에 올랐으므로, <자손은 음직을 받고, 후세에 봉작을 받는다. …… 공신 가운데 통훈대부(종3품) 이상은 자손, 형제, 생질, 사위 가운데서 한 사람을 자원에 따라 산관 1자급을 더하여 주고>의 규정에 따라 직장자인 경연은 이조참판을 증직 받았으며, 서3자인 경종도 군자감정을 증직 받았다. 그리고 벽오의 서장자인 경충의 원종공신 여부도『공신록』과 족보의 기록으로 확인하였다. 경충의 장자인 인영은 '선대의 공훈으로 주부의 관직을 받았다'고 기록되어 있다. 이것은, <자손은 음직을 받고, 후세에 봉작을 받는다.>의 규정에 따라 인영이 주부의 관직을 받았던 것이다.

이러한 벽오와 경충에 대한 공신으로서 혜택도『공신록』에 명확하게 명시되어 있다. 이들은 정공신도 아니고, 원조공신이므로 공신책봉에 대한 교지를 받은 것이 아니라, 책으로 인쇄된『공신록』을 받은 것이다.

한편, 병자호란에서 전사한 그의 13대조 경선의 경우에는 남포현 감에서 예조참의로 증직 되었다. 경선의 무공도 대단한 것인데, 과연 공신으로 책봉되었을까? 그런데, 의외로 경선의 두 아들에게 증직을 받았다는 기록이 전혀 없다. 물론 손자들 중에서도 선대의 공훈으로 관직을 받은 기록이 전혀 없다. 즉, 경선은 전사하였지만, 공신의 반열에 오르지 못한 것을 알 수 있다. 그래서 벽오와 경충이 '진무원종공신 1등'에 책봉된 것만을 명확하게 확인하였다.

진무원종공신 1등의 공으로는 부, 조부, 증조부에게 내려진 증직은 사실 불가능하다. 벽오의 선조들에게 봉작을 내렸다는 것은, 벽오가 그동안 이루어놓았던 각종의 공적을 높이 기려서 벽오를 진무공신 1등과 동등하게 대우했다는 것을 말한다.

<정공신 1등은 1자급을 더하고, 자손은 음직을 받게 하며, 후세에까지 유죄하고 부모에게 작을 봉하고, 자손 중에서 한 사람을 자원에 따라 산관 1자급을 더하여 주라>는 기록이 있다.

정공신 2등 이하 3등, 원종공신 1등, 2등, 3등의 부모에게는 작을 봉하지 않는다. 세조 때의 조득림도 정공신 3등이 있으므로, 사노비 (私奴婢)인 그의 부모의 신분에 변화를 줄 수 없었다. 이를 안타깝게 생각한 세조가 왕으로 등극한 세조 2년에 가서 "친히 이찰을 내려 조득림의 아비인 노예 신분의 조만(趙萬)을 <특별히> 영구히 방면하여 양민"이 되게 한 것이다. 만약, 벽오의 첩인 옥산의 따님이 그 당시까지 살아 있었더라면 어떻게 되었을까? 벽오는 정공신 1등과 같은 공신이며, 그의 서자인 경충도 무과에 급제한 무관이자 이번 진무원종공신 1등인바,

"어찰을 내려 경충의 어미이자 벽오의 첩인 덕수 이씨를 <특별히> 양반이 되게 하고, 벽오의 제3배로 하며, 정경부인에 봉하노라."

는 기록이 『조선왕조실록』, 『인조실록』에 분명히 기록되었을지도 모른다.

신분제도와 신분의 변화

조선 시대 전체를 통하여 공신책봉에 의해서 대체로 정공신 20~30명 이내, 원종공신 수천 명 정도의 많은 수가 그 혜택을 입었다. [이괄의 난 때는 무려 6,000여 명의 공신이 쏟아짐.] 벽오공과 찰방공이 공신이 될 수 있었던 이괄의 난을 조금 다른 각도에서 한번 보자.

이괄은 이미 인조반정에서 정공신 2등이었다. 부모에게까지 돌아가는 혜택이나, 왕이 하사하는 재산과 노비, 관직 및 여러 가지 대우 등을 생각하면 정공신 1등과 2등은 하늘과 땅의 차이보다 더 클 수 있다. 이괄은 심히 불만이 컸다. 이것은 반란을 일으킬 수 있는 충분한 이유가 된다. 이괄의 난에 참여한 수천 명의 사람들은 거의 대부분 군인이거나 농민이었다. 이들은 양민 이하의 계층이다. 이괄의 말대로 반란이 성공이라도 하는 날에는 그들의 신분은 금방 지배계층인 양반으로 바뀐다. 철저한 신분사회이자, 귀족중심의 사회였던 조선 시대의 양반은 모든 것을 마음먹은 대로 할 수 있는 신분이기에. 다른 한편으로, 이괄의 난을 진압하는 정부군의 입장도 마찬가지다. 관군에 참여하여 난이 진압되기만 한다면, 자신은 물론 자손들까지 신분이 바뀌고, 인생 자체가 바뀐다. 이러한 실정이니, 양쪽의 군사들은 목숨을 걸고 최후까지 항전하며 싸우게 된다. 설사 싸우다가 죽더라도 후회는 없다. 자신이 죽더라도 후손들에게 모든 혜택이 돌아가니까. 지금 내가 사는 것은 삶이 아니다. 인간이 아니기에. 그래서 양측에 가담한 사람들 중에서 가장 그 수가 많은 계층은 당연히 농민과 천인이었던 것이다.

이런 전쟁을 통해서 지금까지 농민이었던 사람이 노비나 양반으로, 양반은 노비로, 노비들은 양민이나 양반으로 그 신분이 바뀌었다. 그러니까, 난리나 전쟁이 많이 일어나면 날수록 수많은 사람의 신분에 엄청난 변화가 생겼다. 혜택을 입은 사람과, 그로 인해서 손해를 본 사람의 수도 엄청나게 많았다. 조선 말에 민란이 얼마나 자주 일어났던가. 이렇게만 보면, 지금 양반이라고 주장하는 집안도 한때는 농민이나 천민 또는 서자의 신분이었을 수도 있다. 그래서 누구나, 어느 집에나 그럴싸한 기록을 가진 족보를 소장하고 있기는 하지만, 거의 대부분 기록이 과장되어 있는 실정이라, 기록 자체를 믿을 수는 없다. 어떤 집안이든 간에 한때 양반이 아니었던 집안은 거의 없었을 것이다. 게다가, 일제 강점기를 통하여 신분의식이 많이 흐려지고, 해방 후에도 산업사회를 거치는 동안에 반상을 구분하는 경향이 거의 없어져, 이제는 신분 자체에 대하여 논의하는 사람이 거의 없을 정도로 그야말로 평등한 사회가 된 것이다. 1970년대 후반까지도 심하지는 않았지만 반상의 구별은 남아 있었다. 그가 대학생이었던 1970년대에 고향인 시골에 가면, 그를 도련님이라고 부르는 할머니들이 많이 있었는데, 그 도련님이라는 말을 들을 때마다 그는 너무 부끄러워 몸 둘 바를 몰랐다. 물론 지금은 새로운 개념의 신분사회가 이루어져 있지만.

봉군(封君)과 공신(功臣)

나라에 큰 공을 세운 사람에게는 왕이 공신(功臣)이란 훈호(勳號)를 내려 OO 군으로 봉군(封君) 또는 봉호(封號)하게 되는데, 그러한 선조를 많이 배출한 것을 가문의 큰 영예로 여겼다. 딸이 왕비로 간택되어 왕의 장인이 되었을 경우나 1품의 공신일 때 OO 부원군(府源君)으로 봉작(封爵)한다.

그중에 특히 왕조의 창업, 신왕(新王)의 즉위, 전란(戰亂)의 평정(平征) 등 왕실과 국가에 공을 세운 사람에게 개국공신(開國公臣), 정사공신(定社公臣) 등의 칭호(稱號)를 주고 아울러 군호(君號)를 내렸다. 이들 공신은 왕과 회맹(會盟)하므로 국가 최대의 특권을 입어 영작(榮爵), 토지(土地), 노비(奴婢) 등을 받고, 자손들은 과거에 급제하지 않아도 음직(蔭職)으로 벼슬에 오를 수 있었다. 조선조에서는 모두 28차례의 공신 봉호가 있었는데, 조선 중기 이후에는 그것을 너무 남발하여 이른바 '안방 公臣'까지 생겨나게 되었고, 이를 위훈(僞勳)이라 하여 삭훈(削勳)의 문제가 일어나기도 했다. 조선조 중요 공신의 훈호는 <표 1>과 같다.

〈표 1〉 조선 시대 28종의 공신

공신이름	책록 연대	공적
개국공신	1392년(태조 즉위)	조선개국
정사	1398년(정종 즉위)	제1차 왕자의 난
좌명	1401년(태종1)	제2차 왕자의 난
정난	1453년(단종1)	김종서, 안평대군 제거
좌익	1455년(세조1)	세조 즉위
적개	1467년(세조13)	이시애의 난 평정
익대	1468년(예종 즉위)	남이, 강순의 치옥
좌리	1471년(성종2)	성종 즉위
정국	1506년(중종1)	중종반정
정난	1507년(중종2)	이과의 치옥

위사	1545년(명종 즉위)	명종 즉위
평난	1590년(선조23)	정여립의 치옥
광국	1590년(선조23)	종계변무
선무	1604년(선조37)	임진왜란 선무
호성	1604년(선조37)	임진왜란 호종
청난	1604년(선조37)	이몽학의 난 평정
위성	1613년(광해5)	광해군 호종
익사	1613년(광해5)	임해군 치옥
정운	1613년(광해5)	유영정의 치옥
형난	1613년(광해5)	김직재의 치옥
정시	1623년(인조1)	인조반정
진무	1624년(인조2)	이괄의 난 평정
소무	1627년(인조5)	이인거의 모역
영사	1628년(인조6)	유효립 모반
영국	1644년(인조22)	심기원 모역
보사	1680년(숙종6)	남인 제거
부사	1722년(경종3)	신임사화, 노론 제거
분무	1728년(영조4)	이인좌의 난 평정

　　공신에는 배향공신(配享功臣)과 훈봉공신(勳封功臣, 勳號功臣)으로 분류되는데, 훈봉공신은 다시 정공신(正功臣)과 원종공신(原從功臣)으로 나뉜다. 배향공신은 임금이 죽어서 위패를 종묘에 모신 뒤 생전에 그 임금에게 특별한 공로가 있는 신하의 신주를 같이 모셨다. 죽어서 왕의 신주와 같이 종묘에 배향되는 것을 큰 명예로 생각하였기 때문에 국가에서도 그 자손들에게 여러 가지 특권을 베풀었다.

　　기록에 의하면 988년(고려 성종 7년) 12월에 고려 태조·혜종·정종·광종·경종의 5묘를 제정, 4년 뒤 국가의 사당을 낙성하고 태조실(太祖室)에 개국공신 신숭겸(申崇謙) 등 5위(位)를 배향하였다. 이러한 것은 조선 시대에도 계속되어 이를 항규로 삼았다. 훈봉공신은 훈공을 나타내는 명호(名號)를 주며, 등급을 1등에서 3등 또는 4등까지 나누어 포상하였다. 조선 시대에는 교서와 녹권을 함께 사용하였으며, 여러 차례에 걸쳐 공신을 시상(施賞)하여 그 종류는 모두 28종에 달하였다. 그런데 초기의 개국(開國)·정사(定社)·좌명(佐命) 등 3공신은 정공신(正 功臣)에 한하여 교서와 녹권을 함께 주었다. 왕은 특히 정공신과 회맹 (會盟)하였는데, 여기서 공신들은 나라에 충성할 것과 자손 대대로 서로 친목할 것을 맹세하였다. 왕은 공을 세운 정도에 따라 1·2·3·4등으로 나누어 각 등급에 해당하는 벼슬과 토지, 노비 등을 주고, 그 자손들에게도 음직(蔭職)을 주었다.

정공신 이외에 작은 공을 세운 원종공신(元從功臣)은 3등으로 구분하여 각각 등급에 따라 녹권·노비·토지 등을 주었다. 원종공신의 기원은 조선을 건국한 이성계(李成桂)가 개국공신(開國功臣)을 도운 사람들 가운데 공이 있는 1,000여 명에게 개국원종공신(開國原從功臣)의 칭호를 준 것이 처음이다. 그 뒤 정공신이 훈봉될 때마다 원종공신이 녹훈되었는데 모든 정공신에게 원종공신이 녹훈되었는지는 알 수 없다. 『조선왕조실록』에 기록된 원종공신은 개국원종공신을 비롯하여 정국(靖國), 정난(定難), 위사(衛社), 광국(光國), 선무(宣武), 호성(扈聖), 청난(淸難), 영사(寧社), 영국(寧國) 원종공신 등이 있다. 원종공신은 1등부터 3등까지 구분하여 공신녹권을 지급하고 각종 특혜를 부여하였는데 그 내용이 등급에 따라 약간의 차이를 보이나 녹권·노비·토지 등은 공통으로 주어졌다. 정공신에 이어 녹훈되는 원종공신은 그 범위와 규모가 큰데, 이것은 공로포상의 의미보다는 불안한 정국을 공신으로 포섭하여 국가나 왕실의 취약성을 보완하고, 조정의 지지 세력을 폭넓게 확보하려는 의미였던 것으로 보인다. 또한 공신도감(功臣都

監)·충훈부(忠勳府)·녹훈도감(錄勳都監) 등의 관청을 두어 이들 공신에 관한 사무를 맡아보게 하였다.

많은 공신들이 임진왜란과 같은 전쟁을 통해서 책록되었다. 대표적인 경우를 보자. 1604년에는 임진왜란 때 무공을 세우거나 명(明)나라에 병량주청사신(兵糧奏請使臣)으로 가서 성과를 거둔 문무 관원에게 선무공신을, 임진왜란이 일어나자 선조의 대가(大駕)를 의주까지 모시는 데 공이 있는 사람에게 호성공신을, 1596년(선조 29)에 일어난 이몽학의 난 평정에 공을 세운 사람에게 청난공신을 각각 내렸다. 그런가 하면, 임진왜란 때 전주로 광해군(光海君)을 수행한 관원에게 내린 위성공신이 있다.

1623년에는 김류, 이귀 등이 광해군을 폐출하고, 능양군을 옹립하여 인조를 즉위케 한, 소위 인조반정을 결행한 공으로 정사공신이 책록되었다. 이때, 이들과 함께 반정에 참가했던 이괄(李适)이 자신의 낮은 책록(2등)에 불만을 갖고 난을 일으켰다. 이 난을 평정한 공으로 많은 사람들이 진무공신에 올랐다. 정식 명칭은 갈성분위출기효력진무공신(竭誠奮威出氣效力振武功臣)인데, 인조 2년(1624)에 1등 3명, 2등 9명, 3등 22명을 공신으로 세웠다.

반정을 주도하여 성공하면 공신이 되어 본인은 물론 조상들에게까지 그 영광을 누리고, 그 자손들은 수많은 혜택을 입었다. 반면에 실패를 하면, 본인이 죽임을 당하는 것은 물론이고 살아남은 가족들은 하루아침에 최하 계층인 노비로 전락하여 비참한 생을 살아야만 했다.

성공하기만 하면, 공노비나 사노비들은 면천을 하여 상민이 되거나 공에 따라 바로 양반이 되어 벼슬에 오르기까지 한다. 노비가 이러할진대, 상민이나 중인, 서자나 얼자에게는 두말할 필요조차 없는 것이다. 자손 대대로 부귀영화를 누릴 수 있는 것이다. 반정에 참가한 전사들은 생명을 걸고 싸움에 임했다. 특히 노비들은 자신의 목숨을 내던지고 온 힘을 다해서 싸움을 했다.

참전하지 않고 그냥 사는 것도 사는 것이 아닌 지옥에서의 생활이나 마찬가지다. 어차피 사람대접 받지 못하면서 한평생을 살고, 또 자식에게 손자에게 손자의 손자에게로 똑같은 인생을 대물림을 하게 되는 운명인 것이다. 이제 내 운명을 스스로 바꿀 수 있는 기회가 온 것이다. 나의 부귀영화는 물론이고, 자손 대대로 부귀영화를 누릴 수 있는 기회가 온 것이다. 어쩌면 하늘도 무심하지 않아 이처럼 좋은 기회를 주셨는가?

반정에 참가한 사람들만이 아니다. 반정을 평정하러 나선 사람들도 입장은 똑같다. 성공만 하면 신분이 격상되고 부귀영화를 누리게 되는데 그 누가 마다하겠는가? 특히 신분이 비천한 전사일수록 전의는 충만했다. 끝까지 싸웠다. 죽을 때까지 싸웠다. 죽는 줄도 모르고 싸웠다.

반정이 일어났을 때는 이러한 이유로 인해서 전투는 그 어떤 전쟁보다도 치열했다. 최후의 일인까지도 싸웠다. 반정이 아닌 나라와 나라 간의 전쟁에서는 사정이 조금 다르다. 아무리 전쟁에 참여하여 공을 세운다 하더라도 나라의 운명에 따라 공신이 되기도 하고 그렇게 되지 못하기도 한다. 왜가 침공을 한 임진란의 경우에는 명의 도움으로 오랜 전쟁 끝에 이 땅에서 왜를 물리쳤다. 이때 공을 세운 많은 사람들이 공신으로 세워졌다. 그리고 수십 년이 지난 후에 북쪽의 여진족이 세운 청이 침입한 호란에서는 결국 전쟁에서 패하고 말아 형제의 나라에서 신하의 나라로 전락하였다. 청의 지배를 받는 나라가 된 것이다. 그러다 보니 호란에 참전하여 공을 세운 사람도 없거니와, 항거한 사람들은 청의 수도였던 만주의 심양으로 끌려가거나 죽임을 당하였다. 왕의 아들이 볼모로 잡혀가는 상황에 전쟁 중에 전사한 사람들은 아무런 공을 인정받을 수 없었다. 부상자들은 말할 것도 없었다.

부끄럽지만 승리자가 된 왜란에서는 전사를 한 경우는 물론 하다 못해 부상을 당한 경우라도 참전에 대한 공을 인정받았다. 여기에 해당하는 것이 선무공신, 호선공신, 위성공신들이다. 그렇지만 패전국이 된 호란에서는 전사를 하더라도 그 공을 인정받을 수 없었다.

옥산의 따님의 둘째 아들은 진사시에 합격하여 진사가 된 후, 몇년 뒤에 문과에 급제하여 벼슬길에 나선 다음 해에 현감이 되었다. 그리고 병자호란을 만났다. 당연히 참전을 했으며, 첫 전투에서 전사했다. 전쟁이 끝나고 평정을 되찾았지만 죽음에 대한 아무런 보상이 없었다. 그리고 100여 년이 흐른 후에야 현감에서 참의로 추증되었고, 정문이 내려졌다. 그것도 조용히. 같은 전사라도 때를 잘 만나면 자손 대대로 부귀영화를 누릴 수 있는 공신이 될 수 있고, 별 의미 없는 죽음이 되기도 한다.

아끼는 제자에게 딸을 첩으로 주다?

옥산 이우의 형님이자, 조선 시대 성리학의 한 축을 형성한 율곡 이이(栗谷 李珥, 1536~1584년) 선생은 선비라면 누구나 한번은 꿈꾸는 자리인 文衡(大提學)을 지냈다. 율곡은 임진왜란 때 왕인 선조가 평양으로 몽진을 떠났을 때, 임진강에 이르러 비를 피하고 강을 건널 때

많은 도움을 준 정자로 더 잘 알려져 있다. 실제로 율곡은 학자로서, 깨끗한 관료로서 우리 모두의 사표이지만, 풍습을 거스르며 살지는 않았다. 그는 49세라는 비교적 젊은 나이에 사망했는데, 그의 정부인은 곡산 노씨이다.

그는 이원수(李元秀)의 세 번째 아들인데, 어머니는 조선 중기에 유명했던 여성인 사임당 신씨이다. 21세에 한성시(漢城試)에 장원으로 급제하고, 22세에 성주 목사인 노경린의 딸과 혼인하였다. 이듬해인 23세에 처가인 성주에서 출발하여 외가인 강릉으로 가던 중에 경상도 선산(善山)에 들러, 당시에 초서의 성인(草聖)으로 알려져 있던 고산(孤山) 황기로를 만났다. 이 자리에서 고산 황기로의 무남독녀와 자신의 막내아우인 우와의 혼인을 약속하였다. 다시 안동 예안의 도산에 들러 58세인 노학자인 퇴계 이황을 만났다. 이틀 동안 머물면서 그는 퇴계와 정주(程朱)의 격물설(格物說)을 비롯하여 퇴계의 저서인 성학십도(聖學十圖)에 대한 문답을 하고, 퇴계로부터 많은 소중한 가르침을 받았는데, 퇴계는 후일 이를 회상하면서,

"후배가 두렵다(後生可畏)."

는 말로 그를 칭찬했다. 이해 겨울에 있은 별시해(別試解)에 율곡은 <천도책(天道策)>으로 장원급제하였다. 29세이던 1564년 7월에 생원과와 진사과에 동시에 급제하고, 8월에는 문과 전시(殿試)인 명경과(明經科)에 <역수책(易數策)>으로 장원급제하였다. 그는 이를 포함하여 사마시와 대과에서 9회나 장원을 하여 구도장원공(九度壯元公)이라 불렸다. 29세 때 임명된 호조좌랑을 시작으로 관직에 진출, 예조·이조의 좌랑 등의 육조 낭관직, 사간원 정언·사헌부 지평 등의 대간직, 홍문관 교리·부제학 등등의 옥당직, 승정원 우부승지 등의 승지직

등을 역임하여 중앙 관서의 청요직을 두루 거쳤다. 아울러 청주 목사
와 황해도 관찰사를 맡아 지방의 외직에 대한 경험까지 쌓았다. 45세
때 대사간을 지내고, 이후 호조·이조·형조·병조 판서 등을 지냈으며,
이후 동인이 장악한 삼사(三司)의 강력한 탄핵이 뒤따르자 48세 때 관
직을 버리고 고향인 파주의 율곡으로 돌아왔으며, 다음 해 서울의 대
사동(大寺洞) 집에서 죽었다. 파주 자운산의 선영에 안장되었고, 문묘
와 파주의 자운서원(紫雲書院) 등 전국 20여 개의 서원에 배향되었다.

경기도 문산에서 파평 쪽으로 가다가 선유리에서 왼편으로 들어가
면 임진나루 가에 화석정(花石亭)이라는 정자가 있다. 율곡의 5대조인
이지돈(李知敦)이 세워서 대물림한 정자인데, 그 아래 마을이 "밤골"
이어서 지금도 율곡리이며, 그의 호 율곡도 여기에서 연유한 것이다.
그가 여덟 살 되던 해 늦가을에 이곳에 올라 지었다는 시 한 수가 걸
려 있다.

숲 속 정자에는 가을도 이미 늦었는데	林亭秋已晚
시인의 회포는 끝 간 줄을 몰라라	騷客意無窮
멀리 강물은 하늘에 이어 파랗고	遠水連天碧
서리 맞은 단풍은 햇볕에 더욱 붉구나	霜楓向日紅
산은 외로운 달을 토해내고	山吐孤輪月
강은 만 리 바람을 머금었는데	江含萬里風
찬 기러기는 어디로 날아가느뇨	寒泓何處去
처량한 울음소리 구름 속에 끊기누나	聲斷暮雲中

겨우 여덟 살인데도 이런 시를 썼으니, 무척이나 조숙하게 세상의
시름을 알았나 보다. 이 정자에는 많이 알려진 일화 한 토막이 전한
다. 임진왜란 때 선조 일행의 몽진(夢塵)행차가 이곳에 당도했는데,

때마침 폭우가 내리는 칠흑 같은 그믐밤이어서 임진강을 건널 길이 막막했다. 앞에서 길을 인도하던 도승지 이항복이,

"강 언덕 위에 정자가 있을 것이니 찾아서 불을 질러라."

고 했다. 그래서 수행하던 군사들이 정자를 찾아 불을 질렀더니, 폭우 속에서도 불길이 치솟아 강나루를 대낮같이 밝혔고, 왕과 그 일행이 무사히 강을 건널 수 있었다. 이것을 두고 후세 사람들은 말했다.

"임진왜란이 날 것을 미리 알았던 율곡이 이 때를 대비하여 정자를 중수할 때 관솔을 골라서 지었다."

"정자를 중수할 때 이항복 등 제자들에게 정자에 기름을 칠하게 했다."

10년 내에 큰 변란이 있을 것이니 10만 양병을 하라고 건의했던 율곡이기에, 그대로 임진왜란이 일어나 온 국토가 초토화되었으니 그의 뜻을 따르지 못한 조정을 원망해서 선생을 흠모하는 백성들의 입을 통하여 그러한 말들이 전해지고 이어졌을 것이다.

그의 가족을 보자. 39세(1574년) 6월에 장남 경림이 출생하였으며, 44세(1579년) 3월에 차남 경정이 출생하였다. 또 생몰 연대가 확실하지 않은 1명의 딸이 있다. 부인으로는 나중에 정경부인이 된 정부인 곡산 노씨, 그리고 용인 이씨와 김씨라는 다른 부인 2명이 더 있었다. 정경부인 노씨를 제외하고 이씨나 김씨는 족보에 기록이 명확하지 않은 것으로 비추어볼 때 첩일 확률이 높다. 그리고 평창군수를 지낸 경임과, 경정, 그리고 판서인 문경공 김집의 부인으로 되어 있는 딸에 대해서도 그 자료를 검토할 필요가 있다. 장남 경림이 사마시에 합격하거나 문과에 급제한 기록이 없는 것으로 보아 율곡의 음직으로 평

창군수를 지냈음을 알 수 있다. 그러나 차남 경정과 딸 김집의 부인에 대한 기록은 명확하지 않다. 차남의 기록은 중요하지 않다. 오히려 딸에 대한 내용이 흥미를 끈다.

대감을 지낸 문경공 김집(金集, 1574~1656)은 누구인가? 율곡의 제자이자 조선 예학의 태두인 사계 김장생(沙溪 金長生)의 아들이 바로 신독재(愼獨齋) 김집이다. 율곡과 사계와 신독재는 모두 문묘(文廟)에 배향되어 있는 우리나라의 십팔현(十八賢)이다. 그는 18세에 진사가 되고, 1610년(광해군2)에 헌릉 참봉에 제수되었으나 광해군의 난정으로 은퇴하였다. 인조반정 뒤 1623년에 부여현감을 지내고, 이어 임피현령, 지평, 집의, 공조참의 등을 역임했다. 그 후에 공서파(攻西派)가 집권하자 사직하고 오직 학문연구에 몰두하였다. 1650년에 효종이 즉위하여 공서의 김자점(金自點)이 파직되자 청서(淸西) 김상헌(金尙憲)과 함께 기용되어 동부승지, 우부승지, 공조 참판, 예조 참판, 대사헌 등을 역임하였으나 곧 사임하였다. 그 뒤 좌참찬을 거쳐 판중추부사로 임명되었다. 그는 국왕의 각별한 은총에도 불구하고 초야에 묻혀 아버지의 학문을 계승하려고 노력하였다. 위로는 아버지 사계와 장인인 율곡의 학문을 이어받아 송시열(宋時烈)에게 전해주어 기호학파(機湖學派)를 형성하였으며, 예학(禮學)을 체계화하였다.

율곡과 사계, 신독재 김집은 모두 사제의 관계로 맺어져 있으며, 율곡은 자신의 애제자인 사계의 아들 김집과 자신의 딸을 혼인시켰다. 그런데 율곡의 후예인 덕수 이씨 쪽에서는 율곡에 버금가는 신독재에 대한 기록에 너무 인색했다. 그 이유가 무엇일까? 사위를 들내면 율곡의 빛이 바랠 것이라는 옹졸한 마음은 아닐 것이다. 혹시 그 비밀이 율곡의 따님에 있지는 않을까? 율곡에게 분명 첩일 것 같은 분이 있는바 그분들에게는 소생이 없었을까? 없을 수도 있겠지. 그렇지만 있을 가능성이 더욱 크다.

만약 그녀가 서녀의 신분이라면. 그는 이렇게 추측해보았다. 그래, 광산 김씨의 족보를 조사하자. 조선 최대의 양반가문에 숨겨진 비밀을. 그런데 어디에서 어떤 족보를 뒤지는 것이 좋을까? 최근에 인쇄된 족보에는 설사 이상한 것이 있더라도 그걸 미화시켰을 테니까 본질을 찾기가 어려울지도 모르지만, 허점은 있을 터이니 염려할 게 없을지도 모른다. 최근에 나온 족보는 어쩌면 도서관에 있을지도 모른다. 그는 한걸음에 도서관으로 갔다. 지난번에 신세를 졌던 O 선생을 만났다. 같이 광산 김씨의 족보를 찾았다. 그러나 원하는 족보를 찾지 못했다. 다행히 O 학장의 도움으로 학교 직원 중에 몇 명의 광산 김씨가 있는 것을 확인하고, 그들의 도움을 받았다. 양간공파 족보에 실려 있는 사계와 신독재의 기록을 확인했다.

사계는 두 번 결혼했는데, 첫째 부인은 정경부인 창녕 조씨로, 슬하에 3남 2녀를 두었다. 둘째 부인은 정경부인으로 순천 김씨인데, 6남 2녀를 두었다. 장자인 은(檃)은 임진왜란 때에 부인과 함께 화를 당해 사망하여 후사가 없기에 기록이 단절되었다. 신독재는 사계의 둘째 아들이었다. 신독재의 첫째 부인은 정경부인 기계 유씨인데, 자식이 없었다. 둘째 부인은 덕수 이씨로서 율곡 이이의 따님이었으며, 2남 2녀를 두었다.

그런데 이상하게도 덕수 이씨에게는 관리의 부인에게 내리는 외명부 직첩이 기재되지 않았다. 그래서 신독재의 아우 허주자(虛舟子) 반(槃)의 기록을 살폈다. 그도 문과에 급제하고 이조참판을 지냈으며, 영의정에 추증되었다. 그의 첫째 부인 안동 김씨는 정경부인의 직첩을, 둘째 부인 연산 서씨도 정경부인 직첩을 받았다. 그런데 왜 같은 영의정에 추증된 신독재의 둘째 부인 덕수 이씨에게는 직첩이 없을까?

덕수 이씨의 장자인 익형은 선교랑을 지냈으며, 차자인 익련은 참봉을 지냈다. 그들의 아들, 손자, 증손들에게서 그 흔한 사마시 합격이나 문과 급제에 대한 기록을 찾기 힘들었다. 겨우 1명의 생원과 1명의 진사합격 기록만이 있을 뿐이다. 굉장한 기록을 기대한 그는 실망하였다. 그런데 사계의 3자인 허주자의 자손들은 달랐다. 많은 문과급제자와 사마시 합격자들, 왜 두 형제 집안의 후손이 이렇게 다를까.

덕수 이씨의 후손, 즉 신독재의 후손들은 신독재의 공에 대한 음직으로 중간 정도의 벼슬은 했지만, 문과에 급제한 기록이 전무했다. 당시에는 문과에 급제하지 못한 것에는 몇 가지 원인이 있다. 당쟁으로 인해서 급제가 되지 않은 경우이다. 이런 경우에는 음직도 받기 힘들다. 그래서 이런 경우는 아니다. 둘째, 공부, 즉 학문을 게을리하거나 경제적으로 어려워 학문을 하지 못한 경우이다. 사계의 다른 자손들이 화려한 기록을 가지고 있는 것을 볼 때 이런 경우도 상정할 수 없다. 경제적으로 어려우면 친척들이 도와줬을 것이고, 그들은 이미 음직을 받지 않았는가. 경제적인 문제는 전혀 고려의 대상이 아니다. 학문을 게을리 한 것도 전혀 이유가 되지 않는다. 적어도 사계의 후손으로서는.

마지막으로 고려할 수 있는 것은 시험을 치를 자격이 없는 경우이다. 즉, 사마시와 문과시험은 양반과 일부 허락받은 사람만이 치를 자격이 있다. 즉, 양반만의 특권이다. 시험을 치를 수 없었다면 그들이 양반이 아니라는 의미이다. 신독재가 양반이 아니라면 조선 땅에 누가 양반이 될 수 있으랴. 그런데도 양반이 아니라면, 그들이 서자라는 말일까? 한 가지 문제가 있다. 신독재의 둘째 아들 익련이 생원이며, 익련의 차남 만제도 진사로 기록되어 있다. 그렇다면 그들은 시험을 치를 수 있었다? 이해가 가지 않는 부분이다.

해결할 수 있는 방법이 없을까?

그는 여러 가지를 고민했다. 괜히 남의 가문의 기록이나 뒤져서 묻혀 있는 과거나 들춰내는 나쁜 사람이 결코 되고 싶진 않았다. 그런데 왜 이런 일을 해야만 하는가? 그것은 그의 할머니의 명예를 되찾는 작업이기 때문이다. 14대 조모님의 명예를 위해 그 당시의 환경을 이해해야만 했다. 이 일을 계속할 것인가? 그래서 사실을 밝힐 것인가? 이쯤 해서 모든 것을 덮고 말까?

한 달 후에 그는 다시 기록들을 뒤지기 시작했다. 제일 먼저 신독재와 그의 부인들의 출생연도들을 서로 비교하였다. 신독재의 장인인 율곡은 1536~1584년(48세)에 생존하였고, 신독재는 1574~1656년(82세)에 생존하였으며, 첫째 부인 정경부인 기계 유씨는 1622년에 사망했고, 둘째 부인 덕수 이씨는 1658년에 사망했다. 신독재의 장남 익형은 1600년에 태어났으며, 차남 익련은 1606년에 출생했다. 그렇다면 두 아들은 첫째 부인이 생존해 있을 때 태어난 것이 된다. 정처가 있는데 다른 부인에게서 아들들이 태어났다면, 그들은 분명 서자인 셈이다. 서자의 어머니는 첩. 그래, 덕수 이씨는 바로 신독재의 첩이었던 것이다. 그래서 외명부의 직첩을 받지 못했고, 그녀의 후손들은 사마시와 문과에 응시할 자격이 없기에 시험을 통해서 관리가 되지 못하고 아버지의 음직으로 벼슬길에 나가서 한품서용 되었으며, 후손들에 대한 기록이 화려하지 못했던 것이다.

아, 너무나도 원망스러운 신분제도.

아버지, 할아버지, 외할아버지가 아무리 뛰어나면 뭐하나. 조선의 십팔현자로 세분이 모두 올라가면 뭐하나. 조선 천지의 수많은 서원에 배향되면 뭐하며, 문묘와 향교에 배향되어 때만 되면 수많은 잘난 양반들이 절하면서 존경심을 표하면 뭐하나. 그들 후손은 신분이라는 너무나도 강력한 굴레에 갇혀 옴짝달싹조차도 할 수 없는걸.

잠시 흥분을 가라앉히고, 그들의 족보기록을 다시 살폈다. 덕수 이씨의 외조부가 경주 이씨로 되어 있었다. 그러나 율곡의 부인으로는 경주 이씨는 없고, 정처인 곡산 노씨, 처인 용인 이씨와 그냥 아무런 기록 없이 김씨 등 세 분이 있다. 그래서 덕수 이씨의 외조부는 경주 이씨가 아니라 용인 이씨가 아닐까. 어쨌든 덕수 이씨는 율곡의 첩에게서 태어난 서녀였다. 그래서 친정 족보에 너무나도 허술하게 단 한 줄로 기록되었던 것이다.

김집은 율곡의 서사위이다. 존경하는 스승의 서녀를 첩으로 맞이한 김집. 그는 분명히 대단히 영광스러웠을 것이다. 그래서 덕수 이씨만을 좋아했을까? 정처인 기계 유씨는 자녀를 생산하지 못했으니.

아마도 아닐 것이다.

스승의 딸만 총애할 대학자 신독재는 아닐 것이다. 원리원칙에 충실하고, 아버지가 확립한 조선식 예학에 근거하여 행동을 엄하게 다스렸던 신독재는 사랑하는 여인만을 총애하고 본부인을 버리는 우를 범하지 않았을 것이다.

이런 결론을 내린 뒤 약 한 달이 지났을까. 잦은 출장 때문에 여유로운(?) 시간이 많았던 그는 보다 많은 자료들을 수집할 수 있었다. 그러다 중장거리 교통에 변화가 생겼다. 대구~서울 간에 새마을이나 비행기가 아닌 고속열차(KTX)가 운행되었다. 자리는 조금 협소하지만 책을 읽기에 아주 좋았다. 평소에 비행기를 빼고는 어떤 탈 것 속에서도 멀미를 하는 그는 아무리 책을 읽어도 멀미가 나지 않는 고속열차에 감사했다. 많은 자료들을 열차 안에서 검토했다. 어떤 이가 쓴 책에 그가 내린 결론과 같은 내용의 글이 있었다. 원문을 보자.

"조선의 쟁쟁한 유학자였던 김집은 그의 형이 임진왜란 때 죽어 사실상 맏아들 노릇을 했다. 그는 유흥의 딸과 혼인하였는데, 유씨가 정신이 온전한 사람이 아니어서 부부관계를 맺지 못했다. 그래서 율곡 이이의 첩의 몸에서 난 여자를 첩으로 얻었는데, 이 여성은 성품이 어질고 일도 아주 잘했다. 그러다가 본부인인 유씨가 죽자 아버지 김장생은 아들이 후처를 얻어 적손으로 대를 이을 수 있으려니 하여 내심 기뻐했다. 김장생이야 예학의 최고 권위자로 이름을 날린 인물이니 맏아들로 손을 이어 제삿밥을 받아먹고 싶었을 것이다.

그런데 안타깝게도 정작 아들 김집은 아버지가 새장가를 들라고 권유하자 딱 부러지게 거절하는 것이다.

"먼젓번 사람과 짝이 되어서 평생 욕을 보았는데, 제 복에 다시 장가들어서 또 무슨 일을 당할 줄 알겠습니까?"

김장생은 한참 동안 넋을 잃고 멍하니 있었다 한다.

여기에는 과장되거나 거짓말일 것 같은 내용이 있을 수도 있다. 그래서 우선 사계 김장생 선생의 생존기간을 조사하였다. 84세(1548~1631년)까지 사셨으니, 며느리 유씨가 사계보다 먼저 세상을 떠난 것을 알 수 있다. 그리고 신독재가 새로 장가들지 않은 것도 확인할 수 있다. 다만 며느리 유씨가 성한 사람이 아니란 것은 알 수 없었다. 아마도 드러낼 수 없는 비밀이기에. 어쨌든 신독재의 후손들은 모두 서자라는 것이 명확해진 셈이다.

이런 결론을 내린 지 얼마 지나지 않아서 도서관의 O 선생에게서 연락이 왔다. 김집 선생의 문집인『신독재전서』를 찾았는데, 재미있는 결과가 있다는 것이다. 그가 전해준 기록을 보니 지금까지의 추리와 염려가 한꺼번에 해결되었다.『신독재전서』제15권에는 신독재의 연보가 실려 있다. 그뿐인가. 이미 한글로 번역까지 되어 있었다.

-1592년은 신독재 나이가 19세인데, 봄에 기계 유씨(좌의정 유홍의 딸)와 결혼을 했다. 그해 4월에 임진왜란이 일어났는데, 5월에 형인 김휘와 형수인 음성 박씨가 왜군에게 죽임을 당했다.

-1596년은 신독재가 23세일 때다. 문성공 율곡의 서녀인 이씨를 부실(첩)로 맞아들였다. (유씨 부인과 결혼한 후 겨우 4년 만에 부실을 얻었다. 왜?) 유씨 부인이 고질병이 있어 부인으로서의 역할을 할 수 없었다. 덕수 이씨는 현명하고 정숙하여 안살림을 다 도맡아 하고, 시아버지인 사계를 30여 년간 봉양하여 효순(孝順)하다고 알려졌다. 정부인은 고질병이 있어 부인과 안주인으로서의 역할을 하지 못했다. 이 말은 무엇을 뜻하는가? 무슨 심한 고질병인가? 부부로서의 역할을 못했다면 육체적인 결함일까? 아이까지 낳지 못했다면 병약했을까? 병약했다면 결혼 후에 30년을 같이 살기 힘들었을 것이다. 병약한 것은 아닐 것이고, 일설로 전해져오는 정신병? 실성한 사람? 그래서 부부관계를 할 수 없었고, 아기는 물론 가질 수 없었으며, 건강하고 머리 회전이 빨라야 하는 안주인으로서의 역할을 할 수 없었다는 것이 맞을 수도 있겠다. 그래서

"먼젓번 사람과 짝이 되어서 평생 욕을 보았는데, 제 복에 다시 장

가들어서 또 무슨 일을 당할 줄 알겠습니까?"

라고 아버지에게 하소연한 것인지도 모른다.

-1597년(24세), 첩이 딸을 낳았는데, 생원 김태립과 결혼했다(물론 첩이 되었을 것이다).

-1600년(27세), 5월에 첩이 아들 익형을 낳았다(신독재의 제사를 받든다).

-1602년(29세), 첩이 딸을 낳았는데, 정광원과 결혼했다(아마도 첩이겠지만, 정광원이 서자라면 정실일 수도 있다).

-1606년(33세), 12월에 첩이 아들 익련을 낳았다.

그러니까 신독재의 후손들은 모두 서자녀인 것이다. 그래서 아버지 사계 김장생이 이를 안타깝게 생각했던 것일까? 신독재는 자신의 자녀들이 서자녀로서 겪어야 할 운명을 몰랐을까? 만약 그것이 아니라면 왜 재혼을 하지 않고 1명의 유일한 첩과 평생을 같이 살았던 것일까? 오늘을 사는 그도 신독재의 처사를 이해하기 힘들었다.

사계 선생은 첫째 부인에게서 3남 2녀를, 둘째 부인에게서 6남 2녀를 두었다. 80년 이상을 살았으니, 당시 조선족의 평균수명이 40년 내외인 것을 고려하면 두 부인을 둔 것은 충분히 이해할 수 있다. 신독재가 79세까지 생존한 것에 비해서 1명의 정처, 그것도 성하지 않은 부인과 1명의 첩과 살았다는 것은 그가 얼마나 절제된 생활을 했는지 알 수 있다. 사계의 3남인 반(槃)은 60년(1580~1640)간 생존했는데, 첫째 부인에게서 1남 3녀를, 또 둘째 부인에게서도 자녀를 두었다. 그래서 사계의 적장손은 셋째 아들에게서 태어났다.

사계의 스승인 율곡에 관한 기록도 다양하다. 어떤 기록에 의하면, 율곡의 정실부인인 곡산 노씨가 딸을 낳았으나 죽고 그 이후에는 자녀를 둘 수 없었다. 첩으로 용인 이씨와 김씨가 있었는데, 첩에게서 두 아들이 태어났으며, 율곡은 두 번째 첩을 특히 아끼어 그녀의 친정인 해주 석담사에서 오랫동안 살았다. 그러니까 율곡에게도 2남 1녀가 있었지만, 모두 서자녀였다. 그래서 그의 후손들은 그들의 덕수 이씨 족보를 화려하게 장식하지 못했다. 적서의 구별이 심하던 그 당시에 그는 왜 적자를 가지기 위해서 새로이 장가를 가지 않았는지는 알 수 없다. 어쩌면, 신독재가 새로이 장가가지 않은 것이 큰 스승이자 장인인 율곡의 영향을 받아서일까?

율곡은 아끼는 제자에게 서녀를 첩으로 주었다. 스승의 서녀를 첩으로 받은 제자는 판서를 지낸 문경공 김집(金集)이다. 이처럼 자신의 분신인 서녀를 아끼는 제자나 지인에게 첩으로 주는 것은 흔한 일이었다. 물론 이런 일들은 오늘을 사는 우리에게 도저히 납득이 가지 않는 것이 사실이다. 이것도 김대문의 화랑세기에 기록된 신라의 '신국의 도'로 이해하는 것이 좋을까? 조선의 '조선 양반의 도'일까? 역사를 논함에 오늘의 잣대를 적용하지 않는 것이 올바른 길이기에.

4. 서녀와 첩

조선 중기의 양반 부녀들은 남편을 어떻게 대했을까? 15~17세기를 산 우리의 선조들은 부인을 부를 때 어떻게 불렀을까? 정처는 남편을 어떻게 불렀을까? 얼마 전 안동에서 발굴된 미라 속에 있던 부인이 죽은 남편에게 쓴 마지막 언문편지가 공개되었다. 많은 관심을 가지고 미라에 대한 조사가 이루어지고, 빠른 시간 내에 연구가 이루어졌다. 평소에 이런 일에 관심이 많았던 그는 그 결과를 유심히 지켜봤다. 한 가지 충격적인 결과가 공개되었다. 부인이 남편을 '자네'라고 호칭했던 것이다. 나머지 말들도 특별히 존재하지 않는 어투로 쓰였다.

대등한 관계

부부간의 대등한 관계는 부인의 경제적인 능력에서 나왔다. 부부간의 대등한 관계는 당시의 혼인풍습인 남자가 장인의 집으로 장가를 드는(入杖家) 남귀여가혼(男歸女家婚)에서 나왔다. 아들과 딸들에게 균등하게 재산을 분배하여 여성들이 개인 재산을 소유할 수 있는 재산분배방법에서 대등한 부부관계가 나온 것이다. [이원수 공이 별세하고 난 후에 율곡의 형제가 모여 작성한 분재기에도 나와 있고, 다른 이의 분재기에도 균등한 재산분배가 잘 나타나 있다.] 그래서 정처인 여성들은 당당했다. 특히 남편에게 당당했다. 사임당이 그러했고, 난설헌이 그러했으며, 덕봉이 그러했다. 첩은 어떠했을까? 그녀들도 당당했을까? 먼저 당당했던 정처의 기록을 살펴보자.

옥산이나 율곡과 거의 같은 시기를 살았던 미암 유희춘(柳希春, 1513~1577년)에게는 송덕봉(1521~1578년)이라는 정실부인이 있었다. 『미암일기』를 새롭게 정리한 『홀로 벼슬하며 그대를 생각하노라』에는 미암이 기녀 옥경아를 사랑하자 부인인 덕봉이 미암의 건강을 염려하는 대목이 나온다. 옥경아는 전주부에 소속된 관기인데, 춤과 노래를 잘하였다. 미암이 홍문관 부제학에 제수되어 서울로 올라갈 때, 옥경아가 미암의 술시중을 들면서 처음 서로 만났다. 그러다 다음 해미암이 전라감사가 되어 전주부에 들를 때마다 항상 그녀를 불러 온갖 술시중을 들게 했다. 그러면서 그는 옥경아에게 이런 시를 지어주었다.

"옥의 경이여, 온화하면서도 쟁그랑 소리가 난다.
마음으로 사랑하노니, 어느 날인들 잊으리오."

이에 옥경아는 이런 노래를 불렀다.

"머리를 고쳐 끼워 옥비녀를 갈아 꽂으오이다.
다른 이가 지나가되 임이 혼자 일컬으시니,

그에 더한 일이 있으리까."

옥경아가 부른 노래는 지난해 미암이 임금의 은혜에 감격해서 지은 노래인데, 그녀가 어느새 익혀서 이를 노래로 부른 것이다.

이런 사실을 잘 알고 있던 덕봉은 미암이 상경할 때마다 이 당부를 잊지 않았다.

"감사는 기녀와 접촉할 기회가 많으니, 다시 한번 정욕을 억제하여 건강을 보전하게."

이야기 도중에 미암이 계속해서 기침을 하고 콧물을 흘렸다. 이에 덕봉이 고개를 들어 미암의 얼굴을 쳐다보면서 은근히 말했다.

"영감, 한 달 사이에 안색이 영 초췌하구려."

"날이 갈수록 이빨이 벌어져서 음식을 제대로 씹어 삼키지 못하기 때문에 그런가 보오."

"영감의 나이가 쉰아홉인 걸 잊었소. 이젠 잡념을 버리고 건강을 잘 보전하오."

"알았소."

미암은 스스로 생각해도 자신이 근래 들어 부쩍 성(性)에 집착하고 있으므로 더 이상 할 말이 없었다. 그래서 일기에도,

'부인과 딸이 나의 안색이 초췌하다면서 건강을 잘 보전해야 한다고 말했다.'
라고 기록했다.

덕봉의 추궁은 거기서 끝나지 않았다. 또다시 미암을 쳐다보고 여종인 부용을 미암의 첩인 방굿덕에게 준 것에 대해 따지기 시작했다.

"부용은 왜 굿덕에게 주었소."

"그 애가 자식은 많은데, 여종 없이 사는 것이 불쌍해서 주었소."

"그렇다고 남(부인인 송덕봉)의 의사도 들어보지 않고 내줄 수는 없잖소."

"당신한테 미리 얘기를 했어야 하는데, 내가 실수를 했소. 그만하구려."

마침내 술자리엔 침묵만 흐르고 밤은 점차 깊어가고 있었다. 갈수록 냉담한 분위기를 바꾸려고 몸종 옥지에게 덕봉의 잔에 술을 채우도록 했다. 덕봉은 여전히 화가 풀리지 않았다.

덕봉의 뜻이 워낙 강해서 미암은 첩을 제대로 간수하지 못했다. 첩인 방굿덕과의 사이에 4명의 딸이 있었으나, 덕봉이 싫어하므로 이들을 제대로 보살펴 줄 수 없었다. 심지어는 공무로 집을 떠나 외지에 갈 때도 기녀들과 노는 것조차 삼가도록 요구했다.

송덕봉만이 높은 관리인 남편에게 이런 요구를 했는지, 아니면 당시의 일반적인 관습이었는지는 알 수 없다. 그러나 그녀는 남편인 미암에게 항상 당당했으며, 당당하게 자신의 의사를 밝혔다. 이렇게 당당한 그녀는 은진 송씨 송준의 따님이었다. 그녀가 미암에게 지어준 시와 자신의 마음을 노래한 시를 보자.

　　－취한 기분으로 부르노라(醉裏吟)
　　천지가 넓다고 말들 하지만,
　　그윽한 규방에서 참뜻을 몰랐는데,
　　오늘 아침 얼큰히 술 취하고 보니,
　　사해가 끝없이 넓은 것 알았네.

　　－미암 운에 화답하다(獻和眉巖韻)
　　스스로 元公처럼 물욕이 없다 하더니,

어찌하여 밤새도록 잠 못 이루오.
비록 玉堂과 金馬도 즐겁긴 하지만,
가을바람에 뜻대로 사느니만 하겠소.

－미암에게 드림(贈眉巖)
겨울 탁주는 참으로 얻기 힘든데,
어찌 전하께서 편지와 함께 보내주셨습니까.
스스로 한 잔 마시고 나니,
얼굴이 붉어집니다.
그대와 같이 하례드리며,
태평세월 누립시다.

－미암에게 보냄(寄眉巖)
그대 시를 보니 겸양이 없고 자랑이 많아,
어찌 상수(湘水)의 가을 물처럼 청정하다 하겠소.
젊은이들의 운우(雲雨)의 꿈을 다 빼고 나면,
사물에 무심하기 짝이 없을걸요.

덕봉. 그녀는 당당했다. 때로는 남편 미암을 질책하고, 때로는 감싸주고, 때로는 사랑의 속삭임을 주었다.

왕족 이옥봉(李玉峯)

조선 시대에는 서녀에게도 격이 있었다. 왕의 서녀인 옹주를 비롯해서, 왕족의 서녀, 양반의 서녀, 서자의 서녀, 중인이나 역관의 서녀, 일반 상민의 서녀, 천민의 서녀. 이들은 모두가 비슷한 삶을 살았을까?

잘 알려진 대로 왕의 정실부인인 왕후에게서 태어난 아들은 대군, 딸은 공주이며, 후궁의 소생은 군이나 옹주이다. 공주의 부마는 정1품인 위(尉)이지만, 옹주의 부마는 종2품(나중에는 정2품으로 바뀜)인

위이다. 그러나 공주와 옹주의 위치는 품계를 초월하여 정1품보다 높았다. 그래서 정1품의 부원군과 부부인인 왕의 사돈, 즉 공주나 옹주의 시아버지와 시어머니는 원칙적으로 공주나 옹주보다 품계가 낮았다. 물론 그녀의 남편인 위의 품계가 정1품~종2품이므로 그녀보다 품계가 낮았다. 그래서 당연히 시댁의 모든 식구들은 공주나 옹주를 상전처럼 떠받들어야 했다.

일반 사대부들의 경우는 어떠했을까? 정실부인들의 자녀는 당연히 양반이다. 그러나 양반과 그의 첩 사이에서 태어난 서자녀, 얼자녀는 양반이 아니고 상민도 아니다. 양반의 정처는 양반 신분으로 정식의 혼인절차에 따라 혼인한 처를 의미한다. 정부인인 정처는 반드시 1명밖에 없다. 양반 출신의 부인일지라도 정식으로 혼인절차를 밟지 않고 결혼을 한 경우에는 '처'가 아니고 '첩'이 된다.

첩은 신분에 따라 '양첩'과 '천첩'으로 나뉜다. 예를 들어 첩이 양반이나, 중인 또는 상민일 경우에는 양첩이며, 그녀에게서 태어난 자녀는 서자나 서녀이다. 『홍길동전』에 나오는 길동은 홍판서와 집안의 노비 사이에서 태어났다. 이 때 길동의 모친은 노비출신이므로 천첩이며, 길동은 천첩의 아들이므로 '얼자'이다. 만약 길동에게 친여동생이 있다면 그녀는 '얼녀'이다. 얼자나 얼녀는 양반이 아니다. 그들은 양반이 아니기에 양반인 정처의 자녀들을 형이나 아우로 부르지 못한다. 여기서 재미있는 것은 자녀의 신분이 어머니의 신분을 따른다는 것이다. 바로 종모법(從母法)이다.

어머니가 노비이면 자녀도 노비이며, 기녀이면 기녀이다. 『춘향전』에 나오는 춘향의 어머니인 월매가 기녀이면 춘향도 기녀이다. 기녀는 원칙적으로 관기, 즉 관에 속해 있는 물건과 같은 존재이다. 관아의 창고에 있는 등록된 물건이나 장비와 같은 존재이기 때문에 정기적으로 소재를 파악해야 한다. 이것이 기생점고이다. 기생이 기생점고에 응하지 않으면 불법이다. 다만, 남원부사 변 사또가 본관의 기녀인 춘향에게 자신의 수청을 요구한 것은 불법이다. 각 고을의 기녀는 그 고을에 온 사신을 접대하기 위해 설치된 것이므로, 본관사또의 수청은 법으로 금지된 사항이다.

왕족은 어떠했을까?

왕족의 첩들은 궁궐의 후궁과 같은 신분이었을까? 아니면 일반 양반가의 첩과 같은 신분이었을까? 언뜻 생각하기엔 후궁과 비슷할 것 같기도 한데. 아닐까?

조선 선조 때 왕족인 이봉(李崶)에게는 옥봉(玉峯, 또는 玉人)이라는 서녀가 있었다. 태어나면서부터 총명했던 그녀를 아버지가 기특하게 여겨 문자를 가르치니 보통사람보다도 빨리 이해하였다. 아버지는 병적으로 딸인 옥봉을 좋아했다. 눈에 넣어도 아프지 않은 아이, 미국식 표현으로는 'the apple of the eye' 그 자체였다. 아버지 이봉은 해마다 책을 사서 공부에 도움이 되도록 해서 그녀는 글을 잘 짓고, 시문에도 능할 뿐만 아니라, 미인이었다. 조정민이 지은 『가림세고』에 따르면, 그녀는 자신의 재능을 자부하여 평범한 사람에게는 시집가지 않고, 당대에 문장이 뛰어난 사람을 선택하려 했다. 아버지가 딸의 속마음을 읽고, 그런 배필을 구했지만 찾을 길이 없었다. 이봉은 그의 친한 벗인 임천사람인 백옥 조원에게 자기 딸 옥봉을 첩으로 주려 했다. 배필을 구한다고 하자 조원은 허락하지 않았다. 이봉은 조원의 외조부인 좌참찬을 지낸 이준민을 찾아가서 사정을 이야기했다. 이준민이 조원을 불러 물었다.

"왜 간절한 청을 들어주지 않느냐?"

"나이 어린 관리가 어찌 첩을 둘 수 있습니까?"

"대장부가 그런 일로."

외조부 이준민은 좋은 날을 잡고 옥봉을 데려오게 했다. 옥봉의 미모와 재능에 외조부도 만족해했다. 『지봉유설』과 『문소만록』에 의하면, 조원이 이조좌랑에서 괴산군수로 나간 뒤에 삼척부사, 성주목사 등으로 옮겨 다닐 때 옥봉이 정실부인을 대신해서 따라갔다. 영월을 지나면서 시를 지었다.

-영월을 지나면서(過寧越作)
닷새 동안 강을 돌고,
사흘 동안 산을 넘자니,
노능(단종 능) 위의 구름에 슬픈 노래 끊겨라.
이 몸 또한 왕가의 딸이거니,
이 땅에 우는 두견새 소리 차마 못 듣겠네.

아버지는 왕실의 후손이었으나, 어머니는 비천한 신분이었다는 점에서 그녀는 숙명적으로 정신적인 고통과 좌절을 맛볼 수밖에 없었다. 더욱이 재능이 뛰어나고 감성이 예민한 그녀가 겪는 그녀의 좌절은 더욱 심했다. 상주목사였던 조원이 내직으로 옮겨오고, 그 자리에 문소가 취임함에 둘이 길에서 서로 만나 술자리를 벌였다. 조원이 옥봉을 불러 글을 짓게 한 뒤 그 글을 문소에게 주었다. 이때 옥봉이,

낙양(洛陽)의 재자(才子)를 늦게 부르시매,
노래지어 상강(湘江)의 굴원혼(屈元魂)을 조상하렷더니,

임의 노여움을 무릅쓰고 이 길을 올라와,
회양(淮陽) 높은 곳에 누움도 임금님 은혜로다.

라고 노래하고는 이를 하얀 부채에 적고 나서 다시 나지막이 옥(玉) 같
은 소리로 노래했다. 『문소만록』에 따르면 그녀의 소리가 하도 맑고
고와서 인간세상의 모습 같지 아니하였다 한다. 조원이 관직을 그만두
고 한가히 살고 있었는데, 어떤 사람이 글을 지어달라고 하자 ,지어둔
글이 없어 옥봉에게 답하라고 했더니, 옥봉은 즉석에서 답을 했다.

"어찌 남산의 중에게 빗을 빌리려 하오."

중의 빗은 몹시 구하기 어려운 것을 뜻하므로, "왜 구하기 어렵고
귀한 것을 빌리려고 하는가?"라는 뜻이다. 옥봉의 재주는 이렇게 뛰
어났다. 조원은 옥봉에게 그녀의 시가 밖으로 나가지 않도록 주의를
했다. 그런데 일이 터지고야 말았다.

어느 날 평소 옥봉과 잘 알고 지내던 이웃 여자가 찾아와 자기 남
편이 소를 훔친 죄로 잡혀갔다고 하소연하며, 형조에서 풀려날 수 있
도록 조원에게 편지 한 통을 써달라고 옥봉에게 부탁했다. 옥봉은 이
웃집 여자를 가엽게 여겼지만, 감히 조원에게 부탁할 수 없었다. 그래
서 꾀를 내었다.

"백옥에게 써 달라고는 못하지만, 내가 당신을 위해 글을 써주겠소."

"얼굴 씻는 대야가 거울이 되고,
머리 감는 물이 기름이 되었네.
첩이 베를 짜는 직녀가 아닐진대,
낭군이 어찌 소를 모는 견우리오."

형조의 당상관들은 이 시를 보고 깜짝 놀랐다.

"이 글을 누가 썼느냐?"

이웃집 여자는 사실대로 말했다. 그래서 그를 풀어주었다. 그녀의 시는 많은 사람들의 입을 통해 알려진 후에 마침내 조원의 귀에도 들어갔다. 조원이 옥봉을 불렀다.

"자네가 나와 여러 해를 살았지만, 지금껏 실수한 적이 없었는데, 무슨 이유로 백정의 아내를 위해 시를 지어 관리들로 하여금 죄수를 풀어주게 하고, 남의 이목을 어지럽히는가. 해서는 안 될 일을 했으니, 친정으로 돌아가게."

그녀의 행복은 끝났다. 옥봉은 남편 조원이 다시 불러주기를 기다렸다. 친정으로 온 후에 쓴 시를 보자.

> **-스스로 술회함(自述)**
> 요즈음 안부가 어떠하십니까.
> 창가에 달이 비치니 첩의 한이 깊어집니다.
> 꿈속에 가는 혼 자취가 있다면,
> 문 앞 돌길이 모래가 되었겠지요.

> **-여정의 심정(閨情)**
> 평생 맺힌 한이 결국 병이 되어
> 술로도 못 달래고 약으로도 못 고치네.
> 이불 속의 눈물은 얼음 밑의 물 같아서
> 밤낮을 흘러도 아무도 모른다네.

점필제 김종직의 문집에 있는 그녀의 시를 소개하면,

> 복사꽃 물가 언덕 파도 높아 몇 자인가.
> 하얀 바위 물에 잠긴 곳을 모를레라.
> 짝지어 나는 가마우지 옛 강기슭을 잃었고,
> 물고기 놀래어 풀섶으로 숨어든다.

그녀는 심지어 정실부인의 아들에게도 시를 지어주었다.

어린 나이 묘한 재주 자랑스러워,
동방에서 우리 모자 이름 날렸지.
네가 붓 한번 놀리면 바람이 놀라고,
내가 시 한 수 지으면 귀신이 흐느끼네.

강직했던 조원은 끝내 옥봉을 부르지 않았다. 곧이어 임진왜란이
일어나 조원의 아들들이 옥봉을 보호하다 죽임을 당했다. 조원도
1595년에 세상을 떠났다. 옥봉도 따라서 자결하였다. 그녀는 난설헌
의 운명과 닮은 점이 많았다. 너무 재주가 뛰어나 남편으로부터 버림
을 받았다. 그녀의 시문이 난설헌보다 오히려 뛰어나다는 평을 받았
다. 상촌 신흠은,

"요즘 규수의 작품 중에서 옥봉이 최고이다."

중국 청나라의 전겸익은 옥봉의 시들을 자신이 편찬한 시집『열조
시집(列朝詩集)』에 채록하였다. 정작 그녀가 살았던 조선 땅에선 빛도
제대로 보지 못했다.

그녀는 왕족의 서녀였다. 그러나 그냥 양반의 부녀보다 천한 신분
이었다. 그녀의 재주와 미모는 그녀의 생을 오히려 불행하게 했다. 미
인박명이던가. 가끔씩 울분으로 치솟는 자신의 운명. 차라리 200년
일찍 태어나기나 하지. 그녀는 피를 토하는 마음으로 노래했다. 그녀
가 뱉은 모든 것은 백사장에 반짝이는 모래알이 되었고, 그녀의 울음
은 아름다운 노래가 되었다.

본처와 첩

양반의 처들은 남편에게 당당했다. 그녀의 남편이 자신의 집으로 들어와서 살기 때문에 모든 경제적인 실권과 대외적인 이름조차도 그녀에 의해 결정되었다. 그래서 미암의 부인 덕봉은 남편에게 훈계도 하고 충고도 하며, 때로는 야단을 쳤다. 이것은 덕봉이 유별나서 그런 것이 아니라, 그 당시의 보편적인 관습이었다.

성종의 어머니 소혜왕후 한씨는 세자빈 시절에 시아버지인 세조로부터 폭빈(暴嬪)이라는 소리를 들었다. 그녀는 고려 시대로부터 이어져 온 여성들의 지나친 당당함을 경계하기 위해서 『내훈(內訓)』을 지었다.

"아들은 이리 같더라도 오히려 약해질까 염려스럽고, 딸은 쥐 같아도 오히려 범 같아질까 두렵다."

이런 생각에서였을까. 오죽하면 딸의 이름에 순할 순(順) 자를 넣어서 이름을 지었을까. 심지어는 또 딸이 태어나면 또순이(又順)로 불렀다. 성종 때 성현이 쓴 『용재총화』에 보면,

"1일의 근심은 아침에 마신 술이요,

1년의 근심은 발에 맞지 않은 가죽신이요,

평생의 근심은 성질 나쁜 아내."

라는 속담이 진실로 맞는 말이라고 하였다. 성호 이익은 『성호사설』에서

'여성들의 권리가 너무 커서 집안의 법도가 제대로 서지 못한다.'
(女權太重 家道不成)

고 하였다. 여성들의 권세가 너무나도 강하여 남자가 권세를 쥐고 있

는 가정은 열에 한둘이 되지 않을 정도로 거의 없다고 하였다. 마치 오늘날을 보는 듯하다. 오늘날에는 이보다도 더욱 심하여 결혼조차 하지 않으려는 젊은 여성들이 늘어나는 추세이니, 그 당시보다 더욱 심한 것인가? 당시에 여성이라는 의미는 물론 '양반 부녀자'를 의미한다.

우리와 이웃한 중국의 경우에도 무서운 여성들이 많았다. 당나라의 측천무후나 청 말기의 서태후 같은 여성들은 황제 노릇까지 했으니 우리와는 비교할 바가 아니다. 한나라를 세운 고조 유방(劉邦)은 시정 건달 내지는 한량에서 천하를 움켜쥔 그 시대의 영웅이었다. 그의 명성에 걸맞게 부인인 여태후(呂太后)도 한 인물을 하는 대단한 여성이었다. 유방이 황제에 등극하여 고조가 되었을 때 여러 후궁 중에서 특별히 한 사람 '척부인'을 좋아했다. 고조가 정실인 여황후(呂皇后)에게는 발걸음이 뜸하더니, 급기야는 그림자조차도 얼씬하지 않게 되었다. 그녀, 여황후는 질투의 화신이었다. 그녀는 척부인을 처소로 불렀다. 한여름에도 차디찬 서리를 내리게 하는 그녀의 질투. 거들먹거리며 나타난 척부인이 황후를 쳐다보자 그녀는 척부인의 눈을 도려내어 버렸다. 말을 듣지 않는다고 시뻘건 인두로 귀를 지졌다. 말대꾸를 한다고 약을 먹여 벙어리로 만들어버렸다. 질투와 분노를 삭일 수 없었던 그녀, 여황후는 척부인의 손발을 잘라내고, 몸뚱이만 묶어서 골방에다 가두었다. 소문은 바람 만난 산불처럼 순식간에 궐내에 퍼졌다. 여황후의 아들인 태자 혜제(惠帝)가 어머니를 찾아와서 물었다.

"어머니, 이것이 무엇입니까?"

"황제와 나를 못살게 군 사람 형체의 돼지이다."

엄청난 광경을 본 태자는 눈물을 쏟으면서 물러났지만, 어머니의 잔인무도함에 놀라서 삶의 의욕을 잃고 거의 1년간 병석에서 지냈다. 중국의 모든 여성이 이렇게 무시무시할 정도로 악한 사람이라는 것은 아니다. 다만 악한 경우에도 땅이 넓고 사람이 많은 만큼 그 정도가 우리와는 비교가 되지 않는다.

조선 시대에도 악처에 관한 수많은 이야기들이 있다. 그러나 그 악한 정도가 사실을 보는 관점에 따라 차이가 나고, 누가 그 사실을 기술했느냐에 따라서도 차이가 난다. 이렇게 다양한 악처들이 나타날 수 있었던 것은 그 당시의 관습 때문이다. 바로 혼인 풍습이나 재산 상속이 주된 원인이다.

양반의 정실부인과 마찬가지로 첩들도 남편에게 당당했을까?

아니면 전해오는 여러 이야기처럼 남편의 사랑을 독차지하기 위해서 늘 저자세를 보였을까? 첩은 남편의 마음에 들어 선택된 여성이다. 용모 곱고 젊은 여자를 첩으로 들여온 남편은 마음이 편했을까?

> "산 너머에 첩 두려니 볕 들까 봐 수심이오,
> 산 밑에다 첩 두려니 사태 날까 수심이오,
> 물 가운데 첩 두려니 물 질까 봐 수심이오,
> 장터거리에 첩 두려니 장꾼 들까 수심이오,
> 첩아 첩아 애동 첩아 일시라도 잊힐쏜가."

이런 남편, 이런 첩을 둔 본처의 속 끓는 마음이야 익히 짐작이 갈 수밖에.

"해는 지고 저문 날에, 옷깃 차리고 어디 가오.
첩의 집에 가시걸랑, 날 죽는 꼴 보고 가소."

"편지 왔네, 편지 왔네. 임한테서 편지 왔네.
앞문으로 받아들여 뒷문에 가 뜯어보니,
작은 년 죽었단 편지로세.
소고기 육장에도 안 넘어간 밥이,
소금에 간장에도 잘 넘어가는구나."

씨앗을 보면 부처님도 돌아앉는다는 말이 있으니, 그때 본처의 마음은 그 누가 알리오.

젊고 아리따운 첩이라고 해서 마음이 편할까. 빼앗은 남편의 마음을 계속 잡아두려면 피눈물 나는 노력을 해야만 했다. 그뿐인가. 본처의 시기와 질투를 온몸으로 느끼면서도 그녀를 어른으로, 상전으로 모시는 일이 쉽지만은 않을 터였다.

"우는 아이 들쳐 업고, 뒷동산을 넘어가서,
첩의 집을 찾아가니, 첩이란 년 거동보소.
……
꽃 멍석을 넓게 펴고,
큰어머니 오셨는데, 예 앉으소 제 앉으소.
큰어머니 오셨는데, 이것 잡쇼 저것 잡쇼.
이네 눈에 이만할 때 군자 눈에 비면할까."

젊은 첩의 눈에는 흰 머리가 섞여 있는 남편이 안타까웠나 보다. 그래서 남편을 젊게 보이게 하기 위해 틈만 나면 남편의 흰머리를 뽑아댔다. 이것을 눈치챈 본처. 얄미운 남편을 가만둘 리 없다. 흰머리를 뽑아준다는 핑계로 남편의 검은 머리를 야금야금 뽑기 시작했다.

그래서 남편은 대머리가 되었다.

첩도 남편의 집에 얹혀살지 않으면 상당한 자유를 가질 수 있었다. 조선 후기처럼 처와 첩들이 한집안에 살 경우에는 처첩 간의 신분격차뿐만 아니라, 무엇보다도 경제적인 의존성 때문에 첩은 스스로 비굴해질 수밖에 없었다. 본부인에게 비굴하고, 본처 자녀들에게 비굴하고, 남편에게도 비굴하였다. 심지어는 하인들의 눈치까지 살펴야 했는지도 모른다. 그러나 16세기에는 첩들도 경제적인 능력을 갖추고, 본댁과는 아무런 관계를 가지지 않고 살 수 있었다. 즉, 첩이 된 서녀도 정실 자녀 유산의 1/7에서 1/10까지 물려받았다. 그리고 당시의 남귀여가혼의 풍습에 따라 첩도 시댁에 들어가서 사는 것이 아니라, 남편이 첩의 집으로 들어와서 살았다. 그러니까 남편이 첩의 집에 얹혀서 살았던 것이다. 그래서 재너머에 첩이 사는 집이 있다 하지 않았는가. 따로 사는 첩. 그녀는 당당했다. 남편에게 당당하고, 본부인에게도 당당했다. 경제적으로 독립한 그녀는 당당할 수 있었다. 무엇보다도 첩은 본부인과 조우할 기회가 거의 없었다. 그러기에 본부인과 싸울 기회도, 눈을 부라릴 기회가 거의 없었다.

본처가 남편에게 "여보게, 자네"라고 호칭했다면, 첩도 남편에게 이와 비슷하게 호칭하지 않았을까. 알려진 것처럼 스스로를 미천한 존재로 인정하는 '천첩'이라는 용어는 사용하지 않았을 것이다.

삼호정의 다섯 부인

남편이 찾아오지 않는 날. 첩은 어떻게 지낼까? 보고 싶은 임을 그리워하며 눈물로 지새울까? 아니면 그동안 배웠던 공부를 뽐낼까?

이에 대한 답이 '삼호정' 여기에 있다.

죽서는 헌종 때의 사람인데, 성은 반남 박씨이며, 좌의정 금천부원군 박은의 후손이다. 사인 박종언의 서녀인데, 어려서부터 깨달음이 빼어나 아버지 곁에서 글을 들어 알되 빠짐없이 다 외었다. 자라면서 더욱 책을 읽어 소학, 경사, 시문 등에 통하지 않은 것이 없었다. 나중에 성호 서기보의 첩이 되었으나 불행히도 일찍 죽었다. 『반아당 시집』 한 권이 있는데, 시랑 김덕희의 처인 금원이 시집의 발문을 쓰고, 서돈보가 서문을 썼다. 금원이 쓴 발문을 보자.

"오호라. 이 책은 죽서가 지은 바이니, 그 사람을 보는 듯하여 맑은 눈동자와 밝은 낯이 은연중에 책 속에 비추니, 가히 귀하다. 죽서를 아는 이가 다 그 재주와 행실의 흥혜함을 알거니와, 그 풍미가 숲에 부는 바람처럼 담연하였음은 오직 내가 아는 바이다. 보는 눈을 갖춘 이라면 그 글을 읽고 내 말이 거짓이 아닌 것을 마땅히 알지니라. 죽서는 나보다 몇 살 아래이나, 어려서는 같은 시골에서 컸고, 자라서는 또한 서울로 같이 가게 됨에, 오가며 수창하는 일이 많았는데, 갑자기 이 세상에서 자리를 감췄으니, 아직 잘 모르기는 하겠으나, 저세상에 가서 나와 죽서가 남자로 다시 태어난다면, 혹은 형제가 되고, 혹은 벗이 되어, 못 다한 노래를 더불어 화창할 수 있지 않을까 생각하노라."

죽서가 8살에 지었다는 시를 보자.

"뜰 가 나무에서 우는 새여,
어느 산에서 자고 일찍이 오나.
산속의 일을 잘 알지니,
진달래꽃은 언제쯤 피려는가."

남편인 서기보를 기다리는 노래

"새벽에 표연히 임의 소식 오니,
등잔불에 꽃잎이 지고, 거미가 실을 늘이누나.
임과 나의 사무친 정을 그 누가 알랴.
명월(明月)이나 은근히 알지 모를지."

『반아당 시집』의 발문을 쓴 금원(錦園)은 누구인가? 시랑을 지낸
김덕희의 첩인데, 원주 사람이다. 14세에 규당학사 김덕희와 혼인했
는데, 남편이 의주부윤으로 부임할 때(1845년) 동행하였다가 2년 후
에 서울로 돌아와서 용산의 삼호정(三湖亭, 원효로~마포 사이에 있었
음)에 거처하였다. 철종 2년(1851년)에 『반아당 시집』의 발문을 썼다.
금원은 재주가 뛰어나서 무려 14살에 문장을 지었고, 여러 고을의 산
수와 금강산 그리고 영동팔경을 둘러보고 많은 시를 남겼다.

"봄의 시냇물이 도원으로 통하는 듯하니,
사람을 만나서도 길을 묻지 않았네.
진종일 꽃 속을 헤매었으니,
스스로 청산금수(靑山錦繡) 속에 놀았네."

"오르고 또 올라 만폭동에 드니,
경계가 새롭고 낙화방초(洛花芳草)의 전날이 서럽구나.
우거진 나무 빛은 거의 그림 그대로인데,
콸콸 쏟아지는 물소리도 요란하구나.
때마침 십오야 밝은 달에,
고향을 바라보니 이 몸 둘 데 없구나.
깊은 산의 지는 해에 훨훨 나는 저 학들은,
이것이 다 어젯밤 꿈속의 사랑이리라."

삼호정의 주인인 금원의 기록을 보자.

삼호정에서 서로 만나 글을 읽고 시를 썼던 5명의 첩이 있었다. 그녀들은 그동안 쌓였던 회포들을 이곳에서 풀었다. 술을 마시고 글을 읊었으며, 시를 지었다. 그들은 김덕희의 첩 금원, 서기보의 첩 박죽서, 연천 김상서의 첩인 성천 김운초(雲楚), 화사 이상서의 첩인 문화 류경산(瓊山), 그리고 금원의 동생인 홍태수의 첩 경춘(瓊春)이었다. 운초는 재주가 뛰어나고 미모이며, 시를 아주 잘 썼다. 경산은 들은 것이 많고 아는 것이 넓어 글을 잘 하였는데, 금원이 사는 이웃에 살았으므로 서로 자주 내왕하였다. 죽서는 금원과 동향사람으로 재주가 뛰어나고, 하나를 들으면 열을 알았다. 한유와 소동파의 글을 좋아했으며, 시도 고어체로 지었다. 금원의 동생인 경춘은 총기와 지혜를 가졌다. 경사에 통달하였으며, 글과 시도 남에게 뒤지지 않았다.

이들은 서로 신뢰하고 따르며, 더불어 노닐고 글을 지었다. 때로 낭독하면 그 낭랑함이 구슬이 옥쟁반 위를 구르는 것 같았다. 철따라 풍월을 읊느라고 바빴고, 강호의 꽃과 새를 노래하며, 수심을 풀었다. 그들은 그들에게 허락된 자유를 즐겼으며, 그들의 처지를 극복하려 하지 않았다. 주어진 삶 그대로 즐기며 살았다. 마치 새장 속의 새나 온실 속의 화초처럼 살았다. 바깥세상의 자유와 신선한 공기가 어떠한지에 대해서는 관심을 두지 않았다.

운초가 쓴 시를 보자.

"연못가의 정자에 소나기 지나더니,
어렴풋이 뜬 달이 밤하늘을 적신다.
난초 잎은 아직도 푸르고,
연꽃은 붉은 빛을 더한다.

온갖 물체가 항숙에 들건만,
사람은 어찌하여 악연 속에 있는가.
마침내는 요동학(遼東鶴)을 얻어
사해(四海)를 훨훨 날거나."

류경산(柳瓊山)은,

"우리들이 소요하는 곳은
평평한 물줄기 흐르는 물가.
나무는 개인 새벽하늘에 우뚝 섰고,
산 기운은 저녁나절에 더 좋았어라.
다락에 앉으면 구름이 머리 쪽을 어리었고,
뜰을 걸으면 풀포기가 신을 스쳤거니,
이 세월을 어이 견디리.
본디 아낙에게는 근심이 많은가."

용재총화

조선 시대에 기생의 역할은 세 가지였다. (1) 궁중연회에서의 궁중여악, (2) 사신접대, (3) 변방 군사 위무가 그것이다.

첫 번째로 왕이 주최하는 연회에서 여악이 필요하였다. 조선 초기에 중앙정치를 장악한 유학자 출신들은 여성을 멀리해야 한다는 뜻에서 연회 시에 여악을 폐지하자고 주장하여 잠시 동안 이를 시행한 적이 있다. 여악이 없는 연회는 흥과는 거리가 멀어도 너무 멀었다. 연회 참석이 즐겁기는커녕 스트레스만 쌓이는 너무나도 힘든 일이었다. 남자인 내시들이 따라주는 술이나 기생들의 춤이 빠진 남자 악공들만이 연주하는 가무가 없는 음악은 참석자들을 질리게 했다. 그래서 궁중여악을 즉시 부활시켰다.

두 번째 역할은 사신의 접대였다. 사신은 국내사신과 외국사신 두 종류가 있었다. 사신들이 출장을 와서 공무로 쌓인 피로를 해소할 수 있도록 잠자리를 도와주는 중요한 일을 수행하였다. 임금의 명으로 파견된 신하도 사신이지만, 관찰사가 지방관에게 파견한 관리도 사신이었다. 관찰사 본인이 연초에 지방 시찰을 하는 것도 사신으로서의 역할인 것이다.

『조선왕조실록』 세종 3권, 1년(1419) 4월 14일(무자) 자에는 '평안도 감사 윤곤(尹坤)이 지방관들이 관기(官妓)와 간음하는 것을 엄금하도록 건의하다' 제하에 평안도 감사 윤곤이,

"우리 동방이 국외의 한 작은 나라로서, 중국과 견주는 것은 특히 예의가 존재하기 때문입니다. 요즘 대소 사신이 명령을 받들고 외방에 나가면, 관기(官妓)와 사랑에 빠져 직무를 전폐하고 욕심껏 즐기어 못할 짓 없이 다 하는데, 만약 기생과 만족을 누리지 못하면 그 수령이 아무리 어질어도 취모멱자(吹毛覓疵)하여 일부러 죄 망에 몰아넣습니다. 명사들끼리나, 한 고을 안에서 서로 좋게 지낸다는 자들도 기생 하나를 놓고 서로 다투어, 드디어 틈이 벌어져 종신토록 친목하지 않는 일도 있습니다. 수령이 법을 받들어 백성을 다스리는 이상, 만약 간음하는 일을 보면, 반드시 의법 처단해야 하는데, 관기(官妓)에 있어서는 매양 귀객이 오면 강제로 간음하게 합니다. 잘 듣지 않는 자에겐 도리어 중한 죄를 더하고, 혹은 모녀와 자매가 서로 뒤를 이어 기생이 되어, 한 사람이 다 간음하는 예가 있사오니, 이는 강상을 무너뜨리고 풍속을 어지럽게 하며, 예를 문란하게 하고 의를 훼손하여, 문명의 정치에 누를 끼치는 일입니다. 그런데도, 오래전부터 행하여 왔다 해서, 조금도 해괴하게 여기지 않습니다. 또 더구나 먼저 있던

관기들로 간(干)이니, 척(尺)이니 칭하는 것들도 이제는 모두 천역을 면하여 보충군(補充軍)에 소속되고, 지금의 관기는 다 관비(官婢)에서 뽑았으므로, 관청 내의 모든 사역(使役)에 있어 오히려 부족한 점이 있으니, 그 폐단도 작지 않습니다. 원컨대 이제부터 전일에 관기(官妓)가 있었던 곳에는 각 관(官)에 흩어져 사는 각사(各司)의 비자(婢子) 및 먼저 간·척으로 있다가 보충군에 소속된 것들의 딸자식을 뽑아 올리도록 하고 풍악을 익히게 하여, 그 대소 사행(使行)이나 귀객(貴客)들이 서로 간음하는 것은 일절 금단하며, 만약 어기는 자 있으면, 주객(主客)을 다 죄를 내리도록 하여 주시옵소서."

하니, 임금이 예조에 명하여, 의정부와 육조가 상의하여 올리게 하였다.

세 번째는 최전방에 나가서 국방의 의무를 수행하고 있는 군인들을 위무하는 일이었다.

세종 21년(1439, 기미) 4월 5일(임오)에는 '평안도 영변부에 기녀 60인을 두다'는 제하에 예조에서 아뢰기를,

"평안도 영변부(寧邊府)는 한 지방의 거진(巨鎭)이오니, 청하건대, 기녀(妓女) 60인을 두게 하옵소서."

하니, 그대로 따랐다.

조선 전기의 문신 성현(成俔)이 1525년(중종 20)에 경주에서 간행한 필기잡록류에 속하는 책 중에 『용재총화(慵齋叢話)』라는 책이 있는데, 이것은 1909년에 조선고서간행회에서 간행한 『대동야승(大東野乘)』에 책록되어 널리 알려졌다. 내용은 문담(文談), 시화(詩話), 서화(書畵)에 대한 이야기와 인물평(人物評), 사화(史話), 실력담(實歷談) 등을 모아 엮은 것으로, 문장이 아름다운 것으로 알려져 있다. 고려 시대에서 조선 성종 시대에 이르기까지의 변화된 민간 풍속이나 문물제도, 문화,

역사, 예술 등을 다루고 있어 민속학 연구 자료로서 중요하다고 한다. 분량은 많지 않으나 기록한 내용이 다양하므로 '총화'라는 제목을 붙였는데, 정몽주(鄭夢周), 권근(權近), 최치원(崔致遠), 정지상(鄭知常), 서거정(徐居正) 등 신라에서부터 조선 초에 이르는 문인들은 물론, 당시 사회에서 천시를 받던 과부나 기생, 심지어 탕녀(蕩女)들에 대한 내용도 포함되어 있다. 저자가 도학자적인 관념에 얽매이지 않고 인정세태를 생생하게 묘사하고 있으며, 문장 표현도 유려하다고 한다.

  내용 중에서 김사문과 밀양기생 편은 시사하는 바가 크다.
  <사문(斯文) 김모는 왕의 명으로 영남지방에 사신으로 갔다. [여기서 사문은 유학자를 의미한다. 왕의 명으로 지방에 출장 가는 사람을 사신이라 한다. 이러한 사신 외에도 외국으로부터 온 외국 사신도 있는데, 일반적으로 외국 사신이 잘 알려져 있다.] 김사문이 경주에 도착하니 고을 사람이 기생 한 명을 사문에게 바쳤다. [아마도 경주부윤의 명으로 사신의 잠자리를 돌봐주는 기생 한 명을 배정했다는 의미이다.] 김사문이 그 기생을 데리고 불국사로 갔는데, 기생이 너무 어려서인지 잠자리에서 김사문이 사신으로서 요구한 수청을 거부하면서 야반도주를 하였다. 모든 사람들이 그 기생이 도주하다 짐승에게 물려갔을 것으로 걱정했다. 다음 날 수소문 해본 결과 그 기생은 맨발로 경주부로 돌아가 온전하게 있었다. 김사문은 속으로 섭섭했지만 어쩔 수 없었다. 경주를 떠나 밀양부에 도착했다. 그곳의 평사(評事) 김계온(金季昷)에게 겪은 일을 말하였다.
  [참고로 評事는 조선 초기 정육품(正六品) 서반 외관직이다. 원명은 병마평사(兵馬評事)로 1466년(세조 12)에 병마도사(兵馬都使)를 개칭한

것이다. 병마절도사(兵馬節度使)의 부하로서 함경도(咸鏡道)에 1원, 평안도(平安道)에 1원을 두었다. 병마절도사 밑에서 문부(文簿)를 관장하고 군자(軍資)와 고과(考課) 및 개시(開市) 등에 관한 사무를 담당하였다. 또 병마절도사를 도와서 도내 순행과 군사훈련, 무기 제작과 정비, 군사들의 군장 점검, 군사시설 수축 등의 임무를 대신하였다. 병마절도사 유고(有故) 때 그 임무를 대행하였고 임기는 2년이었다. 실제로는 문사(文士)를 파견하여 무신 수령과 절제사, 만호 등 군사지휘관이 많은 지역에서 무신들을 견제하고 무신 출신의 수령과 각급 군사지휘관을 감독하는 중요한 목적이 있었다. 1455년(세조 1)에 함경도 병마평사를 설치했으며, 1462년에는 평안도에도 설치하였다. 이후 1474년(성종 5)에 반포한 『경국대전』에서는 전국 8도에 병마평사를 두도록 했으나, 함경도와 평안도에만 두었다. 1553년(명종 8)에 경상도에도 병마평사를 잠깐 둔 적이 있으나, 전국에 평사를 두자는 논의가 있었으나 시행되지 않았다. 오히려 1623년(광해군 15)에는 평안도 병마평사를 폐지하였다. 함경도 병마평사도 1637년(인조 15)에 폐지하였다가 1664년(현종 5)에 다시 두었다. 그러나 후기에는 자리만 있고 관원이 파견되지 않는 등 유명무실해졌다.]

이런 여러 가지 사정을 참고하면, 이 김사문에 대한 내용은 성종(1474년)에서 중종(1525년) 사이에 일어났던 것으로 추측된다.

평사 김계온이 말하기를,

"내가 데리고 있는 기생의 동생 중에서 대중래(待重來)라는 여성이 있는데, 자색(姿色)이 있고, 성격 또한 정숙하니 내 그대를 위해서 중매하겠소."

하루는 밀양부사가 사신 김사문을 위하여 영남루에서 연회를 베풀었다. 많은 기생들이 모인 가운데 유난히 아름다운 기생 하나가 김사문의 눈에 들어왔다. 평사에게 물어보니 평사가 사문에게 중매한 그 사람이었다. 연회 도중에 김사문의 눈길은 그녀를 떠나지 않았다. 상위에 가득한 진수성찬은 눈에도 들어오지 않았다. 부사가 술을 권하자 어쩔 수 없이 일어나서 그 잔을 받았다. 이를 눈치챈 평사가 대중래에게 시켜 김사문에게 술을 따라 권하게 하자 사문이 비로소 입을 열고 만족해했다. 이날 밤에 두 남녀는 망호대(望湖臺)에서 잠자리를 함께하였다.

이때부터 애정이 깊어 잠시도 서로 떠나지 않았다. 수십 일을 머문 후에 김사문이 떠날 때가 되자, 밀양부사는 영남루에서 그와 전별하는 연회를 베풀었다. 김사문은 그녀와의 이별을 아쉬워하며 목이 메었다. 한 역에 이르러 밤이 깊었는데도 잠을 못 이루고 뜰을 방황하였다. 울면서 역졸에게 이르기를

"차라리 이곳에서 죽을지언정 이대로 도성으로 돌아갈 수는 없다. 네가 나로 하여금 다시 그녀를 만나게 해준다면 죽어도 여한이 없겠다."

역졸이 가련하게 여겨 그 말에 따랐다. 김사문이 밤에 수십 리 길을 달려서 이튿날 먼동이 틀 때에 밀양에 당도하였다. 부끄러워 관아로 들어가지 못하고 은대는 역졸에게 주고 평복으로 갈아입고 걸어서 마을로 들어섰다. 우물에서 물을 긷고 있는 노파에게 물어서 대중래에게 김사문이 왔음을 알려달라고 부탁하였다.

"대중래는 본남편 박생과 함께 자리에 들어서 말할 수 없습니다."

"내 비록 얼굴은 보지 못하더라도 목소리만 들어도 족하니, 그대가 가서 내 뜻을 전하면 후하게 보답하리다."

노파가 집으로 가서 대중래에게 전했다. 그 이야기를 들은 대중래는

"심하다. 어찌 이 같은 지경에 이른단 말인가?"

남편 박생이 이 말을 듣고 자리를 피해 집을 나갔다. 김사문이 대중래의 집으로 들어간 것을 알고 관아에서 비밀히 반찬과 양식을 보내주었다. 며칠을 더 머물다 두 사람은 힘들게 이별하였다. 심지어 역졸은 이런 말까지 했다.

"내가 많은 사람을 겪어보았지만, 이처럼 여색을 탐하는 자는 보지 못했다."

한양으로 돌아온 지 며칠 지나지 않아서 김사문의 아내가 죽었다. 김사문이 선영에 장사지내기 위해서 영구를 싣고 밀양으로 향하다 유천역에 이르러 시를 읊었다.

> "香風이 고대 위의 매화에 불어와,
> 꽃다운 소식 언제 오려나 애태우네.
> 달은 凝川 삼십 리에 밝은데,
> 가인(佳人)은 어느 곳에서 다시 오길 기다리나."
> 香風吹入嶺頭梅 芳信如今苦未回
> 月白凝川三十里 玉人何處待重來

마지막 행에 기생의 이름 待重來를 넣어 지은 칠언절구 시이다. 다시 오길 기다린다는 뜻을 待重來로 바꾸어 옥인(가인: 待重來)을 기다리는 마음, 즉 사모하는 마음을 표현했다.

이즈음 慶尙監司인 김상국(金相國)도 기생 待重來에게 애정을 쏟고 있었는데, 김사문의 시를 전해 듣고 그녀를 그에게 내주었다. 김사문은 기생 待重來를 데리고 한양으로 돌아왔다. 곧 승정원 승지로 승진하였다. 왕의 명을 받아서 그녀를 정실부인으로 맞아들였다. 待重來는 김사문의 두 아들을 낳았다. >

옥산을 사랑한 여인

황태자처럼 자란 옥산은 거문고, 글, 시, 그림(琴書詩畵)에 모두 능했다. 그래서 그를 사절(四絶)이라 부른다. 소위 말해서 팔방미인이었다. 잘 생기고, 풍류를 알고, 부자인 옥산. 모두 장가를 잘 간 덕택이었다. 잘난 그를 어찌 그냥 둘 수 있으랴. 아름다운 꽃에 벌과 나비가 꼬이고, 아름다운 여성 주위에 뭇 남성들이 모이듯이, 풍류를 아는 여성들은 잘난 한량을 흠모하기 마련이다. 정말로 옥산을 흠모한 여성이 있었을까?

수향각(繡香閣) 원(元)씨라는 여성은 옥산을 위해 이런 시를 썼다.

"가을 못 맑으니 생각도 여러 가지.
밤들어 난간에 서니 달은 외로이 뜨고,
연못에 가득한 부용꽃 삼백 송이.
임을 보낸 지금 누구를 위해 피나."

수향각이라는 이름으로 보아 원씨는 기녀이거나 첩일지도 모른다. 가을밤에 옥산을 노래한 것으로, 옥산이 곁에 없어 홀로 외로이 밤을 지새우는 마음을 담담하게 표현하고 있다. 임이 가버린 지금 연못에 가득 핀 삼백 송이의 부용꽃이 원망스럽기만 하다. 임이 계신다면 이 많은 부용꽃을 갖다 바치겠거늘. 그대 없는 지금 이 꽃들이 무슨 소용이랴. 만약 옥산이 이 글을 받았다면 여기에 어울릴 만한 화답을 주었을 것이다.

5. 10년간의 우리 행복은

　벽오의 부인은 모두 3명이었다. 여흥 민씨, 고령 신씨, 덕수 이씨가 그들인데, 이들 중에서 그의 조모인 옥산의 따님 덕수 이씨는 1584년에 태어나 1609년(26세)에 사망하였다. 그녀가 15세일 때 당시 경상감사이던 벽오의 첩이 되어 26세일 때 사망하였으니, 혼인생활은 겨우 11년밖에 되지 않는다(이것은 효성여자대학의 김형수 교수의 논문과 한국정신문화원의 논문에 기초한 것이다). 15세일 때 장남 경충, 17세일 때 차남 경선, 19세일 때 삼남 경종을 낳았는데, 슬하에 모두 3남 1녀를 두었다. 연도가 불분명한 딸은 옥산의 따님이 아마도 21세인 1604년 무렵에 낳았을 것으로 추정된다.

　벽오 이시발은 21세(1589년)에 문과에 급제하고, 관직에 나가 임진왜란 때 접반사를 지냈으며, 1596년에 충청도 순안어사를 지냈다. 30세인 1598년에 경상감사, 1599년에 경주부윤, 1601년에 경상감사 등을 맡아 1604년 동지중추부사가 될 때까지 6년간 대구와 경주에서 지냈다. 그 후에 함경감사, 평안감사, 안변부사 등을 지낸 4년간을 제외하면 참판이나 판서로서 거의 대부분을 한양에서 보냈다.

벽오의 첫 부인인 여흥 민씨가 옥산의 따님과 같은 해에 세상을 떠난 것을 고려하면 벽오가 1604년에 서울 내직으로 임명받아 대구에서 서울로 옮겨가는 바람에 나머지의 생을 거의 대부분 이별한 채로 살았다고 할 수 있다. 이별한 이 5년간의 옥산의 따님에 대한 행적은 추적하기가 매우 어렵다.

옥산의 따님의 친정아버지인 옥산 이우의 슬하에는 정실 자식 1남 2녀와 서녀 4명이 있다. 이 서녀들 중에서 옥산의 따님은 서장녀였다. 옥산의 따님은 15세가 되던 해인 1598년에 아버지인 옥산의 권유로 경상감사로 부임한 벽오의 측실이 되었다. 측실이 되고 난 후에 옥산의 따님은 남편인 벽오의 임지 근처에 살림을 난 것이 아닐 것으로 보인다. 당시의 관습은 정실이 임지로 동행하여 살림을 할 경우에는 측실이 따라나서질 않았다. 뿐만 아니라 대체로 혼인의 형태도 남귀여가혼을 하여 남편이 장인의 집인 처가에서 살거나 처가 부근에서 사는 것이 일반적이었다. 최립이 지은 여흥 민씨의 묘지명에는 '1609년 겨울에 향년 41세로 평양 관아에서 세상을 떴고, 이듬해 모월 모일에 진천현에 장사지냈다'고 되어 있다. 그래서 정실인 여흥 민씨가 평양감사이던 벽오의 임지를 따라다녔다는 기록을 고려하면 옥산의 따님이 평양 관아에 있었을까?

당시의 관습을 고려할 때 옥산의 따님의 거취는 대략 이러했을 것이다.

당시의 여성들은 남귀여가혼의 혼인 풍습에 따라 결혼 후에도 대체로 친정에서 살았다. 첩인 여성들은 대부분 친정에서 살았다. 옥산의 따님의 친어머니가 측실인 관계로 아마도 예강의 본가나 그 근처의 어느 마을에서 살았으니, 옥산의 따님도 예강의 본가나 그 인근에서 살았을 것이다. 그래서 옥산의 따님은 결혼한 후에도 계속 친정인 선산의 예강에서 살았다. 경상감사인 남편 벽오가 가끔 장인인 옥산을 만나러 선산에 올 때만 부부가 되는 전형적인 조선 중기의 측실살이를 했다. 6년 후에 벽오가 내직인 동지중추부사가 되어 한양으로 떠난 후에는 옥산의 따님이 벽오를 만나기가 쉽지 않았을 것이다.

옥산의 따님이여!

벽오가 옥산을 만난 것은 대체로 1597~1598년으로 추정된다. 이때 벽오는 젊은 나이임에도 많은 사람들에게 널리 알려져 있었다. 유창한 중국어 실력으로 중국 사신들과 장수들을 감복시켰으며, 이몽학의 난을 평정한 일 때문에 젊은 나이에 벼락출세를 했다. 사대부라면 그를 모르는 사람이 거의 없었으며, 모든 사대부들에게 선망의 대상이기도 했다. 이러한 사실을 옥산도 당연히 알고 있었다.

어느 날, 마침 벽오가 선산 부근에 다니러 왔다. 벽오는 이때 성을 설계하고 건설하는 전문가였다. 조정에서는 벽오에게 무너진 성을 보강하는 일을 맡겼다. 아마도 선산 지역의 성을 보강하는 일 때문에 이곳을 방문했을 것이다. 옥산은 벽오를 집으로 초대했다. 벽오에게 자기 딸을 측실로 주겠다고 제안했다. 벽오는 평소 흠모하던 율곡의 동생인 옥산의 서녀를 기꺼이 측실로 받아들였다.

덕수 이씨 족보에 의하면 옥산에게는 정실 자녀 1남 2녀와 측실 4녀가 있다. 아들 경절은 장례원사를 지냈으며, 정실 2녀의 배우자인 두 사위는 아무런 관직이 없다. 반면에 측실 4녀의 배우자는 판서, 판서, 참판, 감사 등이다. 이상하지 않은가? 여기에 옥산의 깊은 생각이

깔려 있었다(이것은 순전히 그의 생각이다). 서녀 4명의 배우자는 모두 장래가 촉망되는 관리들에게 옥산이 측실로 주었던 것이다. 즉, 옥산은 서사위를 고를 때 그들의 장래성을 중시했던 것이다.

옥산의 서장녀인 옥산의 따님은 집에서 10여 리나 떨어진 낙동강가의 고산 기슭에 있는 매학정까지 자주 심부름을 갔다. 매학정에는 아버지인 옥산과 외할아버지인 고산의 명성을 듣고 전국의 풍류객들이 자주 찾아왔다. 그래서 예곡의 옥산가는 항상 손님을 치르느라 눈코 뜰 새 없이 바빴다. 그 무렵 옥산의 따님은 하인들을 따라서 자주 매학정에 나갔다. 옥산과 고산을 비롯해서 놀러 온 풍류객들은 수묵화를 그리고, 가끔씩은 초서를 쓰면서 흐르는 세월을 즐기고 있었다. 어린 옥산의 따님의 눈에는 이러한 일들이 너무나도 신기했다. 그리고 알 수 없는 욕망이 꿈틀대기 시작했다. 집으로 돌아온 옥산의 따님은 몰래 혼자서 매학정에서 본 그림들을 흉내 내며 독학했다. 매일 그림 그리기를 반복했다. 그녀의 그림 그리는 솜씨는 나날이 발전해 갔다. 조모이신 사임당의 피를 이어받은 재능이었다. 그러다 우연히 아버지 옥산의 눈에 띄었다. 옥산은 그녀에게 숨은 예능의 재주가 있음을 발견하고는 놀랐다.

어느덧 세월이 흘러 옥산의 따님은 성인이 되었다. 그림 솜씨도 상당한 수준에 이르렀다. 옥산의 지도 때문인지 그녀는 남자들의 호쾌한 화풍을 지녔다. 옥산은 깊은 생각에 빠졌다. 비록 서녀이긴 하지만 어울리는 제짝을 찾아주겠다고 다짐했던 것이다.

마침 인근에 벽오가 와 있다는 이야기를 들었다. 벽오는 딸의 장래를 충분히 책임질 수 있을 정도로 능력이 있는 사람이었다. 옥산이 이렇게 생각했을지도 모른다.

'공신의 첩으로 주면, 그 소생은 서자가 아니라 적자와 같은 대우를 받는다. 벽오는 이미 2등 공신이다. 게다가 능력도 있다. 어쩌면 불쌍한 이 딸의 신분을 바꿔줄 수도 있겠다.'

물론 이것은 그의 추측에 불과한 이야기다. 시대의 풍류객 옥산은 이런 생각까지는 하지 않았을 것이다. 율곡이 아끼는 제자에게 서녀를 측실로 주었던 마음처럼, 옥산도 장래가 촉망되는 벽오에게 서녀인 따님을 측실로 시집보냈다.

옥산의 따님은 행복했다. 공신 벽오의 측실이 되고, 또 그의 자식을 낳았다. 당신의 자식들은 첩의 자식이지만 양반 대우를 받았다. 그래서 시간이 날 때면 그림을 그리고, 글을 쓰곤 했다. 초서 쓰는 연습도 그림을 그리는 연습만큼이나 열심히 했다.

옥산의 따님은 아마도 이런 생각을 했을지도 모른다.

"정실인 황씨 부인에게서 태어난 언니들은 그림이나 글공부는 꿈도 꾸지 못한다. 오로지 현숙한 부인이 되기 위해 부덕만 닦아야 한다. 하지만 나는 이미 그림 그리는 것도 상당한 수준에 이르러 아버지의 인정을 받았다. 게다가 글공부도 하여 이제 제법 문리도 터지기 시작했다. 비록 서녀의 몸에서 났지만 내 아이들은 양반으로 살아갈 것이다.

옥산의 따님 아니, 벽오의 부인이 된 그녀는 3남 1녀를 낳았다.

속 좁은 소인배들이 벽오의 벼락출세를 질투하여 매번 상소를 올렸다. 그의 경상감사가 부당하다. 2등 공신 자격이 없다. 급기야 그간에 있었던 벽오의 사소한 실수까지 침소봉대하여 무려 7년 동안이나 공신책봉을 반대하는 상소를 올렸다. 선조대왕도 마침내 그들의 주장을 받아들였다. 1603년에 벽오는 공신에서 탈락했다. 이 소식은 옥산이 있는 예곡까지 전해졌다.

그녀의 실망은 엄청나게 컸다. 스트레스를 풀 길이 없었다. 오로지 그림 그리는 것과 글 쓰는 일 외에는 마음 다스릴 길이 없었다. 그리고 일 년 후에 남편 벽오는 내직으로 임명을 받아 한양으로 떠났다. 그녀는 한양으로 갈 수가 없었다. 아이들도 불쌍했다. 오로지 그림과 글쓰기에 열중했다. 아이들에게도 주지시켰다. 너희들은 반드시 양반이 되어야 한다. 양반이 되기 위해서는 항시 글공부를 게을리해서는 안 된다. 아버지 옥산만이 그녀의 마음을 이해하고 다독거려 주었다.

옥산은 같은 서녀 처지인 나머지 세 딸들도 촉망받는 젊은 관료들의 측실로 주었다. 옥산의 나이도 환갑이 넘었다. 옥산의 따님은 한양으로 간 남편으로부터 소식이 오길 애타게 기다렸지만 어떤 기별도 없었다. 그녀는 자식들에게 틈만 나면 지금의 신분에서 벗어나야 된다고 교육시켰다. 그래서 큰아들 경충은 무관이 되고자 결심했다. 무과시험은 서자도 치를 자격이 있었다.

1609년, 아버지 옥산 선생이 병환으로 자리에 누웠다. 고령이라 노환이었다. 그녀는 지극정성으로 아버지를 간호했다. 아버지 옥산은 그녀의 모두였다. 그녀의 예술세계가 꽃을 피울 수 있도록 적극적으로 뒷받침해주었고, 남편에게서 못다 얻은 사랑과 애정을 채워주었다. 옥산은 그녀의 유일한 방패막이였다. 그녀의 극진한 간호에도 불구하고 옥산은 68세의 나이로 세상을 떠났다. 1609년 5월 27일이었다. 그녀는 하늘이 무너지는 충격에 휩싸였다. 삶의 의욕이 완전히 사라졌다.

옥산의 따님의 자녀들은 계모의 보호 아래서 잘 자랐다. 장남 경충은 26세 이전에 무과에 급제했다. [이괄의 난에 참전할 때 경충은 이미 무과에 급제한 후이다. 그가 태어난 것은 1598년, 이괄의 난은 1624년에 일어났다.] 어머니인 옥산의 따님의 말씀을 잘 따랐던 것이다. 이괄의 난은 벽오가 병조판서로서 참전하고, 서장자 경충이 아버지와 같이 참전했는데, 난을 평정한 후에 부자가 똑같이 진무원종공신 1등에 책봉되었다.

아버지와 큰아들이 공신으로 책봉된 덕택에 옥산의 따님의 자녀들은 서자의 신분에서 완전히 벗어났다. 그녀가 그때까지 살아 있었더라면 자랑스러운 아들 경충 덕택에 신분도 첩이 아닌 3配(세 번째 부인)로서 당당하게 족보의 한 페이지를 장식할 수 있었을 것이다. [그래서 현재는 벽오의 측실이 아닌 세 번째 부인으로 등재되어 있다.]

어쨌든 옥산의 따님은 첩의 신분에서 벗어났다. 그녀가 간절히 바랐던 영원한 꿈이 이루어진 것이다.

그녀의 둘째 아들도 그녀의 말을 잘 따랐다. 그래서 글공부를 게을리하지 않았다. 열심히 정말로 열심히 하였다. 언젠가는 그의 글공부가 세상에 드러날 것을 상상하며. 여느 서자들과는 전혀 달랐다. 어머니의 교육 덕택에 삶을 포기하지 않고, 희망을 버리지 않았다. 그러다 때가 왔다. 아버지 벽오의 공신책봉으로 한품서용에서 벗어난 둘째 아들 경선은 공신책봉 다음 해에 사마시에 응시해서 당당하게 합격하여 진사가 되었다. 무려 스물다섯 살에 양반들에게만 가능했던 진사가 된 것이다. 모두가 어머니 옥산의 따님의 말씀 덕택이었다. 경선은 신분 때문에 씌워졌던 어두운 굴레에서 완전히 벗어날 수 있었다. 그로부터 수년이 지난 1633년에 을과 7등(전체 급제자 33명 중에서

10등)으로 문과에 당당히 급제했다. 다음 해 초 경선은 종6품으로 벼슬을 시작했다. 때마침 발생한 병자호란 때문에 남포현감으로 있던 그는 정세규가 지휘하는 방어대에 참모관으로 참전하였다가 전사했다. 그 후에 영조께서 그를 참의로 추증했다.

셋째 아들 경종도 군자감정을 지냈다.

옥산의 따님의 자식들은 나라에 큰 공을 세웠다. 장남은 원종공신 1등에 책봉되었으며, 차남은 병자호란에 참전하여 나라를 위해 목숨을 바쳤다. 이런 공을 세울 수 있었던 것은 어릴 적부터 그녀의 피맺힌 가르침이었던, '신분의 벽을 뛰어넘기 위한 노력'에서 비롯된 것은 아닐까? 그녀는 정녕 사임당의 손녀로서 당당한 자격을 지녔던 것이다.

묵죽도(墨竹圖)

옛 선비들은 대나무가 지니고 있는 상징성 때문에 대나무를 그림의 소재로 즐겨 삼았다. 대나무는 사군자(四君子) 중의 하나로, 보통 윤곽선을 따로 그리지 않고 필선 자체로 대나무 줄기나 잎 모양을 나타내는 몰골법(沒骨法)으로 그리는데, 이를 묵죽이라고 한다. 묵죽은 중국 북송(北宋)의 문동(文同)과 소식(蘇軾)에 의해 완성되었는데, 명대(明代)에 와서 매화, 난초, 국화와 더불어 사군자의 하나로 꼽히게 되었다. 한국에서는 고려 시대부터 묵죽화를 그리기 시작했으며, 조선 중기 이후에 많은 묵죽화가들이 나타났다. 중종 때의 이정(李霆)이 가장 대표적인 인물로 꼽히며, 조선 후기에는 허유(許維), 신명연(申命衍), 민영익(閔泳翊), 김규진(金圭鎭) 등이 유명하다.

〈그림 16〉 묵죽도와 서문

옥산의 따님이 그린 묵죽도가 이 세상에 알려진 것은 1997년 1월
에 KBS-TV의 '진품명품' 프로그램에 의해서이다. 평가위원들은 사임
당의 손녀로서 사임당과는 전혀 다른 화풍을 가진 사임당에 버금가
는 조선 시대의 여류화가로 옥산의 따님을 소개하였다. 네 폭의 묵죽
도가 실려 있는 화첩에는 몇 가지 내용이 수록되어 있다.

(1) 현손인 죽창공(竹窓公) 이성일(李聖一, 1680~1752, 1729년 進士)
　　의 서문: 1736년에 작성, 화첩의 앞쪽에 있음,
(2) 이성일의 발문(跋文): 1750년에 작성, 화첩의 뒤쪽에 있음,
(3) 이성일의 손자 수백당(守白堂) 이회근(李晦根: 1728~1809, 成均進
　　士)의 발문: 1785년에 작성,
(4) 이회근의 외현손 김필신(金弼臣)의 七言絶句詩.

화첩의 표제는 '慶州李氏家藏寶　家藏墨竹'으로 되어 있다.

죽창공이 1736년에 쓴 서문은 옥산의 따님이 돌아가신 지 약 130년이 지난 후에 작성된 것으로 그 내용은 정리하면 이렇다.

"이것은 나의 고조모 덕수 이씨가 직접 그린 그림이다. …… 그리하여 고조모의 삼절이 유전되지만, 그 증거가 없음을 개탄하던 차에 아들인 사유(思游, 遯窩公: 1701~1809)가 종질인 인원(仁源)의 집으로부터 묵죽도 넷을 찾아내어 가지고 돌아왔다. 묵화에서 물이 줄줄 흐르는 듯하여 어제 그린 것처럼 보였다. …… 대나무라는 것은 색이 변하지 않고 절개가 변하지 않으며, 속이 비고 몸이 단단하여 정절을 깨끗이 지키면서 자손을 퍼트리고, 각각 서로 비슷하여 다른 물건과는 다르다. 고조모가 반드시 대나무 그림을 자손에게 물려주는 까닭은 또한 그 의미가 있으며, 증조부(李慶善)의 늠름하고도 충절함도 끝내 이 그림의 뜻을 저버리지 않았기 때문이다. 무릇 우리들 고조모의 후손들도 이것으로서 경고받고 성찰해야 할 것이다. 나는 이미 아는 바가 미세하니 그림으로 그의 마음을 엿보는 것으로 어찌 만족하리오.

그리하여 조금 후 화첩으로 꾸며 표구하여 이 글을 기록하는 것은 이것이 나의 고조모의 작품이라는 것과 그의 평생의 뛰어난 예술이 안방의(女性의) 세계를 초월하여 나온 것임을 알게 하기 위함이다."

죽창공이 1750년에 작성한 발문을 요약하면,

"고조모는 현숙한 규수로서 덕행과 재능이 뛰어나고, 그림과 시에 능하였으며, 10여 세에 자연히 문장을 짓고, 여러 책을 통달하였다. 율곡 선생에 비견할 정도로 고조모의 학문의 깊이와 재주를 가히 짐작하고도 남음이 있다. 또한 외가 덕산 황씨 낙양군(洛陽君)의 묘지명을 지어 회자하였다 하니, 고조모의 글재주가 남달랐다 한다. 글재주만 아니라 거문고 타는 솜씨도 매우 능하였다."

『벽오유고』 '春' 권에 실려 있는 만이옥산(挽李玉山: 옥산 선생을 애도함)을 보면; '천리거경매옥보(千里遽驚埋玉報) 구원최환변현랑(九原催喚辨絃娘)'.

현랑은 거문고를 타는 낭자라는 뜻으로 옥산의 따님을 지칭하는바 죽창공의 발문과 부합한다.

서문을 작성한 후에 49년이 지난 1785년에 죽창공의 손자인 수백당이 작성한 발문에 의하면 묵죽도 4점 외에도 옥산의 따님의 작품이 여러 점 더 있었다는 내용이 들어 있다.

"나의 부친(돈와공)이 일찍이 1739년 봄에 성묘하고 소제하러 갔을 때 종숙인 인원의 집에 가서 그 집에서 보관하고 있는 상자 속에서 채화도(菜花圖) 4점, 게(蟹) 그림 2점, 그리고 묵죽 4점을 찾았는데, 그 중에서 가지고 온 것은 묵죽만이었다. 이를 오래도록 보존하기 위해서 표구하여 화첩을 만들도록 하였다. 1756년 가을에 나의 5대 조부인 參議公(李慶善)의 제사를 지내러 가서 옛집에 오래 머물렀는데, 그 때 종숙은 이미 고인이 되었고, 가업 역시 전해지지 않았다. 채화도와 게 그림을 보고자 하였으나 간 곳을 알 수 없었다."

김필신의 칠언절구는 대대로 전해 내려오는 가보인 묵죽도에 대한 회상으로 옛 생각으로 눈물이 저절로 흘러내린다는 내용이다.

王母人間手澤留
蕭蕭墨竹幾霜秋
親孫永作傳家寶
感舊悲懷涕自流

애! 풍죽도

　그가 옥산의 따님에 대해서 조사하던 중에 그녀를 진정으로 존경하는 이유가 생겼다. 그토록 어려운 환경에서도 주위의 질시와 열악한 환경을 극복하고, 자식들을 모두 늠름하게 키우고, 훌륭한 예술작품을 많이 남겨 오늘의 후손들이 볼 수 있도록 한 점이다. 무엇보다도 대단한 것은 그녀의 불굴의 의지와 예술혼이다. 그런데 불행하게도 현재 남아 있는 그녀의 작품은 겨우 4점밖에 없다. 화첩에 기록되어 있는 수백당의 발문을 보면 채화도 4폭과 게 그림 두 점이 더 있었다는 기록으로 보아 다양한 소재를 그렸던 것으로 추측된다. 그녀가 평생 그린 작품이 얼마나 되는지 알 수 없지만 지금까지 전해진 묵죽도 4점 이외에도 많은 그림과 글씨가 분명히 남아 있을지도 모른다.

　단순히 현존하는 4점의 작품만으로 그녀의 예술세계를 파악한다는 것은 지나친 자만이다. 그렇지만 별다른 방법이 없다. 더욱 안타까운 것은 독학으로 붓을 잡은 그녀의 그림 세계를 평가할 만한 예술적인 안목이 그에게는 없다는 점이다. 비록 천한 신분이었지만 고행의 삶을 예술로 승화시킨 위대한 그림들 속에는 일찍 생을 마감한 그녀의 예술혼이 함께 깃들어 있다는 것만은 분명하다. 이혼을 당한 난설헌이 중국을 감동시킨 수많은 시를 남기고 자진했듯이, 옥산의 따님 또한 한 많은 생애를 예술로 꽃피웠다고 할 수 있다.

　옛 선비들은 대나무가 지니고 있는 상징성 때문에 대나무를 그림의 소재로 즐겨 삼았다. 고산 윤선도(尹善道)는 오우가(五友歌)에서 '내 벗이 몇인고 하니 수석(水石)과 송죽(松竹)이라'고 했다. 다른 식물

들과는 달리 대나무는 늘 그 푸름을 잃지 않고 곧게 자라는 속성을 지니고 있다. 이런 속성을 지닌 대나무를 동양의 옛 선인들은 군자에 비유하였다. 대나무를 군자에 비유한 최초의 사례는 시경(詩經)의 위풍(衛風)편에 있는 기오(淇奧)에서 찾아볼 수 있다. 중국 육조시대의 죽림칠현들은 대나무 숲에 숨어 살면서 그들 스스로를 군자로 여기며 풍류를 즐겼다. 초서의 성인인 왕희지(王羲之)의 아들인 왕휘지(王徽之)는 대나무를 차군(此君)이라 칭하며 '차군 없이 어찌 하루라도 지낼 수 있으랴?'라고 읊었다. [차군此君: 이 사람 또는 이분이라는 뜻으로, '대나무'를 예스럽게 이르는 말. 중국 진나라의 왕휘지가 대나무를 가리켜 한 말에서 유래한다.]

대나무는 사군자(四君子) 중의 하나인데, 보통 윤곽선을 따로 그리지 않고 필선 자체로 대나무 줄기나 잎 모양을 나타낸 몰골법(沒骨法)으로 그린다. 이렇게 그린 묵죽은 중국 북송(北宋)의 문동(文同)과 소식(蘇軾)에 의해 완성되었는데, 명대(明代)에 와서 매화, 난초, 국화와 더불어 사군자의 하나로 꼽히게 되었다. 많은 선비들이나 풍류객들이 대나무를 올곧은 선비에 비유하면서 즐겨 노래하고 그림으로 그렸다. 특히 검은색의 묵으로만 즐겨 그렸는데, 이를 묵죽도(墨竹圖)라 한다.

한국에서는 고려 시대부터 묵죽화를 그리기 시작했으며, 조선 초기에는 화원을 선발할 때 묵죽도를 중요한 과목으로 채택하였다. 대나무를 그린 화가로서 가장 널리 알려진 인물로는 이정(李霆, 1541~1622, 호는 灘隱), 유덕장(柳德章), 신위(申緯)를 들 수 있는데, 이들이 묵죽도의 3대 화가로 꼽힌다.

〈그림 17〉 이정의 묵죽도와 풍죽도

이정은 조선 4대 왕인 세종의 현손이자 사대부이다. 그는 명나라 묵죽도를 소화하여 조선 묵죽도의 전통을 만들었다. 그의 영향은 매우 커서 후대의 묵죽도는 대부분 그의 양식을 토대로 하고 있다. 지금 남아 있는 조선 초기의 묵죽도들은 줄기가 가늘고 잎이 큰 특징을 보인다. 이정의 묵죽도는 줄기와 잎의 비례가 좀 더 보기 좋게 어울리며 대나무의 특징인 강인함을 잘 나타내고 있다. 즉, 굵은 통죽(筒竹)의 입체감을 잘 표현하고 있다. 좀 더 자세히 설명하자면 통죽의 마디를 묘사할 때 양쪽 끝이 두툼하게 강조된 호형선(弧形線)으로 마디의 하단부를 두르고, 거기에서 약간의 간격을 떼고 아랫마디를 짙은 먹으로 시작해서 점차 흐리게 하였다. 이 기법은 조선 후기의 여러 묵죽 화가들에 의하여 널리 쓰이게 되었다.

바람에 흔들리는 대나무의 모습을 그린 것을 풍죽도(風竹圖)라 하는데, 바람이 부는 방향에 따라 잎이 나부끼는 대나무는 선비들의 드높은 기상과 절개를 상징한다. 이정의 풍죽도는 그의 선비다운 기개와 뚜렷한 개성을 보여주며, 한국적인 화풍을 제시한다. 그의 묵죽도에선 선비들의 지조나 절개를 보여주는 데 반하여, 풍죽도에선 선비들의 단정함과 정숙함을 보여준다.

대나무 잎을 묘사하는 데는 경아식(驚鴉式), 개자식(介字式), 분자식(分字式) 등 여러 가지가 있다. 바람이 불어오는 쪽의 대나무 잎은 바람을 맞이하므로 그 모양이 까마귀가 놀라서 날개를 펴고 달아나는 모양과 흡사해 4개의 잎으로 놀란 까마귀의 날개 모양을 나타낸다. 이를 사필경아식(四筆驚鴉式)이라 한다. 바람이 빠져나가는 쪽의 잎은 바람 부는 방향으로 뻗게 되는데, 그 모양이 분(分) 자나 개(介, 个) 자처럼 된다. 이 분(分) 자를 여러 개 겹친 모양으로 그리는 첩분자식(疊分字式)과 개(介, 个) 자를 풀어쓴 방식인 삼필개자식(三筆个字式)이 있다.

<그림 18>은 KBS-TV에서 소개한 옥산의 따님의 작품들이다. 당시 감정자는 이것이 진품이며, 이 그림들이야말로 조선 시대의 새로운 여류화가를 발굴하는 역사적인 사건이라고 하였다. 그리고 그 구도와 여백을 활용하는 놀라운 기법은 지금까지 알려진 것과는 전혀 다른 것이며, 풍죽도에서 대나무가 휘어진 모양이나 잎이 접힌 모양을 볼 때 이정의 영향을 받은 것이 아닌가 하였다. 다른 그림과는 달리 잎의 폭이 넓다는 점도 지적하였다.

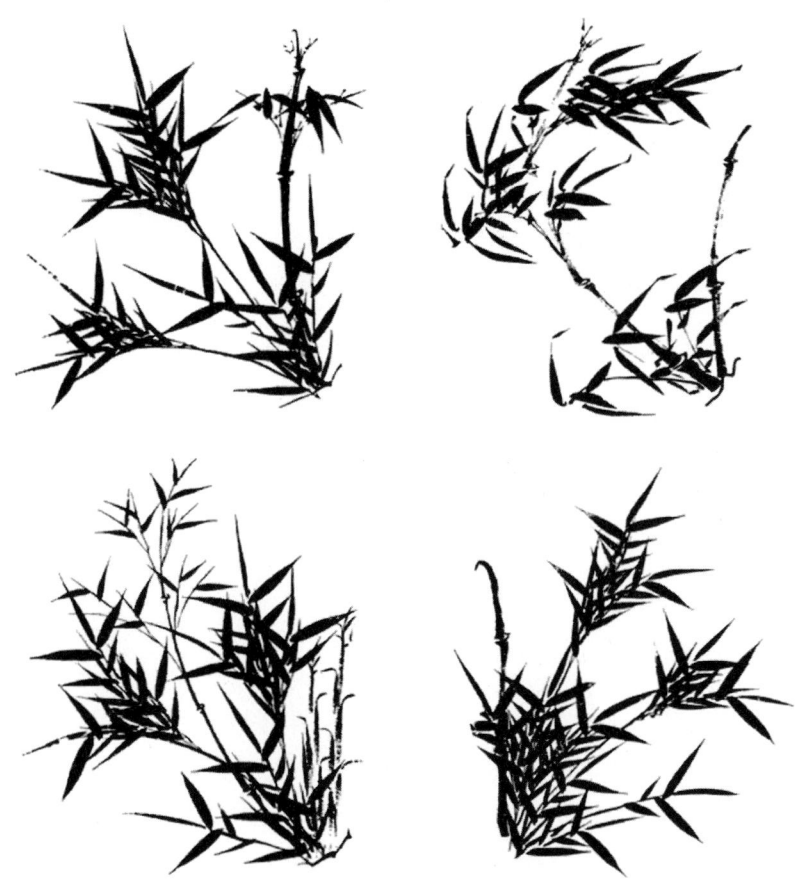

〈그림 18〉 옥산의 따님이 그린 묵죽도

조선 초기의 묵죽은 줄기가 가늘고 잎이 넓으며, 그림의 원근감이 없는 것이 일반적이었다. 이러한 경향이 이정에 이르러 줄기가 굵고 잎이 좁으며, 그림도 원근감을 가지는 형태로 바뀌었다.

옥산의 따님의 묵죽에서는 묵죽의 잎이 크고, 줄기가 가늘며, 배경 없이 대나무만 배열시킨 것이 특징이다. 이것은 바로 이 그림들이 이

정의 영향을 아직 받지 않았음을 의미한다. 그리고 이정의 묵죽도에
선 묵죽의 전형적인 묘사형태인 경아식, 분자식, 개자식 등이 분명하
지만, 이 그림에서는 개자식만 주로 관찰되는바, 이것 역시 이 그림이
이정의 영향을 받지 않았음을 의미한다. 어찌해서 당대의 대가인 이
정의 영향을 받지 않았을까? 이것을 이해하기 위해서 이정과 옥산의
따님의 생애연도를 확인해보자. 이정은 1541~1622년에 생존했으며,
옥산의 따님은 1584~1609년에 생존했다. 옥산의 따님이 10~26세
(1593~1609)에 이 그림을 그렸다면 이때 이정의 나이는 53~69세가 된
다. 화가 이정은 처음에 조선 초기의 화법을 그대로 따랐을 것이다.
그의 묵죽이 가는 잎, 굵은 줄기, 원근감을 가지는 형태로 바뀐 것은
50대 이후의 원숙기에 이루어졌기 때문이다. 그래서 그의 그림이 많
은 화가들의 표본이 된 것은 그보다 훨씬 후의 일이 되므로, 옥산의
따님은 이정의 그림을 생전에 볼 수 있는 기회가 없었을 것이다.

옥산의 따님의 묵죽에서는 잎이 없거나 잎이 나고 있는 줄기가 그
려져 있는 특이한 점이 있는데, 이는 마치 잎이 이제 막 밖으로 나오
려는 순간을 나타낸 것으로 보인다. 전형적인 화법이 빠져 있는 것과
다른 그림에서는 좀처럼 보기 힘든 잎이 없는 줄기들은 대나무의 있
는 그대로의 모습을 나타낸 것으로, 대나무의 상징적인 의미를 배제
한 것으로 보인다. 아울러 배경 그림을 삭제한 채 대각선 구도를 적
절히 사용하여 여백의 미를 한껏 살린 점 등 탁월한 구성미를 보여주
고 있다.

그림 전체의 분위기가 여성의 그림이 아닌 남성의 그림, 즉 남성적
이고 진취적인 화풍을 보이고 있다. 이러한 점들은 조선 초기의 묵죽
도와 전혀 다른 독특한 점이다.

옥산의 따님의 풍죽도에서는 이정의 풍죽도와는 다른 점이 몇 가지 관찰된다. 가장 큰 차이는 경아식의 표현이 없다는 점이다. 이정의 풍죽도에서는 바람이 불어오는 쪽에는 대칭성을 가진 경아식 표현이 여러 곳에서 관찰되지만, 이 그림에서는 비대칭적인 표현만 나타나 있다. 가지가 휘어진 정도에 차이가 있다. 이 그림에서 휘어진 정도가 훨씬 큰데, 이는 바람이 한쪽 방향으로부터 강하게 불어오는 것을 나타낸다. 이정의 그림에서는 바람의 방향과 세기가 위치에 따라 서로 다르며, 뒤에 있는 대나무와 앞에 있는 대나무를 향해 불어오는 바람이 각각 다르도록 묘사되어 있다. 이는 바람이 일정하지 않거나 살랑살랑 불어오는 것을 의미한다.

대나무는 주위의 환경에 굴하지 않는 절개를 의미한다. 흰 눈이 내리거나, 바람이 불거나, 비가 오거나, 태풍이 불거나 간에 그 푸르름을 잃지 않고, 비록 휘어지긴 하나 꺾이지 않는 절개를 의미한다. 이정의 풍죽도는 약한 바람에 저항하는 사대부의 절개를 나타낸다. 그러나 옥산의 따님의 풍죽도는 그보다 더욱 거센 바람, 거센 압력에 저항하는 강인한 품성을 나타내고 있다. 비록 가늘지만 부러지지 않는 강인함을 보여준다.

이것은 옥산의 따님의 신분을 초월한 강인함이자 당당함이 작품 속에 스며 있음이다. 모든 어려움을 극복하고, 독학으로 자신만의 독창적인 예술세계를 만들어낸 옥산의 따님. 우리 모두의 기억 속에 이름을 새겨도 좋을 존경할 여성이 아닐까?

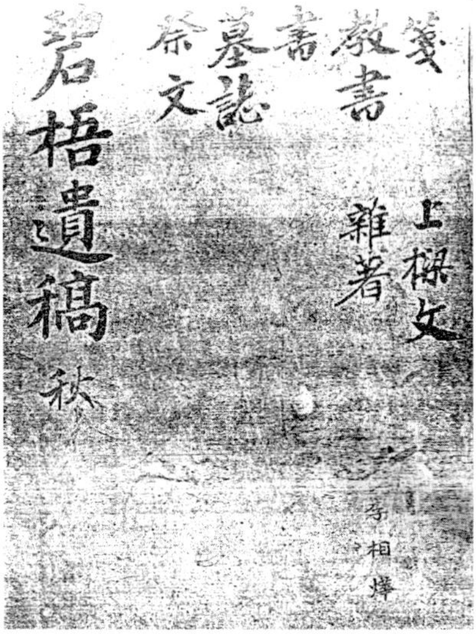

〈그림 19〉 벽오유고

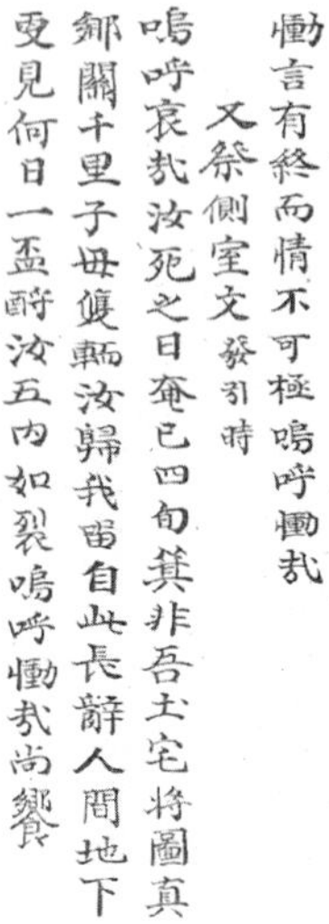
慟言有終而情不可極嗚呼慟哉
又祭側室文 發引時
嗚呼哀哉汝死之日奄已四旬其非吾土宅將圖真
鄉關千里子毋復輀汝歸我留自此長辭人間地下
更見何日一盃酹汝五内如裂嗚呼慟哉尚饗

〈그림 20〉 제측실문-발인문

빈 방에 달빛 들면

죽음은 무엇을 의미할까?

조선의 선비들은 아내의 죽음과 정인의 죽음을 어떻게 표현했을까?

'빈 방에 달빛 들면'에 조선 선비들의 애절한 사연이 표현되어 있다.

그 서문에는

"아! 조선 여인의 삶은 빛이라기보다는 그림자였습니다. 있어도 없는 듯, 알아도 모르는 듯 살아야 했고, 하고 싶은 일보다는 해야 할 일들을 챙겨야 했습니다.

선비의 아내는 빛만큼이나 아름다운 그림자였습니다."

벽오는 측실을 애도하는 마음을 칠언절구로 이렇게 나타내었다. 『벽
오유고』 '春' 권에 실려 있는 만측실(挽側室: 측실을 애도함)을 보면;

바다와 산에 맹세하고 검은 머리 파뿌리 되도록
백년해로하려 했는데 십 년을 살았다네.
금방 깨달았네, 샘 아래에서 긴 이별의 말을 하게 될 줄을,
어찌 참을까, 하늘 끝 그곳으로 떠나감을.
모자가 동시에 두 관 속으로 돌아가니,
육신을 바닥에 놓아두고 술 두 잔을 올리네.
강가에 가서 남쪽으로 가는 길을 울면서 보냅니다,
대동강은 천년만년 마르지 않고 흐르겠지요.
海誓山盟指白頭　百年誰料十年休
卽知泉下長辭別　那忍天涯此去留
子母一時歸兩櫬　形骸底處托雙杯
臨江泣送南州路　浿水千秋不盡流

조선 중기의 대학자였던 노론의 영수이자 대로인 우암 송시열(宋時
烈, 1607~1689)은 유배 중에 죽은 아내 이씨를 위해 제문을 지었다.
　"아! 나와 당신이 부부가 된 지 올해로 53년이 흘렀소. 그동안 가난
에 쪼들려 거친 밥도 배불리 먹지 못하고 손발이 다 닳도록 고생만
하던 형상은 이루 다 말할 수 없구려. 내가 지은 죄가 많아 일찍 죽은
자식이 많으니, 그 모진 슬픔과 고통은 사람으로선 견디기 힘든 일이
었소. 또한 그 자초지종을 따져보면 다 못난 내 탓이오. 당신 운명이
기구하여 나같이 못난 사람과 짝이 되었으니. 당신이야 원망을 않는
다 해도 나로서는 부끄럽기 그지없는 일이구려."

조선 중기에 소론의 중심인물로 우암 송시열과 대립했던 우재 조
지겸(趙持謙, 1639~1685)은 '祭亡室文'에,

"당신은 정녕 가버린 거요? 당신의 목소리는 귓가에 쟁쟁하고 당신의 모습은 눈앞에 삼삼하여 여전히 내 곁에 있는 듯한데, 어찌하여 불러봐도 대답이 없고 보려 해도 보이지 않는단 말이오. 아! 어쩌면 꿈은 아닐는지……. 아니, 내가 미치광이 바보여서 잘 모르는 건 아닐는지."

조선의 르네상스였던 정조시대의 명재상이었던 번암 채제공(蔡濟恭, 1720~1799)은 아내 정경부인 안동 권씨의 제문에,

"부부간의 관계는 오륜에도 있을 만큼 중요한 것이오……. 부모님도 늘 '우리 며느리가 참 어질다'고 하셨소. 내게 잘못이 있으면 부드러운 말로 바로잡아주고, 잘한 일이 있으면 기뻐하며 도와주었고, 잠자리에서 그냥 주고받는 이야기도 바르지 않은 것이 없었소……. 그래서 나도 늘 속으로 당신이 참 어질다며 감탄하였소."

그는 제문에 첩과 서자를 어여삐 여긴 부인에게 감사의 표현을 이렇게 했다.

"내게 두 명의 첩이 있었는데, 당신은 그들을 가까이하고 아껴 아무도 불만이 없었소. 두 사람이 아들을 하나씩 낳았을 때도 당신은 희색이 만면하여 '이 아이들은 당신 피붙이니, 내가 낳은 것과 무엇이 다르겠어요.'라고 하며 품에 안고 돌봐주었소. 그러다 한 아이가 여덟 살에 죽자 애통해하며 두 눈에 눈물 마를 날이 없었소. 첩들과 종들도 모두 '우리 주인마님은 어질다.'라고 했고, 친척들도 모두 '미동 부인은 어질다.'라고 했는데, 미동은 우리가 사는 동네 이름이었소."

그가 진정 부인에게 감사한 것을 이렇게 표현했다.

"문제가 있으면 속내를 터놓고 의논했으니, 살면서 입 벌리고 웃은 일이라곤 다 당신으로 인한 거였소. 그러니 어찌 귀신이 꺼리는 것이 사람들의 시기보다도 지나쳐 이런 즐거움까지 빼앗아 갈 줄 생각이나 했겠소."

제측실문(祭側室文)

'기유년(1609년) 7월 13일에 영옹(穎翁, 碧梧 李時發)은 측실 이낭자(李娘子)의 영전에 제사 지냅니다. 아! 자네는 나를 버리고 어디로 갔는가.'

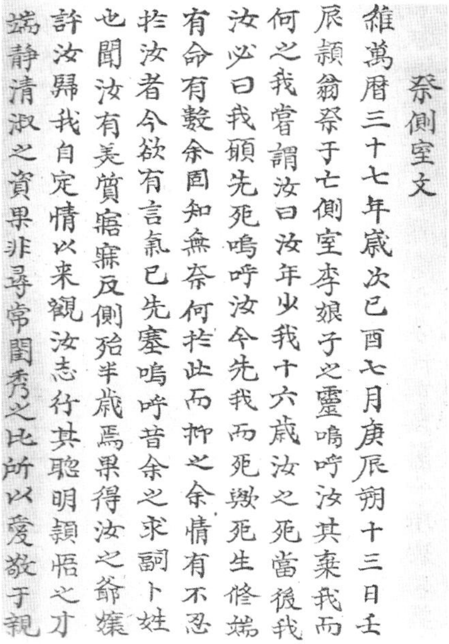
祭側室文

維萬曆三十七年歲次己酉七月庚辰朔十三日壬
辰潁翁祭于亡側室李娘子之靈嗚呼汝其棄我而
何之我嘗謂汝曰汝年少我十六歲汝之死當後我
汝必曰我願先死嗚呼汝今先我而死歟死生脩短
有命有數余固知無奈何於此而抑之余情有不忍
於汝者今欲有言氣已先塞嗚呼昔余之求嗣卜姓
也聞汝有美質寤寐反側殆半歲焉果得汝之爺孃
許汝歸我自定情以來觀汝志行其聰明穎悟之才
端靜清淑之資果非尋常閨秀之比所以愛敬于親

〈그림 21〉 제측실문

벽오 이시발(1569~1626)은 본인의 『벽오유고(碧梧遺稿)』에 제측실
문(祭側室文)을 이렇게 시작한다. 덕수 이씨 옥산 이우가 세상을 떠난
지 50일 만에, 덕수 이씨가 세상을 떠난 지 45일 만에 벽오는 덕수 이
씨의 빈소에 와서 이렇게 제사를 시작하였다.

'지난날 후사를 이어줄 사람을 구하다가 자네의 성품이 훌륭하다
는 이야기를 듣고 거의 반년을 애태워 자네 부모님(옥산 이우)께 겨
우 승낙을 받았네. 정인이 된 뒤 자네의 행실을 보니 과연 총명하고
영특한 재주와 단정하고 정숙한 자질이 보통 규수에 비할 바가 아니
었네.'

벽오의 첫째 부인 여흥 민씨가 1599년에 장남을 낳았는데, 옥산의
따님이 이보다 1년 빠른 1598년에 장남 경충을 낳았으므로, 벽오가
후사를 이어줄 사람을 구함이라는 말은 이치에 맞다. 벽오가 옥산에
게 졸라서 옥산의 따님을 첩으로 얻었다는 기록을 벽오 스스로 명백
히 밝히고 있다.

'문사(文史)에 해박한 것. 거문고와 바둑에 능한 것. 자수나 서화에
뛰어난 것들은 여사(餘社)라 할 수 있었지. 그러니 내가 자네에게 각
별한 정을 쏟은 것은 그 훌륭한 재색 때문만은 아니었네.'

문사에 능한 것. 거문고, 바둑, 자수, 서화 등에 능한 것은 여사라.
본업에는 더욱 능하다. 여사라고 생각하고 있는 이런 일들은 그 당시
로서는 관에서 국비로 정규교육을 받는 기녀(妓女)들에게나 가능하고,
기녀들도 이 중에서 일부만을 능하게 할 수 있었다. 벽오의 표현대로
라면 조선 양반가 여성 중에서는 극히 드문 경우이다. 사임당의 손녀
이자 옥산의 따님은 조모의 피를 받아 사임당에 필적하는 온갖 재능
을 가지고 있었다. 그러기에 가장 중국어를 잘하고, 중국의 한시를 꿰

뚫고 있으며, 임진년 왜란을 맞이하여 뛰어난 아이디어로 가는 곳마다 승리를 거두어 선조대왕과 명나라 장수들로부터 수많은 찬사를 받은 당대 최고의 천재인 벽오의 눈에 띄었다.

서녀이기에 사임당의 교육은 물론이거니와 옥산선생으로부터 직접 교육을 받는 것은 어쩌면 불가능했을지도 모른다. 당대의 풍류가인 옥산도 서녀의 교육에는 무신경할 수밖에 없는 당시의 사회 분위기 때문에. 그러면 누가 이런 교육을 시켰을까? 풍류가 옥산에게는 그를 사모하는 여인들, 그중에서도 양반이며 풍류가인 옥산의 말끼(경상도 사투리: 말의 뜻)를 알아듣는 解語花들이 있었다. 앞에서 소개한 수향각 원씨도 그중의 한 사람이었을까?

옥산의 따님을 낳은 분은 누구일까. 뛰어난 해어화. 그녀와 사임당의 재능을 이어받은 옥산의 따님.

옥산의 따님은 문사에도 능했다. 사임당의 재능을 일부 이어받은 큰아버지 율곡의 업적을 보면 옥산의 따님도 문사에 능했을 것이다. 누가 문사를 가르쳤을까. 이런 고급스러운 조선 최고의 여류 지식인인 옥산의 따님은 부군인 벽오로부터 재색보다 더한 매력이 있다는 찬사를 듣는다.

조선의 딸깍발이들은 문사철(文史哲)을 논한다. 문사철에 해박하면 가장 존경을 받았다. 저 유명한 허난설헌은 문사철에 뛰어났다. 너무도 뛰어나 문과에 급제한 남편을 뛰어넘었다. 그래서 남편의 미움을 받다가 친정아버지(허적)가 역적으로 몰리자 이혼을 당하고 말았다. 이혼을 당한 난설헌은 자유인이 되었다. 시선(詩仙)이 되었다. 그녀의 시는 조선에서 보다도 중국에서 먼저 알려졌다. 중국의 잘난 남성들은 그녀의 시 한 수를 읊는 것을 자랑으로 여겼다. 그녀의 시를 모른다면 문사철을 논할 수 없었다.

벽오는 왜 옥산의 따님이 문사철에도 능하였다 하지 않고 문사에
도 해박했다고만 했을까? 哲을 뺀 이유는? 철은 양반 남성의 상징이
었기 때문일까? 장인인 옥산이나 율곡의 반열에 옥산의 따님을 올리
지 않은 이유는 무엇일까?

'자네가 아이를 낳던 날 저녁. 마침 자네 아비의 부고가 이르렀네.
나는 효성이 지극한 자네가 몹시 슬퍼하다 몸을 해칠까 봐 병이 나은
뒤에 알려주려고 했는데, 자네가 결국 아비가 죽은 줄도 모른 채 죽
게 될 줄은 생각도 못했네.'

서녀는 자식이 아니었다. 아비의 부고조차 제때에 받질 못하니. 훗
날 존경받은 양반으로, 풍류가로 반듯한 삶을 살았던 벽오가 존경하던
첩의 아버지인 율곡의 동생 옥산의 죽음을 가벼이 여기진 않았을 것
이다. 자식을 낳는 첩의 마음을 생각하여 부고를 알리지 않았다? 결국
아비가 죽은 줄도 모르고 옥산의 따님은 세상을 떠났다. 정말일까?

'자네가 많이 아플 때 마침 사신이 국경에 와 있어 나는 그들을 접
대하느라 분주해 자네를 돌볼 수 없는 것이 매우 한스러웠네.

자네는 내가 떠난 지 3일 만에 결국 숨을 거두고 말았네.

시신을 어루만져주지도 못했네. 모든 장례절차를 자네가 알지도
못하는 사람들 손에 맡기고 말았으니.

나는 자네가 죽고 12일이 지나서야 의주에서 돌아왔네.

아비, 자네, 그리고 자식, 해가 차례로 두 달 사이에 3대가 모두 죽
었으니, 하늘은 어찌 이렇게 혹독한 화를 내린단 말인가.'

'아! 자네의 관을 고향으로 보내 새로 잡은 장지에 묻고 훗날 나도

함께 묻혀 평소 자네의 소원을 저버리지 않을 생각이네. 그러나 과연 생각대로 될는지.

또 하인들을 시켜 자네 무덤을 지키게 하고 3년 동안 향불이 꺼지지 않게 해주려 하는데, 자네는 아는지 모르겠네.'

옥산의 따님은 아버지의 죽음과 그동안 아프던 자식의 죽음을 모른 채 죽었다. 떠난 지 15일 만에, 옥산의 따님이 죽은 지 12일 만에 남편이 돌아왔다. 첩이기에 몇 달씩이나 걸리던 장례도 며칠 만에 끝났다. 첩은 무덤조차 남지 않는다. 물론 특별한 경우에는 예외도 있지만. 정인의 처를 괴롭힌 죄 때문일까?

"과연 생각대로 될는지."는 무슨 의미일까? 관습이나 선례를 따를 경우에 그렇게 할 수 없을 것 같아서? 자신이 없어서? 당시에 첩의 산소가 제대로 있기나 했는가? 그래서 생각처럼 할 수 없을 것 같았을까? 그래도 산소가 없음을, 산소가 보전되지 못함을 아쉬워 마소서. 어차피 자연으로 돌아가는 것이 아닌가.

고향으로 보냈는지는 확인되지 않으나, 지금은 산소조차 사라졌다. 자연으로 돌아간 것이다. 여흥 민씨와 함께 벽오는 묻혀 있다. 현재의 충북 진천군 초평면에 그의 부모가 묻힌 바로 아래에. 옥산의 따님의 13대손인 이재정 장관의 힘으로 벽오의 아버지인 오촌공(양위)과 벽오공(벽오, 신씨)의 묘소를 쌍오라 하여 새로 단장하였다. 벽오는 약속을 지키지 못했다. 애초에 지키지 못할 약속을 했던 것이다. 그의 염려대로.

[이재정 장관은 병자호란에서 산화한 옥산의 따님의 둘째 아들이자 그의 12대 조부인 참의공(이경선), 이괄의 난을 평정한 그의 13대 조부인 벽오공(이시발) 및 고종의 헤이그 밀사사건에 관련된 집안의

이상설 열사, 이 세분을 중심으로 충북 진천군을 충절의 고장으로 지정하는 데 앞장섰다. 참의공 묘소는 이상설 열사 기념관이자 생가 바로 앞에 있는데, 그 묘소 하발지에 이장관의 고조부모 묘소가 있다. 옥산의 따님 묘소는 존재하지 않기에 참의공 묘소에서 잔을 올린다고 한다.]

'아! 이제 다 끝났네그려. 자네의 그 낭랑한 목소리도 더는 들을 수 없고, 아름다운 모습도 볼 수가 없네그려. 그런데 말소리는 아직 귀에 쟁쟁하고, 얼굴도 눈앞에 선하다네. 아! 내게 귀가 있고 눈이 있는 한 잊을 수 있을지 모르겠네. 이제 꿈에서밖에 자네를 만날 수 없는데, 자네가 죽은 뒤로 아직 한 번도 만나보지 못했네. 어쩌면 그리도 무정하단 말인가. 영혼이 갈 곳을 모르는 채 떠도느라 그런 건 아닌지.'

'아! 10년간의 우리 행복은 눈 깜짝할 사이였는데, 사별의 슬픔은 끝이 없네그려. 행복한 순간은 어찌 이리 짧고, 슬픔은 어찌 이리도 길단 말인가.'

당대의 천재 벽오는 옥산의 따님이 죽은 지 12일 만에 돌아왔지만, 이로부터 40여일 후에 이 제문을 지었다. 무슨 일이 있었기에.

그대 있음에

400년의 시간은 길지 않았고, 짧지 않았습니다.

연어가 태어난 곳을 잊지 못해서 되돌아가는 것처럼 그도 돌아갔습니다.

그를 이 세상에 있게 한 그대를 만나기 위해 그는 그대의 체취를 흠뻑 들이마십니다.

고향으로 돌아가려고 준비하는 연어들처럼.

그대의 체취는 강 입구에 가까워올수록 진해질 줄 알았습니다.
그런데 여기저기서 흘러 들어오는 강물이 자꾸만 방해를 합니다.
내뿜는 냄새와 맛이 강물 간에 차이가 없어서 출발할 때 기억해두
었던 맛은 머릿속 깊숙한 곳에서 아물거리기만 했습니다. 이것인지
저것인지 명확하지 않습니다.

연어가 그랬던 것처럼.

그대의 체취와 흔적은 거슬러 올라가는 세월의 깊이에 비례해서
점점 흐려만 갑니다.
자꾸만 흐려집니다.
더 깊은 세월로 들어갈수록 머리는 혼미해지고 살이 마릅니다.
점차로 야위어 갑니다.
급기야는 피골이 상접하려 합니다.
이제 겨우 흐릿하지만 그대의 그림자 같은 모양이 들어옵니다.
피골이 상접하고서야 겨우 그대의 그림자 같은 실체를 봅니다.

상접한 피골을 그대 속으로 밀어 넣습니다.
피골은 그대 속에서 녹아나 흔적을 지워버립니다.
그대를 느낍니다. 그대를 봅니다. 그대를 만집니다.
그대는 거기에 있습니다.
그를 있도록 만든 그대가 여기에 있습니다.

그대 있음에
내가 있습니다.
즐겁습니다. 기쁩니다. 행복합니다.
자랑스럽습니다. 그대 있음이.
그대 있음을 남겨놓으신
그대를 찾을 수 있도록 해놓으신
400년을 찾도록 만들어놓으신
그대 있음에
내가 있습니다.

참고문헌

1. 『조선왕조실록』.
2. 『국조방목』, 서울대학교 출판부, 1971년.
3. 경주 이씨 익제후 오촌공파보.
4. 덕수 이씨 옥산공파보.
5. 광산 김씨 문정공파보.
6. 이능화 저, 김상억 옮김, 『조선여속고』, 동문선, 1990년.
7. 『재사당일집』, 이문사, 소화 14년 발행.
8. 『벽오유고』 춘하추동.
9. 김집 저, 양홍렬 역, 『국역 신독재전서』, 민족문화추진회, 1999년.
10. 『진무원종공신록』, 영남대 소장.
11. 이문호, 『한국역사를 뒤흔든 여성들』, 도원미디어, 2001년.
12. 김지용, 김미란 역저, 『한국 여류 한시의 세계』, 여강출판사, 2002년.
13. 정창권, 『홀로 벼슬하며 그대를 생각하노라』, 사계절, 2003.
14. 이이효재, 『조선조 사회와 가족』, 한울 아카데미, 2003년.
15. 유미림 외 옮김, 『빈방에 달빛 들면』, 학고재, 2005년.
16. 이석정, 박채양, 최주대, 『조상을 잘 모셔야 자손이 번성한다』, 브레인북스,
     2007년.
17. 이석정, 『음택풍수기행』, 영남대 출판부, 2006년.
18. 이은상, 『사임당의 생애와 예술』, 성문각, 1962년.
19. 정옥자, 『우리선비』, 현암사, 2002년.
20. 이능화 저, 이재곤 옮김, 『조선해어화사』, 동문선, 1992년.
21. 김형수, 『율곡일가의 여류예술에 대하여』, 여성문제연구 1권, 대구가톨릭
     대학교, 1971년.

두 번째 이야기,

그리움은
글이 되어

1. 조선에 없는 손자

　조용한 산골 마을에 갑자기 고함소리가 울렸다. 조선(朝鮮)에 없는 손자를 누군가가 건드린 모양이었다. 그 손자의 조모께서 무엇이 언짢은지 동네 앞 나무다리 위에서 고함을 지르고 계셨다. 할머니 앞에는 조금은 젊은 새댁이 연신 고개를 조아리며 잘못했노라고 빌면서 다시는 자신의 아들이 당신 손자의 털끝이라도 건드리지 않도록 하겠다고 거듭거듭 약속하였다. 할머니는 자그마하다 못해 마을에서도 제일 키가 작은 편으로 140cm 내외로 보였다. 마른 체격에 언제나 날씬한 몸매로 단정한 차림을 하고 계셨다. 이분이 그의 조모님이었다.

　그의 조모님은 이 마을 바로 아래에 있는 민속촌인 개실 마을이 친정으로, 그녀는 조선 중기의 유명한 학자인 점필제 김종직의 후손이었다. 점필제는 영남사림의 거두로, 조선 연산군 때 '조의제문'으로 발단이 된 무오사화와 갑자사화에서 화를 입은 학자로, 그의 후손들은 이곳에서 300여 년간 살아왔다. 그녀는 이곳에서 태어나 2km 떨어진 바로 윗마을의 경주 이씨네 둘째 며느리로 시집을 왔었다.

　조모님은 참을성이 있고, 강한 분이시지만 화를 내면 어느 누구도 감당할 수 없었다. 15살에 5살 연하인 조부와 결혼하여 알뜰하게 살다가 그녀가 38살일 때 불의의 교통사고로 조부가 세상을 떠나자 아직 초등학교에 다니는 아들을 비롯해서 두 살배기 아들까지 4형제를 키워야 하는 험난한 삶을 개척해야만 했다. 조부의 형제는 4남 1녀인데, 조부는 셋째이자 2남으로 태어났다. 증조모는 강진 안씨로 막내 며느리이지만 언제나 근검절약하였다. 그래서 산골인 이곳으로 이사하여 당대에 100~200석을 일구는 솜씨를 발휘했는데, 면에서 가장 부자라는 소리를 들을 수 있었다. 그렇지만 2남~4남에게는 논 1,000평, 밭 200평만으로 살림을 내었다.

그러하기에 그의 조모는 이제 한창 열심히 일해서 겨우 허리를 펴려는 찰나에 조부께서 변을 당한 셈이 되었다. 일제 해방 직후라 아이들 키우는 데 드는 돈은 물론이거니와 5식구가 먹고 살 양식을 마련하는 것도 젊은 아낙의 몸으로는 힘겨웠다. 자연히 시어머니와 형님 댁에 의존하려는 마음이 생길 수밖에 없었겠지만, 그녀는 이를 과감하게 뿌리쳤다. 스스로 계획하고, 일하여 자신의 삶을 개척하기 시작했다.

초등학교를 졸업한 그녀의 장남은 그때 마침 설립한 군 소재지의 중학교에 입학했다. 입학금이 문제였다. 여유가 많은 큰댁에서는 그 대구로의 유학도 여반장이었지만, 애들만 넷이나 있는 과부로서는 감당하기 어려웠다. 큰댁의 도움을 청했지만 여의치 않아 친정에 도움을 청하여 간신히 입학금을 마련하였다. 또 다른 문제는 군소재지에서 자취를 하는 데 들어가는 비용이었다. 그래서 중고 자전거를 하나 사서는 30리 길을 자전거 통학으로 3년을 다니게 했다. 수많은 우여곡절 끝에 중학교를 졸업한 후에 교사자격 검정시험을 통해서 초등학교 교사가 되었다. 그러다 1년 남짓 지난 후에 초등 교사들을 상대로 한 대구사범학교의 연수과 과정을 거쳐 대구사범 출신으로서 정식으로 초등학교 교사로 근무하기 시작하였다. 그는 20세부터 65세까지 무려 45년간 초등교사, 장학사, 교감, 교장 등을 거쳐 정년퇴임한 후 1년 뒤에 암으로 세상을 떠났다.

형편이 여의치 않아서 차남은 초등학교 입학을 하지 않았다. 항상 병약하여 학교에 다닐 수 있는 체력이 되질 못하여 모친을 도우면서 농사를 지어왔는데, 이제는 자신의 형제 중에서 가장 건강한 편이며, 우직하고 순박한 품성을 지니고 있다. 3남은 초등학교 졸업 후에 중학교 입학까지 하였으나, 진학하지 못했다. 장남보다 먼저 태어난 장녀를 15살에 시집보냈는데, 찢어지게 가난한 사위가 6·25 때 군에 징집당하게 되자, 3대 독자인 사위의 징집연기를 위해 3남의 중학교 등록금을 써버렸기 때문이다. 그래서 3남도 시골에서 농사를 지었다. 4남은 철부지로 자랐지만 상업고등학교를 졸업하고 은행에 취직하여 남부럽지 않은 사회 출발을 할 수 있었다.

항상 자식을 키우느라 경제적으로 쪼들리다 보니 주위를 둘러볼 힘이 조모님에게는 없었다. 그래도 양반가 후예답게 시부모님께 정성을 다하여 언제나 시어머니의 사랑을 독차지했는데, 시부모 입장에서는 청상이 된 며느리가 안쓰럽고 가엽기도 했을 것이다. 아침에 일어나면 큰댁에 가서 기본적으로 해야 할 여러 가지 일을 마친 후에 집으로 돌아와서 아이들을 거두고, 집안일을 했다. 아무리 해도 나아지지 않던 살림살이가 장남이 초등교사로 근무하면서 조금씩 풀리기 시작했다. 그래도 천성적으로 부지런함 때문에 일상은 원래의 굴레에서 벗어나질 않았다. 이때 보다 못한 시누이가 재(고개)너머의 시댁

동네에서 며느리 후보를 추천하여 장남과 혼인하고 1년 6개월 후에 손자가 태어났는데, 그가 바로 조선에 없는 손자이다.

쌀 다섯 되

조모님은 키가 아주 작고, 체격 또한 왜소하였다. 태어난 친정은 여유가 없었지만 시골에서 정미소를 할 정도이고 보면 극빈층은 아니었다. 어릴 때부터 잘 먹질 않아서 15세에 시집올 때까지 먹은 쌀이 5되를 넘지 못하였다. 식사 때는 아주 조금씩 겨우 몇 숟갈을 물에 말아서 드시는 게 전부였다. 그가 중학교에 다닌다고 대구로 나오기 전까지 그와 조모님은 항상 겸상을 하여 식사를 하였다. 조선에 없는 손자로서. 언제나 밥상에서 가장 좋은 반찬과 가장 좋은 쌀밥으로 차려진 조모님의 겸상은 그의 집에서 최고였지만, 그것은 항상 조모님의 것이 아닌 그의 것이 되었다. 그렇게 조모님은 식사를 거의 하지 않으셨다. 그래도 언제나 좋은 기분으로 식사를 하셨다. 조선에 없는 손자인 그가 잘 먹는 걸 볼 수 있으니까. 조모님께서 식사를 잘 못하시는 걸 며느리들은 언제나 걱정했지만 소용없는 일이었다. 적은 식사와 과다한 노동으로 인해 조모님에게서는 군살이라고는 찾아볼 수 없었다.

그의 집에는 여유가 전혀 없었다. 큰댁은 언제나 경제적으로 여유가 넘쳐났다. 마을에서는 물론이거니와 군에서도 다섯 손가락 안에 드는 큰 부자로 소문이 나 있었다. 그러나 이렇게 어려운 동생 댁의 형편에도 부유한 큰댁에서는 눈길조차 주지 않았다. 오히려 빈틈을 보이면 무슨 일이 일어날지 예측을 할 수 없었다. 빈틈이 보일 듯할 때 조모님은 긴장했다. 먹지 못한 얼굴에 생존에 대한 강한 집념까지

가지셨으니. 방어를 위한 확실한 전략과 전술을 스스로 세우셨다. 쌀 5되의 힘을 조부님 사별 후에 모조리 소진하셨는지 70세로 운명하실 때는 병치레 한 번 없었다. 저녁 식사 후에 큰며느리의 무릎에 누워 조용히 숨을 거두셨다.

어려운 살림살이 때문에 자식들을 제대로 키우지 못한 미안함으로 조선에 없는 손자에 대해서는 온갖 정성을 다하였다. 식사는 항상 겸 상이고, 어딜 출타하실 때는 언제나 데리고 다니셨다. 마치 손자가 그 녀의 부속품이기라도 한 것처럼. 한번은 조선에 없는 손자가 아파서 재 너머에 있는 침놓는 할머니에게 다녀온 적이 있다. 손자를 치료한 후에, 재를 다시 넘어오다가 조모님은 허기를 만나 쓰러지셨다. 30kg 남짓의 왜소한 40대 아낙이 20kg 이상 되는 손자를 등에 업고 한여름 에 고개를 넘고 넘었으니. 건강한 사람도 지칠 판인데, 쌀 5되밖에 먹 지 못한 몸으로 무거운 손자를 업고 높은 고개를 넘는다는 게 말이나 될 법한가. 고갯마루에서 쓰러지고 말았다. 몇 시간이나 지났을까. 다 시 눈을 뜬 후에 손을 뻗어 솔잎을 한 움큼 따서 입에 넣어 씹으신 후에 간신히 정신을 차린 후에 겨우겨우 집으로 돌아왔다. 쌀 5되의 위력은 이렇게 대단하였다.

해거름의 목탄차

30대 초반인 그의 조부는 매우 건장하였다. 180cm 정도의 키에 젊 은 혈기를 가진 부잣집 둘째 아들. 책상물림인 형님과는 달리 부지런 히 몸을 움직여 자신만의 삶을 개척하는 그의 성실함은 이미 온 동네 는 물론이거니와 근동에서도 소문이 자자하였다.

〈그림 22〉 소달구지와 목탄차

부잣집 둘째 아들의 근면함.

이것은 분명 많은 사람들의 관심사가 될 법하였다.

일찍 결혼하여 이제 6남매나 두었으니, 가장으로서의 책임감은 물론이거니와 주위의 시선도 의식할 수밖에 없었다. 자식들이 무럭무럭

자라 큰 아이는 상급학교로 진학할 때가 되었다. 자신이 그토록 하고 싶던 공부를 자식들이라도 할 수 있도록 경제적으로 준비하기 위해서 주위의 많은 사람들에게 청을 넣어 어렵사리 산판 허가를 얻었다. 무슨 일이 있는지 형님은 산판 허가를 반대하셨다. 형님이 딴죽을 거는 바람에 예정보다 긴 시간이 흐른 후에야 허가가 났다. 산에서 일할 채비를 갖추는 데만 하루 종일을 썼다.

산판일을 하는 날.

여느 때보다 더욱 일찍 일어나 집 안 청소를 한 후에 이른 조반을 마치고 산으로 출발하였다. 막 일을 시작하려는 참에 산 아래에서 큰 댁의 머슴이 자신을 부르면서 헐레벌떡 산 위로 올라오는 게 보였다.

'형님이 산판일을 도와주려고 머슴을 보냈나? 별일이네.'

형님께서 산판일을 중지하고 장에 가서 한 달 후에 시작할 집수리를 하는 데 필요한 못이랑 연장을 사오라고 시키셨단다.

산판 연장을 급히 챙겨 들고 집으로 내려왔다. 형님 댁에 들리니 머슴의 전갈과 같은 말씀을 하신다. 집에 돌아오니 조모님이 놀란 눈치다.

"뭔 일로? 연장을 두고 갔소?"

"형님이 장에 갔다 오라고 하시네."

"뭣 땜에?

"집수리하는 데 쓸 걸 사오라 하시네."

"집수리는 한 달 후라 카던데."

"미리 준비한다네."

"다음 장이나 합천 장에서 사면 되지. 다음 장에 갔다 오이소."

"그랬는데, 굳이 오늘 갔다 오라 하시네."

"안되는구마. 오늘은 산일이나 하고 며칠 있다가 합천 장에 갔다 오이소."

"한번 주장하면 안바꾸시는 기라."

"그래도 오늘은 내 말대로 하면 좋겠네."

그리곤 이내 포기하고

"돈은 받았소?"

"장작 내다 팔고 그 돈으로 사오지 뭐."

"돈도 안 주고, 일도 못하게 하고. 사리에 안 맞다."

"그만 하시구려."

장에 내다 팔 장작을 소달구지에 싣고 장이 서는 고령 읍내로 조부 님은 떠나셨다.

조모님은 언짢은 기색을 감추지 못하면서,

"조심해서 다녀오소."

이것이 조모님이 조부께 던진 마지막 말이었다.

실한 장작에 비해서 값이 싼 그의 장작 짐은 순식간에 팔려나갔다. 읍내 사람들은 산골에서 온 장작 없이는 방 안에 온기조차 마련할 수 없었다. 그래서 몇몇 집에서는 아예 줄을 대놓고 땔감을 구하기도 했 다. 고령읍도 비교적 부유한 곳이라서 땔감 판매는 그리 어려운 일이 아니었다.

장작으로 마련한 돈을 챙겨 들고 형님이 시킨 집수리하는 데 필요 한 물건들과 연장들을 사 모아서 달구지 한편에 두었다. 아내가 이야 기한 한마디가 거슬리기는 했다.

"당장 급한 일도 아닌데 아직 두어 달 후의 일을 시키나. 산판일은 때를 놓치면 안되는구마."

그래도 기분 좋게 귀가를 서둘렀다.

장에서 집으로 삼 분의 일쯤 왔을까. 삼거리를 지나자마자 해가 서산에 반쯤 걸려 그림자를 길게 드리우더니 이내 산 아래로 쏙 빠져버렸다. 해거름이 들기 시작했다. 양력 11월 초는 동지가 코 밑이라 해가 짧고 저녁 바람이 제법 차기까지 하였다. 조부님의 소달구지 앞으로는 5일장에 다녀오는 달구지 몇 대가 신작로 한옆에서 줄을 지어가고 있었다. 소의 목에 달려 있는 풍경이 각자의 소리로 딩~, 둥~ 하면서 구슬픈 소리를 내고 있었다. 길을 걷느라고 힘에 겨워 내는 소리인 양 들려왔다.

오늘은 그래도 기분이 좋았다. 장작값도 제법 후하게 받았고, 형님이 마음에 들어 할 연장도 사고 하여 하루 마감 치고는 그런대로 운이 좋은 날이었다. 특히 학교엘 다니는 장남 선이의 공책도 한 권 샀다. 몸은 약하지만 경우 바르고 예의 발라 할머니의 사랑을 독차지하고, 공부도 곧잘 하여 학교 선생님의 사랑도 듬뿍 받는다 하니, 선이 생각만 해도 기분이 좋았다. 큰집 조카들에게는 미안한 일이기는 하지만. 눈에 넣어도 아프지 않을 토끼 같은 네 아들. The apple of his eye. 바로 그것이었다. 조부께서 겨우 15살일 때 태어난 딸은 태어날 때부터 부끄러웠다. 너무 부끄러워 본인의 호적에 넣지도 못하고 형님의 호적에 등록했다. 미안하긴 하지만, 너무 부끄러워서. 몇 년 전에 재너머의 전씨네로 시집을 보냈는데, 15살에 아들을 낳는 바람에 그의 나이 서른셋도 되기 전에 외할아버지가 되어버렸다. 이 핏덩이 외손자 덕에 너무 젊은 나이에 외할아버지가 된 것도 부끄럽고 부끄러웠다. 어쨌든 오늘은 기분 좋은 날. 내일부터 산판일을 해서 선이 학자금을 마련해야지. 이런저런 생각을 하고 있는데, 그만 뒤에서 "꽝" 하고 모든 생각을 끊어버렸다.

군에서 운영하는 위생차였다. 나무를 때서 움직이는 목탄차. 운전이 미숙한 운전기사가 핸들조작 미숙으로 달구지 행렬의 제일 뒤쪽을 그만 받아버렸다. 조모님의 세상이 무너져 내리는 순간이었다. 긴 시간이 필요하지 않았다. 찰나가 만든 인생.

조모님의 의관

왜 말리지 못했을까?
원망하고 격려하는 몸짓으로 허우적거리기만 하는 암흑 같은 인생이 시작되었다.
항상 죄인으로 살았기에 남을 원망할 필요는 없었다.
교통사고 보상금이라고 나왔다. 쳐다보기도 싫은 것. 남편의 목숨과 바꾼 돈. 원수 같은 돈이 나왔다. 어떻게 관리해야 할지 몰랐다. 자식들은 어리고, 큰 시숙은 믿을 수가 없고. 그래서 시어머니와 상의를 했다. 별 뾰족한 수도 없지만. 슬픈 결론은 시숙을 믿을 수밖에 없다는 것이었다. 그래서 간절히 부탁드렸다. 시숙에 대한 원망은 속으로 감추고.
"애들 아부지의 모두 입니더. 애들 학비에 쓸 겁니더. 잘 간수해주이소. 믿습니더."
믿을 수 없기에 믿겠다고 말했다.
지켜내지 못한 자책감 때문에 믿겠다고 했다.

〈그림 23〉 정경부인의 의관

남편의 생명을 앗아간 단초를 제공한 사람을 믿는다고 했다.

장남인 선이 중학교에 합격했다. 좋은 성적으로. 큰 시숙에게 찾아
갔다.

"선이 입학금을 내야 합니더. 내일 선이를 학교로 보낼라 캅니더."

"제수씨. 돈이 하나도 없어요."

"뭐라 캤습니꺼."

"제수씨 돈, 선이 돈. 하나도 없어요."

"왜?"

"누가 돈을 빌려달라고 해서 빌려줬더니, 사기를 당해서 한 푼도 못 받았어요. 그래서 돈 없어요."

"사기당한 돈은 내 끼 아이고, 아주버님 돈이니, 내 돈 내놓이소."

"없다 카이."

"내 돈이 아니라 선이 애비 목숨 값이니 퍼뜩 내노이소."

"없는데 뭐라 카노."

결국 돈을 받질 못했다. 면에서 최고 부자인 시숙한테 애비 목숨 값을 홀라당 뺏겨버렸다.

죄인입니다.

나는 죄인입니다.

남편의 목숨을 빼앗긴 죄인입니다.

조모님의 목소리는 커져갔다.

한 우스갯소리가 있다.

'이 세상에서 가장 무서운 사람은?'

'조폭, 맹인(보이는 게 없어서), 과부(볼 것 없어서)'

결국 이 세상에서 가장 무섭고 겁이 없는 과부 신세가 된 조모님.

목소리가 커진 조모님.

이런 때에 그가 태어났다. 조선에 없는 손자가.

그녀의 암흑 인생에서 장막이 걷히는 순간이었다.

조선에 없는 손자.

그는 그녀의 장신구이며, 자신의 일부이며, 인생의 모두였다.

먼 훗날, 70세를 넘긴 삼촌에게 그는 물어보았다.

"왜 조모께서 외출 시에 항상 저를 데리고 다니셨나요? 덩치가 다 자라 도저히 업을 수 없을 때까지 휘청거리며 저를 업고 다니셨는지 도저히 이해가 안 됩니다."

"조모님께 너는 손자가 아니라 의관이다."

몸에 두른 옷과 머리 위에 쓰는 모자인 의관.

왜 의관으로 생각하셨을까?

머리와 몸을 감추기 위해서.

부끄러움을 감추기 위해서.

죄책감을 감추기 위해서.

그래 나는 조모님의 의관, 조모님을 치장하는 의관, 조모님의 부분인 의관.

바로 그것이었다.

경우 바른 불 칼

그의 조모님은 불 칼이었다. 불같고 칼 같은 성품에 강한 의지, 뛰어난 기억력, 엄청난 총기 그리고 지혜, 끝없는 베풂. 이것이 그가 기억하는 조모님의 전부이다. 정직하고 경우 바름으로 인해 자주 시숙인 그의 백조부와 시비를 했다. 시비의 승자는 언제나 조모님이었다. 백조부는 욕심을 약간 가지신 분이었다. 그 많은 증조부의 재산을 거의 독차지하셨고, 그도 모자랐던지 주위와 잦은 시시비비를 만들었다.

형편이 조금 나아지려는 기미를 보이자 조모님은 살던 집을 처분하고 큰댁 바로 옆에다 집을 새로 손수 지어서 이사를 했다. 자그마

하지만 큰댁 바로 옆이라서 의지도 되고 편안했다. 그런데 하필이면 백조부가 거처하는 바깥사랑채와 조모님 집이 바로 붙어 있었다. 집에서 일어나는 일은 백조부께서도 바로 짐작할 수 있는 바로 옆이었다.

가끔은 아침 식사 도중에 백조부께서 조모님 집으로 건너오시는 일이 있었다. 사립문이 열려 있는 대문을 통과하는 데는 1초도 걸리지 않았다. 문을 통과하는 순간 백조부의 고성이 터져 나온다.

"제수씨 있습니까."

순간 백조부의 조카이기도 한 그의 삼촌들은 혼비백산하여 맨발로 마루 아래의 마당까지 뛰어 내려가 백조부께 아침 문안인사를 크게 외친다.

"큰아버지, 진지드셨습니까?"

백조부는 조카들의 인사에는 대꾸도 없이 집 안으로 냅다 소리를 질렀다.

"무어라 무어라 무어라 무어라."

"……."

조모님의 무언,

"무어라 무어라 무어라 무어라."

"방으로 올라와서 조용히 이야기 하이소."

"무어라 무어라 무어라 무어라."

"……."

"무어라 무어라 무어라 무어라."

"방으로 올라와서 조용히 이야기 하이소."

"무어라 무어라 무어라 무어라."

조모님은 불시에 앞에 있는 밥상을 마당에 서 계시는 백조부의 얼굴을 향해 냅다 던져버렸다.

쌩- 하는 바람 소리와 함께 백조부님의 퇴장.

이렇게 하여 조모님의 완벽한 KO 승.

이런 장면을 숱하게 보면서 자라온 그는 조모님의 강건함과 경우 바름을 몸에 익힐 수밖에 없었다.

백조부님은 마을에서 제일 무서운 분이셨다. 그는 백조부님의 눈을 한 번이라도 제대로 쳐다본 적이 없다. 그가 초등학교엘 입학하던 해의 초봄에 백조부께서 세상을 떠나셨다. 그때 연세 55세.

경우 바른 불 칼은 누구에게나 휘둘렀다. 며느리는 물론 아들, 동네 사람들, 하물며 타지의 사람들에게도.

경우 바르지 못한 행동을 하는 모두에게.

당신의 심기가 어느 수위에 오르면 내휘둘렀다. 아마도 조모님이 청상으로 많은 자식을 키우고, 그리고 천금 같은 손자를 키우기 위해 세상을 향해 내민 최후수단의 방어가 아니었을까?

경우 바른 불 칼은 새우 등이 터지게도 했다. 그가 초등학교 1학년 여름방학 때였다. 6살 위인 그의 개구쟁이 막냇삼촌이 떼를 쓰면서 젊은 큰형수를 괴롭혔다. 마음이 여린 큰형수는 어쩔 줄을 몰라 했다. 오전 11시에 시작된 떼쓰기는 급기야 점심시간에까지 연장되었다. 온 가족이 모두 모여 대청마루에서 국수와 삶은 감자로 점심을 먹는 중에도 돌출되었다.

뭔가를 해달라는 막냇삼촌의 요구와 조모님의 허락이 필요하다는 큰형수의 답이 수차례 오갔다. 막냇삼촌을 친자식처럼 달래거나 돌보는 것은 전적으로 큰형수인 그의 모친이 맡은 중요한 일이었다. 왜냐하면 조모님은 조선에 없는 손자가 태어난 이후로 전적으로 그에게만 관심을 가졌기 때문이었다. 그의 모친은 막냇삼촌의 큰형수이자 엄마나 마찬가지였다. 이날도 그는 조선에 없는 손자로서 조모님과 겸상하여 점심을 들고 있었다. 조모님과 그는 국수와 감자를 싫어하여 밥을 먹고 있었다. 그의 모친은 어린 시동생에게 조용조용한 목소리로 조모님께 허락을 받아오라고 하였다. 그녀가 판단할 수 있는 권한 밖의 일이므로. 그리고 마지막으로 한 번 더 막냇삼촌이 조르는 순간 갑자기 점심 밥상이 공중을 날랐다. 참다못한 조모님은 가끔씩 막내아들의 버릇을 이런 식으로 고치곤 한다.

그런데 하필이면 그날 아침부터 장대비가 내려 집 마당에는 빗물이 흥건히 고여 있었다. 쨍그랑과 우지직 소리는 거의 1초 차이로 그의 귀를 후벼 팠다. 마당 바닥에 깨진 사발이며 종지들이 나뒹굴었다. 그의 모친의 용서를 비는 목소리와 울음, 네가 잘못한 것이 아니라는 조모님의 목소리는 더 이상 그의 귀에 들어오지 않았다.

궂은 날씨로 기분이 언짢았던 조모님의 심기를 막냇삼촌이 심각해진 뇌관에 불을 붙여 결국 폭발하고 만 것이다. 울적해진 조모님은 방으로 들어가 누우시고는 잠을 청해버렸다. 점심은 이제 파토가 나고. 마당 청소나 해야 할 판이었다. 모든 가족이 각자의 위치로 흩어진 후 남은 뒤치다꺼리는 결국 그의 모친과 그의 몫이 되어버렸다. 나중에 낮잠에서 깨어나서 이 사실을 아시게 된 조모님은 괜한 사람 잡았다고 후회하셨다.

손자밖에 모르시다

　조선의 손자가 태어난 후로도 큰며느리인 그의 모친은 내리 손자 둘을 너 낳았다. 그때마다 조모님의 입가엔 미소가 가득하여 열린 입을 다물 줄을 몰랐다. 그러다 둘째 아들이 결혼을 하였다. 약간은 신식으로 하여 소위 '신불이'식으로 결혼식을 했다. 중매쟁이를 통해서 양가의 가장 높은 어른들로부터 결혼 승낙을 받아야 하는데, 그의 집에서는 그의 큰할아버지가 쉽게 허락하셨고, 신부 댁에서는 신부의 할머니가 수월하게 허락하셨기에 둘째 아들은 빌 문제 없이 장가를 가실 수 있었다. 신부 댁에서 삼촌 내외는 결혼식을 한 후에 3일간 머물다 그의 집으로 소위 신행을 왔다. 신부가 시댁에 오던 날 새색시의 얼굴을 보기 위해서 신부를 위한 공간인 집에서 가장 작은 방에 그의 작은 몸을 구겨 넣었다. 집에서 가장 작은 방인 이곳은 그의 조모와 그가 거처하는 안방 옆에 있었는데, 안방 옆에 있는 부엌 겸 정주간의 일부에 붙어 있었다. 너무나 작아서 신혼부부가 서로 몸을 눕히면 갓난아기 하나가 겨우 누울 수 있는 공간이 생길 정도로 폭이 좁았다. 그는 작은엄마의 예쁘고 고운 얼굴을 보기 위해서 작은 방에 가득한 동네 아줌마들 틈을 비집고 들어갔다. 신부가 낯선 곳에 처음 오면 몸 둘 바를 모르기 때문에 비슷한 나이의 집안 처녀나 시집온 사람 몇을 '대반'이라 하여 하루 동안 같이 있으면서 말동무가 되도록 하였는데, 동네 아줌마 하나와 집안의 고모와 젊은 아지매(집안의 시집온 아줌마) 등 3명이 대반을 하고 있었다. 그는 이 중에서 새색시에게만 관심이 있었다. 하얀 분을 바른 꽃다운 열아홉 살의 작은 엄마가 신기한 동물로 보이는가 하면 장난감처럼 보이기도 했다. 그런데 그는 아직도 제 앞가림을 제대로 못하는 6살에 지나지 않았다. 좀 더 자세히 예쁜 얼굴을 보려고 누런 코를 달고 있는 꾀죄죄한 얼굴을 신부의 턱밑에 들이대었으니 신부는 몸 둘 바를 몰랐다. 아직 철이 없는 그는 신부가 얼마나 괴로워하는지 몰랐다. 신부는 당시 시골에서는 보기 힘든 핸드백에서 향기로운 냄새가 나는 예쁜 손수건을 꺼내어 조카가 될 그의 누런 코를 닦아주었다. 그때 그가 맡았던 그 상큼한 향기를 그 이후에는 단 한 번도 맡지 못했다. 이 예쁜 작은엄마가 어느 날 갑자기 사라졌다.

신작로로 시오리나 되는 학교까지의 먼 길은 초등학교 저학년인 그에게는 때로는 즐거움과 기쁨을 선사하기도 하지만, 슬픔이나 괴로움을 안기기도 했다. 어느 날 학교에서 돌아와 보니 예쁜 작은엄마가 사라져버렸다. 슬펐다. 그리고 계절이 바뀌고 바뀌는 사이에 예쁜 작은엄마는 그의 기억 속에서 사라져버렸다. 이듬해 새봄이 왔을 때 학교에서 돌아온 그는 시끌벅적한 집안 분위기에 영문을 몰라 했다. 그렇지만 숨을 채 10번도 쉬지 않았을 때 그 이유를 알아냈다. 사라졌던 예쁜 작은엄마가 귀여운 아기를 안고 금방 집으로 온다는 사실을. 채 30분이 지나지 않아서 정말로 작은엄마가 예쁜 아기를 안고 집 안으로 들어섰다. 작은아버지는 싱글벙글하였다. 그런데 조모님의 얼굴은 영 아니었다. 애기 얼굴을 쳐다보시지도 않았다.

그는 몰랐다. 조모님이 얼마나 손자만을 좋아하시는지를. 조모님은 손자만 안아주셨다. 그는 그걸 몰랐다. 그리고 조모님이 왜 그러셨는지 이유도 몰랐다.

한참 나중에 적어도 10여 년이 흘렀을 때 조모님 입에서 나온 가느다란 소리,

"씩잖은 지집애······."

무슨 의미인지 아직도 그는 모른다. 아마도 아쉽고도 밉고 안타깝다는 의미가 아니었을까.

이렇듯 조모님은 손자만 좋아하셨다.

그리고 또 한 해가 지난 후에 그의 모친이 넷째로 딸을 낳았다. 조모님은 3칠일이 되도록 산모가 있는 방에 들어가지 않았다. 물론 새로 태어난 아기 얼굴도 보시지 않았다. 그러니 식사 때마다 그의 모친은 눈물을 머금고 미역국을 드셨다. 다음에는 반드시 아들을 낳아야지. 조모님의 무관심 때문은 아니었겠지만 그의 새로 태어난 여동생은 백일을 겨우 넘기고는 어느 날 저세상으로 떠났다. 불쌍한 동생. 그는 여동생이 언제 떠났는지 모른다. 어느 날 모친의 옆자리가 썰렁하기에 아기가 없어진 것을 알게 되었다. 그 다음 해에 작은엄마는 남자아이를 낳았다. 조모님의 기쁨은 끝이 없었다. 내리 계집애만 보다가 오랜만에 손자를 보셨으니 얼마나 기쁘셨을까. 그가 지금 생각해도 또 기억해도 조모님의 희열을 상상할 수 있을 정도이다. 다음 해에 그의 모친이 넷째 아들을 낳았다. 조모님은 모든 것을 다 얻은 것처럼 기뻐하셨다. '씩잖은 지집애'가 아닌 내 손자가 태어났으니.

아무리 이렇게 많은 손자가 태어나도 조모님에게 조선에 없는 손자는 오직 한 명, 바로 그였다.

많은 손자가 태어난 후에 셋째 아들이 장가를 갔다. 새로운 작은엄마가 시집을 왔다. 그 두 해 전에 첫째 삼촌과 작은엄마는 300여m 떨어진 곳에 새집을 지어 살림을 나갔다. 두 번째 작은엄마도 첫째 작은엄마처럼 시집을 왔다. 마찬가지로 그는 예쁜 작은엄마를 보기 위해서 제일 작은 방에 비집고 들어갔다. 이번에는 누런 코를 흘리진 않았다. 그래서 신선하고 향긋한 냄새를 맡지 못했다. 그로부터 1년 후에 두 번째 작은엄마도 아기를 안고 친정에서 그의 집으로 왔다. 그의 조모님의 얼굴색은 좋지 않았다. 손녀였다. 몇 개월 후 그 새 아기는 저세상으로 떠났다. 불쌍한 우리 새아기. 2년 후에 첫 번째 작은엄마는 조모님께 두 번째 손자를 선물했지만, 살림 난 자식으로부터 얻은 손자라서 그런지 크게 기뻐하시지는 않았다. 그리고 몇 달 후에 두 번째 작은엄마가 아기를 낳았다. 이때 작은엄마는 제일 작은 방에서 집안 할머니의 도움으로 아기를 낳으셨는데, 이때 조모님은 산실로 들어가지 않았다. 큰방에만 계셨다. 그도 조모님과 함께 있었다. 이윽고 아기 울음소리가 들렸다.

"뭐꼬?"

"공줍니더."

"아이고 우리 ○○ 망했다. 씩잖은 것만 계속 나와서."

조모님의 심상찮은 얼굴을 본 그는 겁이 났다.

그리고 일 년 후. 조모님의 언짢은 기분이 어느 정도 사라졌을 때 그의 모친이 또 실력을 발휘했다. 조모님의 얼굴에 꽃이 만발하였다.

왜 작은엄마들은 조모님을 기쁘게 해 드리지 못할까?

그리고 5~6년이 지난 후에 막내아들이 장가들었다. 조모님은 큰 기대를 하지 않으셨다. 이제 늙으셨나. 아니면 그동안 태어난 조선에 없는 손자와 8명의 손자, 2명의 손녀로 만족하셨나. 막냇삼촌은 더욱 기가 막혔다. 첫아들은 지적장애자로 태어나 1년 만에 저세상으로 가고, 둘째 아들은 역산하여 몇 시간 만에 저세상으로 갔다. 조모님은 체념하셨다. 겨우 셋째 딸과 넷째 손자를 건졌다. 그래도 조모님은 '씩잖은'과 '아이고' 소리를 내지 않으셨다.

조모님에게는 라이벌이 한 분 계셨다. 집안의 4촌 형님이다. 그 댁의 장남과 당신의 장남이 동갑이었는데, 그 댁의 장남 생일이 6개월 빨랐다. 사촌 형님에게는 2남 3녀가 있었고, 조모님에게는 4남 1녀가 있었다. 오로지 남자의 수에서는 조모님이 우세했다. 그런데 조모님에겐 조부님이 안 계시지만, 그 댁에는 재종조부께서 꽤 장수하셨다. 그래서 이 점이 늘 불만이셨나 보다. 그래서 남자의 수는 그 댁의 3명에 비해 조모님에게는 1명이 더 많은 4명이었다. 그러다 그 댁의 장남이 일찍 장가를 갔다. 조모님의 장남은 약간 늦게 장가를 갔다. 실제로 3년이 늦은 것은 꽤 긴 시간 차이였다. 그래서 조모님은 아들의 장가에 항상 조바심을 내었다. 그래서 서두르고 서둘러 아들이 20살 때 장가를 보냈다. 며느리를 얻고 난 후 6개월이 지난 즈음에 그 댁의 며느리가 아들을 낳았다. 무려 3년 반 만에.

조모님은 샘이 났다. 조바심이 너무 많이 났다. 그래서 시집온 지 몇 달 지나지 않은 며느리에게 대놓고 말했다.

"그 집 며느리는 예쁘기도 하다. 손자를 쑤욱 낳아주니."

조모님의 며느리는 마음고생을 많이도 했다. 한 달 뒤에 입덧이 생겼을 때 약간의 안도를 했다. 그렇지만 손자를 낳아 드려야 할 텐데.

그 집 손자가 태어나고 8개월 후에 그가 태어났다. 그의 출생은 단순한 것이 아니었다. 조모님의 자긍심이 태어난 것을 의미한다. 그는 자신의 의사와 관계없이 조선에 없는 손자로 등극하였다.

먼 훗날, 그의 모친이 그에게 귀띔을 했다.

"그때 정말 8개월이 지옥 같았는데, 너를 낳고 나서 천당에 있는 줄 알았다.

여기가 천당인가."

모친이 손자 3명을 낳아 드릴 때까지 그 댁에는 손자 1명밖에 없었다. 조모님의 KO 승이었다. 그의 형제가 5명으로 종료했을 때도 그 집은 3명밖에 안 되었으니 여전히 KO 승이었다. 그 후에도 그 댁에서는 손자 낳기 전투를 계속하였다. 마침내 그 댁의 손자가 6명이 되자 그 전투는 끝이 났다. 그러나 손자 낳기 전투에서의 영원한 승자는 그의 조모님이었다. 총 숫자에서 훨씬 앞섰기에.

그 댁과의 전투는 손자 낳기 전투로 끝나지 않았다. 조모님은 이미 여유 있는 강자의 위치에 올랐기에 겉으로는 내색을 하지 않았으나, 손자들이 장성하여 굳히기 작전이 나올 때까지는 신경을 쓰시는 것 같았다. 그러다 조선에 없는 손자가 중학교에 입학하면서 두 댁 간의 전쟁에서 조모님은 굳히기 작전을 성공하면서 손자 낳기 전투를 비롯한 손자 전투에서 영원한 승자로 자리매김하였다.

조모님과 점필재

조모님은 점필재의 후손이다.

대구에서 88 고속국도로 약 25분쯤 광주 방향으로 가다 보면 고령 IC가 나오는데, 여기서 국도로 나와서 합천 방향으로 달리다 보면 쌍림면 소재지가 나온다. 이곳에 쌍림 초등학교가 있는데, 이곳을 그는

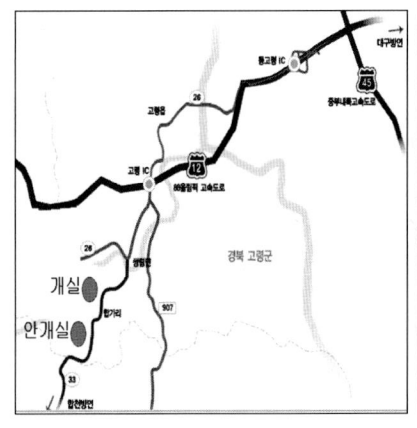

〈그림 24〉 개실 마을 지도　　　　　　〈그림 25〉 개실 종택

5년 2개월 동안 다녔다. 여기서 합천 방향으로 2km쯤 가면 조선 중기 영남사림의 거두 점필재 김종직(佔畢齋 金宗直, 1431~1492)의 후손이 사는 개실 마을이 있다. 점필재 선생이 연산군 때 일어난 무오사화에서 화를 당하는 바람에 그의 5대손이 1650년경에 이 마을로 피신하여 은거하기 시작했다. 이곳이 꽃이 피고 골이 아름다운 곳이라 하여 개화실(開花室)이라 하였는데, 나중에는 이곳을 개실이라 불렀다. 이곳에서 합천방향으로 2km쯤 가면 아주 작은 마을이 나오는데, 이곳을 안개실로 부른다. 이 두 개의 개실을 합쳐서 가곡 혹은 합가라 한다.

점필재 선생은 본이 일선인데, 일선은 지금의 구미 善山을 말하지만, 선산군에 一善면이 따로 있다. 개실은 일선 김씨의 집성촌인데, 약 350년 전부터 이곳에 정착하였다. 이곳에는 점필재 종택(민속자료, 제62호), 도연재(문화재자료, 제111호), 점필재 문적유품(유형문화재, 제209호) 등의 문화재가 있다. 점필재 선생은 성종(成宗) 때에 경연관(經筵官), 함양군수, 선산부사, 도승지, 이조참판, 경연동지사(經筵同知

事), 한성부윤, 공조참판(工曹參判), 형조판서, 중추부지사(中樞府知事) 등의 벼슬을 하였다 한다. 문장과 경술(經術)에 뛰어났으며, 문하생으로는 정여창(鄭汝昌), 김굉필(金宏弼), 김일손(金馹孫), 유호인(兪好仁), 남효온(南孝溫) 등이 있다. 성종의 특별한 총애를 받아 자기의 문인들을 관직에 많이 등용시켰으므로 훈구파(勳舊派)와의 반목과 대립이 심하였다. 그가 생전에 지은 조의제문(弔義帝文)을 사관인 김일손이 사초(史草)에 적어 넣은 것이 원인이 되어 무오사화(戊午士禍)가 일어났다. 이미 죽은 그는 부관참시(剖棺斬屍)를 당하였으며, 그의 문집이 모두 소각되고, 김일손을 비롯한 많은 제자가 죽임을 당하거나 귀양을 갔다. 중종(中宗)이 즉위하자 그 죄가 풀리고 숙종(肅宗) 때 영의정으로 추증되었다. 그의 고향인 밀양의 예림서원(禮林書院), 구미의 금오서원(金烏書院), 함양의 백연서원(栢淵書院), 금산(金山)의 경렴서원(景濂書院), 개령(開寧)의 덕림서원(德林書院)에 제향되었다. 『점필재집(佔畢齋集)』, 『유두유록(流頭遊錄)』, 『청구풍아(靑丘風雅)』, 『당후일기(堂後日記)』, 『동문수(東文粹)』, 『일선지(一善誌)』, 『이준록(彝尊錄)』 등과 같은 저서를 남겼다.

개실 마을에는 보통의 전통양반마을에서 쉽게 볼 수 있는 대나무숲이 있다. 이곳의 대나무 숲은 점필재 선생의 성리학적 윤리의 실천정신과 선비정신을 나타낸다고도 한다. 개실 마을에는 200m 남짓한 벚나무 터널이 있다. 그가 초등학교에 다닐 때는 언제나 이 벚나무 터널 속을 지나갔다. 그가 사는 안(內)개실에 없는 특별한 장소가 바로 이 벚나무 터널이었다. 그가 사는 마을에도 재실이 있었으며, 논밭, 개울, 대나무 숲, 저수지, 달집, 상엿집 등등이 있었지만, 오로지 벚나무 터널은 없었다.

조모님은 개실 마을 출신이라는 자부심을 가지고 있었는데, 특히 점필재 후손이라는 긍지가 38살부터 시작된 청상의 생활을 굳건하게 이겨내게 한 원동력이었다. 일선 김씨가 무엇이길래 30대 청상으로 하여금 온갖 고통을 감내하게 했을까?

조모님은 친정에서도 항렬이 낮아 아들뻘 나이의 친정붙이들은 거의 모두 할아버지, 할머니, 아저씨, 아지매 등으로 불러야 했다. 하지만 친정동네에서 조모님의 기세는 하늘 높은 줄을 몰랐다.

조모님의 분신

그의 조모님은 자주 친정 동네 나들이를 했다. 자의든 타의든 간에 면소재지로 가려면 반드시 통과해야 하기 때문이었다. 늘 그런 것은 아니지만 가끔은 친정 동네인 개실 마을에 들렀다. 그곳에는 대(大)종가로 불리는 점필재 종택이 있으며, 다른 몇 곳에는 소(小)종가가 있었다. 그의 조모님은 소종가 소속이어서 대종가에 들르는 경우는 드물었다. 소종가는 마을에서 가장 긴 골목을 따라 들어가다 오른편에 있었다. 이곳에는 비슷한 또래의 종부가 있었기에 조모님은 편한 마음으로 이곳을 출입하였다. 대종가에는 같은 항렬의 나이가 많은 종부와 나이 어린 차종부가 있었는데, 가끔씩 이곳에 들르기도 하였다.

그는 안개실에서 4km 떨어진 면소재지의 학교를 다녔는데, 학교를 파하고 일찍(?) 집으로 돌아가는 날에는 가끔 이곳의 종가에 계시는 조모님의 호출을 받았다. 종가의 내당 안방에 종부와 계시는 조모님을 만나기 위해서 바깥문을 통과한 후에 몇 개의 작은 문을 지나 높은 곳에 위치한 안방이나 안사랑으로 불려 갔다. 그가 조모님이 시키는 대로 종부께 인사하면, 종부의 몸종이나 찬모가 다과를 내어와 그가 꿇어앉은 바로 앞에 두고 갔다. 그리고 종부와 조모님이 시키는 대로 다과를 맛보고는 거의 벌을 서다시피 그곳에 꿇어앉아 있었다.

왜 그리도 시간은 더디 가는지. 조모님이 종부와 인사를 하고 일어설 때 그도 같이 따라 일어서면 온몸이 휘청거릴 때가 많았다. 조모님을 따라 종가를 벗어나면 바깥의 시원한 공기가 그를 행복하게 만들었다. 해방감 때문이었다. 이걸 조모님은 아는지 모르는지.

그래도 조모님은 집으로 돌아가는 도중에 이곳 개실을 통과하는 그를 자주 호출하였다. 그런데, 왜 조모님이 대종가(大宗家)와 소종가(小宗家)에 있는 종부를 만나러 갔는지, 그리고 그곳에서 조선에 없는 손자를 기다렸다 호출했는지 모른다. 그가 조모님의 그림자였기 때문일까?

종가에는 마당을 쓰는 하인도 있고, 허드렛일을 하는 몸종들도 있었다. 그들은 항상 같은 일을 하였다. 그의 큰집에도 많은 사람들이 있었다. 그의 증조부가 지었다는 큰집은 개실의 소종가보다 규모가 작았다. 일하는 하인이나 몸종의 숫자도 개실의 소종가보다 그의 큰집이 적었다. 큰집에는 하인이나 몸종은 없었고, 상머슴인 큰 머슴 1명을 포함해서 3명의 머슴이 있었다. 그렇지만 살림의 규모나 부(富)의 규모는 그의 큰집이 훨씬 컸다.

조모님은 시댁에 돌아오면 별로 힘을 쓰지 못한다. 시어머님과 큰형님, 그리고 호랑이 같은 큰 시숙이 버티고 있기에 항상 조심조심하였다. 그의 증조모는 그가 태어난 이듬해에 저세상으로 갔으므로, 조모님은 항상 큰집의 형님과 큰 시숙의 눈치를 보면서 생활하셨다. 그렇지만 아랫마을인 개실에 가면 출가외인이라는 신분 때문에 여러 가지 면에서 면책특권이 있는 것처럼 행동하셨다. 이곳에서는 거칠 것이 없었다. 목소리도 커졌다. 주위의 아재, 아지매, 할배, 할매를 상관하지 않았다. 아마도 조모님은 스트레스를 해소하는 곳으로 개실을 생각하셨는지도 모를 일이다. 그렇지만 조모님은 불 칼의 본성을 지니신 분이었다. 불 칼의 위력은 이곳에서 더 빛났다. 그래서 그는 최소한 이곳에서만은 조모님의 조선에 없는 손자로서 이곳의 종가들을 거침없이 출입할 수 있는 무형의 출입증을 확보하였다. 그는 조모님의 분신이었다.

안개실에서 조모님은 불 칼이자 모범생활의 여성이며, 생활의 교본이었다. 항상 사리에 맞고, 원칙을 지키며, 약속을 엄격하게 지키는 바른 생활의 여성이었다. 능구렁이 같은 말 없고 덩치 크며 인자한 것처럼 보이는 그의 큰할머니는 손아래 동서인 조모님으로부터 가끔 옐로카드를 받았다. 그의 종조부인 그녀의 막내 시동생은 작은형수인 조모님의 눈치를 보기 바빴다. 그것도 호랑이 큰할아버지인 그의 큰형님이 돌아가신 후로는 아예 조모님의 결제를 받은 후에 일을 시작하는 형편이 되었다. 그러니 조모님의 손아래 동서들은 당연히 그리고 언제나 손위 동서인 조모님과 상의하기 위해 거의 매일 찾아오곤 했다. 조모님은 피곤하긴 하지만 한편으로는 이런 일을 은근히 즐기시는 눈치였다. 그래도 조모님의 가장 큰 골칫거리는 큰할아버지인 호랑이 큰 시숙이었다. 가끔은 전쟁을 치렀다. 물론 언제나 조모님의 KO 승이었지만. 조모님은 언제나 예의 바른 분이었다. 점필재의 후손다웠다. 큰 시숙과 전쟁을 종료하자마자 언제 전쟁이 있었냐는 식으로 곧바로 전쟁의 흔적을 깨끗이 지워버렸다. 심지어 조선의 손자를 빼고는 모든 자신의 아들들과 며느리들에게도 전쟁의 기억을 지우라고 했다. 큰 시숙의 명예를 지켜드리는 것만이 가문의 체통을 지키는 일이라는 것을 분명하게 아시는 점필재의 손녀다운 행동과 생각이었다. 예외는 있었다. 조선에 없는 손자에게는 이걸 강요하지 않았다. 그렇지만 입을 열기 싫어하는 그는 모르는 척 넘어갔다. 조모님의 분신다운 행동이었다.

그로부터 10여 년이 지난 후에 집안에서 무슨 일이 있었다. 무슨 말 끝에 조모님은 당신의 막내아들과 이야기를 하다가 이런 말을 했다.

"네가 콩을 콩이라 해도 내가 믿지 않지만, 조선에 없는 손자가 팥을 콩이라 하여도 나는 콩으로 믿는다."

조선에 없는 손자는 조모님의 분신이었다.

그의 조모님은 조선에 없는 손자인 그를 분신으로 생각했다. 그래서 모친은 당신의 아들을 업어볼 기회조차 없었다. 이미 조선에 없는 손자는 그녀의 아들이 아닌 시어머니의 손자였다.

식사가 끝나고 나면 조모님은 어린 손자를 등에 업고 바깥나들이를 가셨다. 그리고 항상 조선에 없는 손자를 등에 업고 일을 하셨다. 동네 친구들과 놀 때도 손자를 업고 계셨다. 등이 차가워지면 기저귀를 갈고, 쉬가 마렵다고 하면 쉬를 뉘고, 응가를 하려고 하면 응가를 뉘었다. 이런 경우를 빼고는 손자를 내려놓지 않았다.

배가 고플 때가 된 것 같으면 며느리가 일하고 있는 밭에까지 찾아가서 젖을 먹이게 했다. 빨래터에 있으면 빨래터로, 고구마밭에 있으면 고구마밭으로 조모님은 그를 업고 며느리에게로 달려갔다.

"한 번은 너를 데려왔는데 애가 젖을 빨지 않고 숨을 안 쉬는 기라. 그래 말씀드렸더니 니 할매가 머리에 꽂혀 있는 바늘을 꺼내어 얼라 손톱 밑을 여러 번 찔러댔지. 얼라 울음소리가 나더니 잠시 후에 젖을 빨데."

모친이 들려주신 말이다.

"얼마나 애가 순한지 할매 등 위에서 가만히 있다가 허기가 져서 놀랬던 거지."

이 일이 있은 후에 조모님에게는 큰 변화가 생겼다. 무슨 결심을 하셨던 것이다.

며칠 후 라이벌인 종동서(그녀에게도 그보다 8개월 먼저 태어난 손자가 있다)와 같이 각자 쌀 3말을 머리에 이고 재 너머로 떠나셨다. 그곳에는 애들 경기(驚氣)를 잘 낫게 하는 용한 침(針)장이 할머니가 살고 있었다. 조모님은 한 달에 쌀 한 말의 경비를 지불하고 침놓는 방법을 배우러 가셨다. 그로부터 3개월 후 조모님은 집으로 의기양양하게 개선하셨다.

그 이후로도 조모님의 등에는 항상 조선에 없는 손자가 업혀 있었다. 조모님은 손자가 4살로 접어들 때에야 겨우 등에서 조선에 없는 손자를 내려놓으셨다.

"이젠 너무 무거워서 못 업겠다."

조모님의 등에서 내려온 조선의 손자는 늘 조모님의 한 손에 잡혀 있거나, 떨어져 있어도 3m 이내에는 항상 조모님이 계셨다. 조모님은 5일장에 가실 때도 그를 데리고 갔으며, 마을에 외출을 할 때도, 남의 잔치에 갈 때도, 친척집에 갈 때도, 심지어는 먼 곳에 있는 친정 동생 댁에 갈 때도 그를 데리고 갔다. 그래서 그의 막냇삼촌보다도 그가 조모님의 친정식구들을 더 많이 만났다. 5일장이 서는 고령 읍내의 장터에는 친척 아지매가 국밥집을 하고 있었다. 그는 가끔씩 조모님의 손에 잡혀 시장 한구석에 있는 국밥집 구들목에 앉아서 국밥을 먹곤 했다.

조모님의 조선에 없는 손자이기에 조모님의 영향권에서 그가 유명 인사가 되는 것은 당연한 일이었다.

감히 털을

누구의 손자로서. 그가 초등학교 4학년 때이다. 학교를 파하고 10리 길을 몇 명의 동무들과 어른 1명, 그리고 읍내 고등학교 1학년인 집안의 아저씨 2명과 일행이 되어 귀가하고 있었다. 일행이 막 개실 마을을 통과했을 때이다. 일행 중 한 명이 갑자기 외쳤다.

"노루다, 노루."

노루 같기도 하고 개 같기도 한 큰 동물 한 마리가 산으로 뛰어 올라가고 있었다. 1960년대에 우리나라 산의 거의 대부분은 나무가 거의 없는 벌거숭이였다. 어찌 된 영문인지 그 동물은 산 위로 뛰어 올라가고 있었다. 당시에는 동물 학대나 자연보호에 관련된 법이나 규칙이 없고, 누구든 야생동물을 먼저 잡아먹으면 그만이었다. 우리 일행은 대형을 유지하여 노루를 쫓기 시작하였다. 쫓고 쫓기는 시간이 약 10분이 지났다. 우리의 포위망에 걸린 노루는 어른이 내리치는 몽둥이 한 방에 뻗어버렸다.

"깨갱 깽"

그것으로 끝이었다.

개 울음소리와 함께 죽을상이 된 그 어른은 산 위로 도망쳐버렸다. 우리는 그가 누구인지 몰랐다. 고등학생인 집안의 아저씨도 도망쳤다. 피를 흘리며 바닥에 쓰러져 누워 있는 개를 버리고.

그곳에서 100m쯤 떨어진 곳에 4~5채의 집이 있었다. 개가 울부짖는 소리를 듣고 개 주인이 현장으로 쫓아왔다. 우리도 도망을 쳤다. 그는 알았다. 개 주인이 누구인가를.

무슨 죄를 지은 양 간신히 집으로 돌아왔지만 조금 전에 있었던 일을 조모님께 말씀도 드리지 못했다. 세수만 하고 마음을 진정하고 있는데 문제의 개 주인이 그의 집 대문으로 들어와서 고함을 질렀다.

"아지매. 아지매 손자가 우리 개를 주겠소. 개 값 물어내소."

깜짝 놀란 그의 조모님. 차분히 일어나서 대청마루 아래에 있는 하얀 고무신을 얌전히 신고 일어나서는,

"무슨 말이고?"

"귓구멍이 막혔나. 아지매 손자가 우리 개를 주겠다. 개 값 물어내라."

"우째 아노?"

"도망가는 걸 내가 직접 봤다."

그가 조모님의 손자만은 확실히 알아본 모양이었다.

그제야 조모님은 손자를 불렀다. 그리고 자초지종을 물었다. 그는 조모님께 집에 오는 도중에 노루몰이를 하다가 어른 하나가 작대기로 개를 때려잡은 내용을 말씀을 드렸다. 집안 아저씨 이야기는 쏙 빼고. 그의 이야기가 끝나자마자 조모님은 손자를 다그쳤다.

"다 맞제?"

"모두 진짭니더. 내가 우째 개를 때려잡노."

그의 말이 채 끝나기도 전에 조모님은 행동하셨다. 날렵한 몸놀림으로 대문 옆에 세워져 있던 지겟작대기를 잡고 내휘두르면서 고래

고함을 지르셨다.

"어떤 개뼈다귀 같은 놈이 내 손자를 건드려. 네 이 빌어먹을 놈. 오늘 혼 좀 나봐라."

개 주인은 조모님의 휘두름에 대여섯 대는 족히 맞았다. 아무 대꾸도 못하고 그는 줄행랑을 놨다. 그는 조모님의 친정 먼 촌수의 동생이었다.

"자초지종이나 알아보고 찾아올 일이지."

조모님은 나지막이 말씀하셨다.

"들어가자."

초등학교 5학년 때의 일이다. 보리타작이 끝나고 모내기도 끝난 여름방학이 시작되기 직전이었다. 그는 같은 학년의 친구들과 같은 마을에 사는 여자 동급생 여러 명 그리고 2학년~4학년에 다니는 동네의 후배들과 일행이 되어 학교에서 집으로 신작로를 따라 무리지어 가고 있었다. 그의 일행이 개실 마을 초입에 들어섰을 때이다. 누군가가 말했다.

"까치가 이제 비행 연습을 하나 보다."

모두 길옆의 큰 나무 위를 쳐다보았다. 거기엔 정말로 까치 새끼들이 둥지 위에서 비행 연습을 하고 있었다.

"푸드득. 푸드득."

"우리 까치 새끼 잡아서 학교에서 키우자."

누군가의 제의에 모두 좋다고 했다. 그런데 누가 저 높은 나무 위로 올라가나. 그것이 문제였다. 바닥에서 둥지까지는 10m는 족히 되어 보였다. 그가 용기를 내었다.

"내가 올라갈게."

그는 나무 밑둥치 부근에 놓여 있는 보리짚대를 딛고 나무에 올랐다. 굵기가 한 아름이나 되는 이태리 포플러나무 둥치에 나 있는 작은 가지를 잡으면서 조심조심 나무의 위쪽으로 올라가기 시작했다. 얼마나 올라갔을까. 둥지가 있는 곳에는 난리가 났다. 어미 까치는 그의 주위에서 짖어대고 새끼들은 둥지에서 울어대고.

이것에 상관 않고 그는 계속 올라갔다. 둥지까지 약 2m가량 남았을 때였다. 새끼 중 한 마리가 갑자기 둥지를 떠나 비행을 시작했다. 아직 비행 솜씨가 좋지 않아서인지 둥지를 떠난 새끼 까마귀는 추락을 하면서 날아가고 있었다. 급기야는 땅에 추락하게 생겼는데, 이놈은 다행히 모가 심어져 있는 논으로 떨어졌다. 그러자 다른 새끼들 5~6마리도 모두 둥지를 탈출하여 논으로 떨어져 버렸다. 그는 새끼 한 마리도 잡지 못한 채 이들이 날아가는 것만 위에서 내려다보는 수밖에 없었다. 허망했다.

이때였다.

밑에서 위를 쳐다보던 그의 친구들은 모내기를 해놓은 논으로 돌진하였다. 오로지 까치 새끼를 잡기 위해서. 정확히 말하면 주워오기 위해서이다. 순식간에 논 안에 7~8명의 아이들이 뛰어들어갔다. 이때 갑자기 웬 고함소리가 들려왔다.

"네 이놈들. 밖으로 안 나와?"

아뿔싸. 바로 논 건너편에 있는 마을에서 동네 어른들이 모내기해 놓은 논에 애들이 못 들어가게 고함을 지른 것이었다. 이 정도의 야단에 포기할 친구들이 아니었다. 옷이 엉망이 되는 것쯤도 개의치 않았다. 그러자 동네 어른들은 몽둥이나 괭이, 지겟작대기 같은 것을 들고는 우리가 있는 곳으로 몰려왔다. 논으로 뛰어들었던 그의 친구들은 잡았던 까마귀 새끼들을 버리고 줄행랑을 놓았다. 까치둥지 아래에는 여자애들만 소복이 모여 있었다. 뒤이어 동네 어른들이 나무 밑에까지 오고야 말았다. 그도 도망치기 위해서 나무에서 빨리 내려왔지만, 어른들이 먼저 도착해버렸다. 큰일이 났다. 꼼짝없이 잡히게 되었으니. 그 당시에 그의 부친은 면 소재지에 있는 초등학교의 선생님이었다. 밑에서 어른들이 고함을 질렀다.

"네가 누군지 다 안다. 빨리 내려와 이놈아."

아, 사면초가.

이 말의 뜻이 무엇인지 명확하게 알게 된 그.

조선에 없는 손자는 처음으로 사면초가에 몰려버렸다.

이때 필요한 것은? 탈출.

그래 탈출이다.

나무 아래를 살폈다. 바닥까지는 2m 정도. 마침 신작로 바로 옆에 물이 꽤 깊은 개울이 있었다. 그래, 뛰어내리자.

"첨벙."

그리고 물에서 나와 집으로 줄행랑을 놓았다.

집 근처에 와서는 아무 일이 없었던 것처럼 조용히 집으로 들어가 세수를 한 후에 살며시 옷을 갈아입었다.

이걸 어째. 나중에 마을로 돌아온 후배 여자애가 그의 조모님께 미주알고주알 하나도 남김 없이 고해바쳐 버렸다. 집으로 들어오신 조모님. 아무 일이 없었던 것처럼 앉아 있는 손자 옆에 앉으시더니,

"다친 데는 없나?"

"예."

그걸로 끝이었다.

막 저녁을 먹을 때였다. 모든 식구들이 둘러앉아 숟가락을 들려는 찰나에,

"누님 계십니까?"

"누고?"

"접니더."

"그래, 올라오느라."

"그럴 필요 없고, 손자 야단 좀 치소. 글마 땜에 야단났소."

"뭐라꼬. 니 알고 하는 소리가. 네 이놈."

갑자기 버선발로 마당으로 내려선 조모님. 마당 한구석에 있는 지게에 기대여 있던 지겟작대기를 집어 들고는 내휘두르기 시작했다.

"와 이라노."

아무 대꾸도 없이 몇 번 작대기를 휘두르시고는 그를 대문 밖으로 쫓아내 버렸다.

"내 손자 잡을 뻔 해놓고는. 이노무 자식들."

방으로 들어오신 후에도 화를 쉽게 삭이질 못하셨다. 몇 분이 지났을까.

"저녁 묵자."

이렇게 조모님은 그를 전폭적으로 믿었다. 물론 자초지종을 아시고 난 후에.

집에서 초등학교가 있는 곳까지는 십 리에서 시오리가 된다. 아침 등교 시에는 이 거리가 맞지만, 집으로 돌아오는 길은 이십 리도 되고 사십 리도 된다. 그래서 항상 하굣길에 일이 생기곤 했다. 대부분

은 등교 시와 같은 걸음으로 걷기에 집에까지 오는 데 1시간이면 충분 했다. 1시간이 더 걸린 날에는 언제나 무슨 일이 생긴 것을 뜻한다. 아마도 시골 고향에서 초등학교엘 다닌 5년여의 기간 중에 제대로 아무 일 없이 하교한 경우는 60%가량이고, 나머지 40%는 사고를 친 경우일 것이다. 40%나 되는 사고는 거의 대부분 여름에 일어났다.

당시만 해도 시골에서는 요즈음의 아이들이 가지고 있는 들고 다니거나 메고 다니는 가방을 구경조차 할 수 없었다. 대부분은 책보라고 하는 커다란 보자기에 책을 싸서 허리춤에 메고 학교엘 다녔다. 그러다 보니 하교 시에는 이 문제의 책보가 재미있는 놀이도구가 되었다. 어떤 때는 책보 몇 개를 서로 연결하여 그물처럼 만들어 고기를 잡기도 했는데, 꽤 많은 고기를 잡아도 어떻게 처리할 수 있는 마땅한 방법이 없었다. 불이 있으면 구워먹을 수 있지만, 애들이 불을 가지고 다닌다는 것은 당시에는 상상조차 할 수 없었다. 그렇다고 집에 가지고 가면 딴짓을 하다가 집으로 왔다는 야단만 맞을 게 뻔했다. 그래서 사고를 치긴 하지만 항상 이내 뒷수습을 해야만 했다.

앞에 보이는 산은 모두가 민둥산이었는데, 오로지 묘지 주변에만 늙은 소나무 몇 그루가 남아 있을 따름이었다. 그래서 그와 또래들은 온 들판이 모두 놀이터였으며, 벌건 온 산이 놀이터였다. 이 마을에서 저 마을로 이동할 때는 신작로를 이용한 경우가 거의 없었다. 산에 나 있는 샛길을 이용했으며, 낭만적인 오솔길도 없었다. 언제나 나무 한 그루 구경하기 힘든 황량한 지름길을 이용했다. 어쩌다가 큰 산의 정상 부근에는 그나마 소나무 숲이나 잡목 숲이 있어 산 같은 느낌이 있었다. 산길을 가다가 갑자기 나무의 그루터기를 잔뜩 모아서 책보에 담아 집으로 가져오다가 동네 부근에 와서는 야단맞지 않으려고 아무 데나 버리곤 했다. 예쁜 돌을 주워도 한참을 가지고 놀다가 결국에는 집으로 돌아가기 위해서 아무 데나 버리곤 했다. 열심히 놀다가 배가 출출해지면 칡을 캐 먹기도 하고, 도라지나 더덕 또는 산나물이나 머루, 다래를 따 먹기도 했다. 이렇게 신나게 놀면서 집으로 돌아오는데 어떻게 하교시간을 알 수 있을까. 이렇게 그의 유년시절은 또래들과 보낸 즐거운 시간 그 자체였다.

여름은 그래도 좋았다. 여기저기에 먹을 것이 있었다. 고추나 가지, 무나 배추도 있었다. 그런데 초겨울부터는 별로 즐거움이 없었다. 기껏 한다는 게 꽁꽁 얼어붙은 개울에서 미끄럼을 흉내 내는 것이 고작이었다. 그래도 재미있는 것이 가끔은 있었다. 그가 초등학교 5학년 때의 일이었다. 갑자기 날씨가 추워져서 겨울 초입인데도 제법 쌀쌀했다. 등교 시에는 짚단에 불을 붙여 들고 다녀야 할 정도로 추운 날씨였다. 학교엘 등교하는 도중에 몇 개의 짚단을 태웠는지도 모를 정도로 짚단에 불을 붙여 손을 녹이면서 학교로 갔다. 그래도 하교 시에는 괜찮았다. 한낮의 열기는 그래도 언 땅을 제법 녹였다.

5학년이라 가장 늦게 학교에서 출발했는데 동네 부근에 와서 갑자기 장난기가 발동했다. 또래 셋과 같이 길가에 있는 미처 수확하지 못한 무 뿌리를 뽑아서 껍질을 까고는 먹다 버리곤 했다. 무 중에서 땅 밖에 나와서 초록색을 띠는 곳은 그런대로 맵지만 약간은 달착지근하여 먹을 만했다. 그래서 무를 뽑아서 초록색을 띠는 곳만 베어 먹었으니 무를 먹다 버리고 먹다 버리고 할 수밖에 없었다.

그러는 중에 길옆에 있는 우엉 밭을 발견했다. 그들 셋은 꼬챙이 하나씩을 들고 꽁꽁 얼어붙은 우엉 밭을 매기 시작했다. 그들에게 필요한 우엉은 겨우 몇 개뿐이었지만, 그들은 재미 삼아 온 밭을 헤매었다. 그래도 모으니 우엉은 제법 많았다. 이것들을 모두 책보에 싸서 는 물가에 가서 물로 우엉들을 씻었다. 그리고는 각자 제일 실하게 생긴 놈 하나씩을 골라서 맛을 보았다. 나머지는? 당연히 물가에 두 고 왔다.

그날 저녁이었다. 아랫마을에 사는 우엉 밭의 주인이 그의 집으로 왔다. 들어오면서 온갖 큰소리로 그 조선에 없는 손자를 비난하는 말 을 했다. 물론 그의 조모님은 그의 말이 끝나자마자 예의 그 지겟작 대기를 사용하여 그를 집에서 쫓아내 버렸다. 조모님은 가끔 손자에 대해서는 너무 심할 정도로 일방적인 응원을 하셨다.

조모님의 큰손

조모님은 친손자와 외손자에 대한 구별이 확실하신 분이었다. 그 리고 조선에 없는 손자와 그냥 친손자 간의 구별도 확실한 분이며, 손자와 손녀의 구별은 더운 명확한 분이다. 재 너머로 시집간 그의 고모는 가끔씩 친정 나들이를 했다. 예상과는 달리 외동딸이 친정에 왔다고 해도 조모님은 표정 하나 바꾸지 않았다. 반갑지 않아서일까 아니면 근엄하셔서일까. 그는 조모님의 마음을 잘 안다. 다른 식구들 중에서도 일부 어른들은 알고 있다. 왜 조모님의 표정이 그러한지를.

조부님은 10살에 조모님과 결혼하셨는데, 조모님보다 5살이나 아 래인 조부님은 그냥 어린이였다. 그러다 5년 뒤에 큰딸이 태어났으 나, 너무 부끄러워 몇 살 위인 형님의 호적에 큰딸을 올렸다. 그래서 고모님은 큰아버지의 딸로 호적에 올라 있다. 출가외인이라 누구에게 등록하느냐 하는 것이 당시에는 중요하지 않았다.

고모부는 글방 샌님이었다. 그렇다고 딸깍발이도 아니었다. 몇 대에 걸쳐 독자로 내려온 집안의 독자였기에 없는 살림에도 왕자처럼 키운 탓이다. 자연히 집안 살림은 궁핍하였다. 고모님은 생활력이 강했다. 친정 모친의 불 칼 같은 성품도 물려받았다. 결단력 있고, 화도 잘 내고, 추진력도 매우 뛰어났다. 고모부는 양같이 순한 분이었다, 그러나 뭔가를 제대로 할 수 있는 것이 거의 없었다. 그래서 일을 하다가 화가 치민 고모는 가끔 재너머에 있는 친정으로 건너왔다.

딸이 친정에 왔다는 소식을 접한 조모님은 눈 하나 깜짝하지 않았다. 저녁까지 먹인 후에 며느리에게 시켜 필요로 하는 것을 한 보따리 싸게 하였다. 보따리를 다 싸놓고 난 후 밤길이 어두워지면 고모부가 나타난다. 고모부가 저녁 식사를 마칠 동안 조모님은 아무 말씀을 하지 않으신다. 그리고 꽤 시간이 흐른 후에 한 말씀 하신다.

"이제 집으로 가게."

이것으로 모든 게 정리된다. 일 년에 2~3회 일어나던 이런 일은 고모부가 저세상으로 떠난 후에는 더 이상 일어나지 않을 줄 예상되었지만, 이 예측은 빗나갔다. 고모네 댁이 경제적으로 안정된 후에야 겨우 정리되었다. 그래서 그 집 후손들은 남을 위한 배려가 조금 부족한 편이다. 아마도 어릴 때의 어려운 형편 때문이었으리라. 그래서 어릴 때의 환경이 이렇게 중요한가 보다.

그가 중학생일 때의 어느 여름방학 때이다. 조모님의 생신을 맞아서 몇 명의 친손자들과 몇 명의 외손자가 모두 조모님의 집으로 모였다. 모두 흥겨운 시간을 가진 후에 마침내 각자의 집으로 돌아갈 시간이 되었다. 집에서 버스를 타는 신작로 옆의 임시 정거장까지는

500m 정도 되었다. 그래서 버스 시간에 맞추어 모두 자리를 털고 일어났다. 조모님은 원래 손이 큰 분이었다. 손자 손녀를 구별하지 않고 나이나 학년에 따라 여비를 나누어주셨다. 1960년대 말에는 1,000원이 매우 큰돈이었다. 이때 그가 다녔던 국립 중학교 1기분 수업료가 겨우 몇백 원에 지나지 않았다. 3,000원이나 되는 거금을 여비에 보태어 쓰라고 하시면서 고등학생인 큰 외손자에게 주셨다. 중학생이었던 둘째 외손자에게도 2,000원이나 주셨으며, 초등학생인 막내 외손자를 비롯한 친 손자들에게도 1,000원씩이나 주셨다. 고등학생이었던 그녀의 막내아들에게는 특별히 4,000원을 주셨다. 이 모든 것들은 그 자리에 모인 모든 사람들이 보는 앞에서 주셨다. 조모님이 손자녀들에게 용돈 겸 여비를 주실 때마다 그 아이들의 부모들은 예의상 말하는 공치사를 끊이질 않았다. 용돈을 쥐어주시는 조모님의 얼굴에는 환한 미소가 가득했다. 그는 이때처럼 조모님이 정말로 편한 미소를 띠시는 것을 본 적이 없었다.

이토록 조모님께서 환한 미소를 지으면서 행복한 작별을 하시는 도중에 한 가지 이상한 점이 있었다. 모든 친손자녀와 외손자녀에게 용돈을 주시면서도 유일한 그녀의 조선에 없는 손자에게는 용돈을 주지 않으셨다. 그 자리에 있던 모든 사람들은 모두 의아스럽게 생각했지만, 어느 누구도 이런 사실을 의아하게 생각하거나 장손에게도 용돈을 주시라는 말을 하는 사람이 없었다. 조선에 없는 손자인 그도 용돈을 받지 않은 것에 대해서 섭섭해하거나 원망하는 표정을 짓지 않았다.

왜 그랬을까?

조모님과 조선에 없는 손자만이 아는 비밀이 있었다.

바로 전날 밤에 비밀스런 두 사람만의 회동이 있었다. 모든 가족이 방 안에서 흥겨운 이야기로 즐거운 시간을 보내던 중에 조모님은 두 사람만이 이해하는 특이한 사인을 손자에게 보내면서 문을 열고 나가셨다. 뒤이어 그도 따라나갔다.

대청마루의 한편에서 조모님은 손자의 손을 잡으시더니 한 뭉치의 돈을 쥐여 주시면서,

"아무한테도 말하지 마라. 부모도 물론. 요긴할 때만 써라."

"알았심더."

조모님이 방으로 들어가셨다. 잠시 후에 그도 방으로 들어갔다.

다음 날 아침. 그는 화장실에 가서 어젯밤의 그 돈을 확인했다.

무려 30,000원.

이것은 초등학교 교사인 부친의 두 달 치 월급보다 많은 돈이었다.

대구의 집으로 돌아온 후에 그는 조모님으로부터 받은 돈을 꺼내어 부친께 드렸다.

"할머니가 주신 돈이니 네가 요긴하게 써라."

결국 그는 부친의 허락 아래 요긴할 때마다 썼다. 조모님의 말씀대로 조모님은 이렇게 큰손을 가지신 분이었다.

조모님은 모든 일을 항상 깔끔하게 처리하셨다. 뒤에서 적당히 얼버무리지 않고 모두가 보는 앞에서 깨끗하게 정리하셨다. 이런 깨끗하고 깔끔함은 언제나 모든 이들에게 털끝만큼의 오해도 남기지 않으셨다. 그러나 조선에 없는 손자에게만은 항상 달랐다. 조모님이 이렇게 일을 처리하는 것을 항상 바로 옆에서 보면서 자란 그는 점점 그녀를 닮아갔다.

그가 고등학교를 졸업할 때쯤에 그의 대학 진학문제로 집안이 시끄러웠다. 문제는 돈이었다. 그녀의 손자답게 학교성적이 우수하여 아무 대학 아무 학과에나 진학할 수 있었기에 더욱 그러했다. 부친의 형제 중에서 가장 경제적으로 능력이 있는 그의 막냇삼촌은 대학진학을 포기하고 은행엘 취직하라고 큰형님인 그의 부친께 압력을 가했다. 그의 막냇삼촌은 상업학교를 졸업하고 은행에 입사하여 한창 재산을 불려 가는 중이라 큰형님에게 조카도 자기가 다니는 은행에 특채로 입행하게 하라고 했다. 때마침 그 은행에서 그가 다니는 고등학교에 최우수 졸업자 2명에게 특채를 추천해달라는 공문이 와 있었다. 이 사실을 이미 알고 있는 모든 식구들은 모두 막냇삼촌의 의견에 동조하였다. 그의 부친은 마음의 갈피를 잡지 못했다. 얼마 전에 학부모로서 아들이 다니는 고등학교엘 방문했을 때 담임선생님의 말이 생각났기 때문이었다.

"이 성적이면 우리나라 어느 대학 어느 학과에도 진학할 수 있습니다. 서울 법대에 원서 내는 것이 좋겠습니다."

그러나 큰아이 아래로 4명이나 되는 자식들이 있으니 초등 교사의 월급으로는 자식 공부시키는 것이 현 상태로는 불가능하니 큰애는 은행에 취직시켜야 한다는 동생들의 충심 어린(?) 요구를 물리치기 어려웠다. 하지만 자신이 이루지 못한 대학진학의 꿈을 아들을 통해 이루어보려는 속마음을 자신의 경제적인 무능 때문에 드러내지 못함은 너무나도 안타까웠다.

조카의 대학진학 불가라는 막내아들의 절규에 가까운 압박을 전해 들은 조모님이 큰아들을 설득하기 위해서 대구로 오셨다.

"내 손자의 대학 등록금은 내가 모두 감당하마. 애비는 하숙비만 책임져라."

조모님의 의외의 선언으로 그의 대학진학은 가능하게 되었다.

조모님은 단호한 분이었다.

그리고 큰손을 가지신 분이었다. 조선에 없는 손자에게만.

〈그림 26〉 송부인전(차씨 할머니 저)의 표지와 그 내용

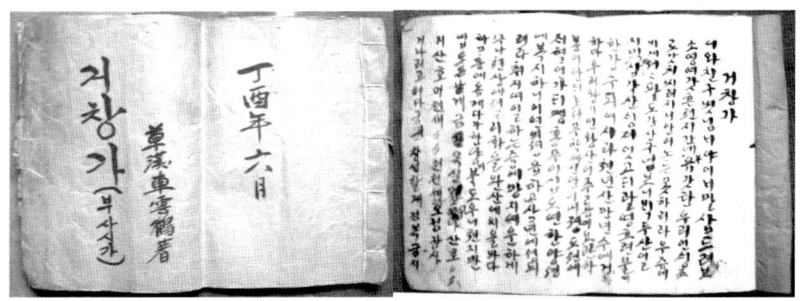

〈그림 27〉 거창가(차씨 할머니 저)의 표지와 그 내용

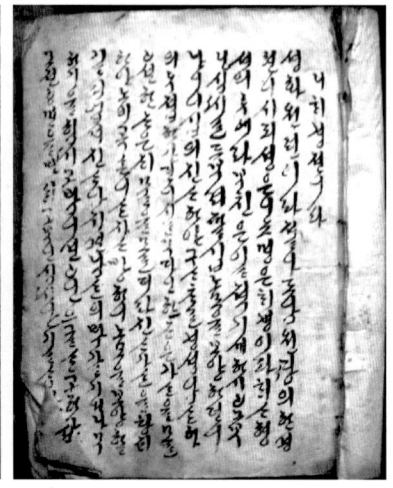

〈그림 28〉 거창가 뒤표지: 질녀를 위한 증정　　〈그림 29〉 차씨 할머니의 다른 작품

2. 바늘(針) 하나로

차씨 할머니

조모님은 불의의 교통사고로 당신이 겨우 38살일 때 일찍 저세상으로 보낸 조부님으로 인해 6남매나 되는 자식을 키우느라 수많은 고생을 했다. 남편의 빈자리를 안타까워할 여유도 없이 어린 자식들을 돌보기 위해 차가운 현실에 온몸을 던지셨다. 시집오기 전에 양반 댁의 외동딸로 자라면서 갖은 음식투정을 하셨지만 이제는 모두 꿈만 같은 일이 되어버렸다. 남들과는 달리 친정 조부님의 무르팍에 안겨서 배우던 천자문이며 언문은 더 이상 당신에게 전혀 도움이 되지 않는 무용지물이 되어버렸다는 생각을 할 수 있는 여유조차 없었다. 그것은 차라리 호사였다.

조모님이 시집오기 전에 살았던 마을 가까이에 이모께서 사셨다. 친정어머니와 손아래의 이모는 서로를 아끼는 절친한 자매간이었다. 그래서 가끔은 서로 연락을 하면서 지냈다. 조모님이 청상이 되기 전에 그녀의 친정 모친은 저세상으로 떠났으며, 이모도 이미 청상이 되었다. 조모님과 그녀의 이모인 연안 차씨(車雲鶴)는 겨우 15살 차이밖에 나질 않았다. 두 청상은 편지를 주고받으며 서로를 위로하며 살았다. 차씨 할머니는 매우 영리하고 영민하였으며 기억력이 비상하였다.

조모님이 청상이 된 지 2~3년 후에 연안 차씨 할머니는 혼자가 된 질녀를 보기 위해서 조카의 집을 방문했다. 이때는 그의 부모가 결혼하기 전이라서 집에는 조모님과 학교 교사인 큰아들과 3명의 어린 아들 그리고 일하는 머슴 하나가 식구의 모두였다. 그래서 연안 차씨 할머니가 오셔도 전체 식구는 7명밖에 되질 않았다. 지금에는 7명이 상상도 못할 대식구이지만, 그가 어릴 때의 14명에 비하면 절반 정도밖에 되지 않는 그저 보통의 식구였다. 연안 차씨 할머니는 질녀 집에 한번 오면 최소 한 달에서 최대 1년을 머무르곤 하셨다. 이런 일은 그 할머니가 저세상으로 떠나시기 일 년 전까지 계속되었다. 마지막으로 질녀 집을 다녀가신 1년쯤 지난 후에 들려온 차씨 할머니의 객사 소식은 조모님을 한 달 동안 슬픔에 잠기게 하였다.

차씨 할머니는 조모님의 등불이었다. 그분이 오시면 조모님의 입가에 늘 잔잔한 미소가 흘렀다. 친정 엄마를 모시는 기분이었을까. 그 영문은 몰라도 조모님의 기분이 좋아지기에 시중드는 그의 모친과 숙모들도 차씨 할머니의 체류를 기쁘게 받아들였다.

차씨 할머니는 글씨 쓰기를 매우 좋아하셨다. 틈만 나면 질녀에게 못 쓰는 종이를 달라고 하여 붓글씨 쓰기 연습을 했다. 그러다가 깨끗한 창호지 위에 그녀의 글씨를 남겨놓기도 하셨다. 가끔은 며칠 또는 한 달여를 글쓰기에 열중하셨다. 가끔은 그녀의 작품을 남기곤 하셨다.

『장화홍련전』, 『콩쥐팥쥐』, ……

이런 작품을 완성하신 후에는 질녀에게 그것을 읽어주었다. 그리고 당신이 없을 때 이모인 당신을 생각하며 읽어보라고 하셨다.

조모님의 밤은 동네의 젊은 과부들과 시작되었다. ○○ 댁, ○○ 댁, ○○ 댁, ……

이들은 모두 조모님의 밤 친구였다. 차씨 할머니는 이들의 스타였으며, 우상이었다. 차씨 할머니는 당신이 쓰신 글이 담긴 두루마리를 어두운 호롱불 앞에서 천천히 읽어내려 갔다. 콩쥐가 모함을 당하는 장면에서는 모두가 눈물을 흘리며 울었다. 주인공이 성공하고 나쁜 이가 벌을 받는 장면에서는 모두가 박수를 치며 통쾌해했다.

양지가 있으면 음지가 있는 법.

조모님 친구들의 신선놀음이 한창 무르익어갈 때면 어김없이 먹음직한 야식이 대령했다. 그의 모친이나 숙모님이 준비한 야식이었다.

찐 고구마에 시원한 김치. 삶은 감자와 소금.

이런 것들이 전부였지만 동네에서 몇 번째 가는 경제적으로 능력 있는 조모님만이 제공할 수 있는 야식이었다. 중학교에 입학한 그가 대구로 떠나올 때까지 이러한 밤 풍경은 계속되었다. 가끔 들릴 때도 이런 풍경은 계속되었는데, 아마도 조모님이 쇠하기 전까지 이것이 계속되었을 것이다.

다른 댁에서 야식을 준비한 경우는 단 한 번도 없었다. 그러니 그의 모친과 숙모는 남다른 시집살이를 한 셈이다.

차씨 할머니는 가끔 창작품을 만드시기도 했다. 혼자된 질녀를 위로하기 위해서 언제나 질녀를 모델로 하여 글을 지으셨다.

일선김씨전, 송부인전, 거창가(부사시가), 성화원전, ……

질녀를 위해서 지으신 글들은 밤마다 많은 과부들의 눈물을 훔치게 했다. 그렇지만 조모님은 그러하질 못했다. 이모님의 글 읽는 소리에 마음이 편해지셨는지 30분 이내로 그만 꿈나라로 가셨다. 아랫목에 옆으로 누우신 채로. 그가 기억할 수 있는 2살 때부터 차씨 할머니의 글 읽는 소리가 조모님에게는 언제나 자장가로 들리셨다.

자장가가 그칠 때면 어김없이 조모님은 눈을 떴고, 잠자리를 정리하고 다시 꿈나라로 떠나시곤 했다.

어느 초여름의 저녁 식사

산골의 아침은 늦게 시작되고 밤은 일찍 시작된다. 마을 사방에 높이 솟아 있는 산들 때문에 하늘이 조그마하게 열려 있기 때문이다. 조모님의 밤은 책 읽기로 시작하지만 혼자서 구석에서 스르르 잠에 빠져드는 것으로 끝이 났다. 그런 일상이었다. 아침 일찍부터 마당청소, 골목청소, 손 씻기 등으로 부지런히 여기저기를 왔다 갔다 한 후에, 조모님이 거처하는 방에서 모든 식구가 모여 아침 식사를 하는 것으로 새로운 하루가 시작되었다. 아침 조반을 마치면 각자가 자기 자리로 돌아가는 것이 정해진 순서였다. 초등학교에 다니는 그의 막냇삼촌은 책보를 싸서 허리에 짊어지고 학교엘 가기 위해 집을 나선다. 초등학교 교사인 그의 부친은 양복을 입고 자전거에 올라 출근을 한다. 물론 모두가 조모님께 출근 인사를 한다. 이때는 그와 그의 모친, 조모님 등이 대문간까지 나와서 배웅을 한다. 출근하는 자식의 뒷모습을 바라보는 조모님의 눈가엔 만족함이 번져 있다. 삼촌 둘과 큰 머슴, 나이 어린 머슴은 각자의 빈 지게를 어깨에 반쯤 메고, 한 손에는 지겟작대기를 잡고 일터로 발걸음을 옮긴다.

그의 유년의 아침은 이렇게 시작되었다. 아직 학교 입학을 하지 않은 그는 늘 조모님 곁에 붙어 있다. 마치 논에 들어갔다 나온 삼촌의 다리에 붙어 있는 까만 찰거머리처럼. 그의 젊은 모친과 갓 시집온 숙모는 설거지를 위해 부지런히 움직이고, 어린 그도 조모님을 도와 안방과 작은방 청소를 한다. 빗자루로 방을 대충 쓸어내고 난 후에 물걸레로 바닥의 먼지를 훔쳐낸다. 그러고 나서 집 앞 냇가에 나가 고사리 손으로 고양이 세수를 하고 들어오면 조모님의 세수와 머리 감기가 시작된다. 세숫대야에 따뜻한 물을 담아놓고, 칠흑 같은 머리를 풀어 세숫대야에 담긴 따뜻한 물에 넣어서 머리를 먼저 감으신다. 이내 대야에 담긴 물은 비누로 인해서 반쯤 뿌연 색으로 바뀐다. 그리고는 뽀드득뽀드득 소리를 내면서 손으로 얼굴을 몇 번 문지른 후에 반쯤 일어나면서 세숫대야에 담긴 물을 마당 한가운데에 뿌리시면 조모님의 세수는 끝이다. 마당에서 대청마루를 통과해 안방으로 들어와서는 수건으로 머리와 얼굴에 묻은 물기를 훔쳐낸 후에 얼레빗과 참빗으로 머리를 곱게 빗어 내린 후에 은비녀로 쪽진 머리를 하신다. 쪽 찐 머리에 동백기름을 머리에 바르고, 얼굴에 동동 구리무를 바르시면 치장 끝인데, 마지막으로 맨손으로 방바닥을 쓱쓱 문질러 바닥에 떨어진 머리카락을 모아 아주 작은 묶음으로 만든 후에 그걸 손자인 그에게 건네면 그는 그걸 부엌에 가서 잔불 속으로 휙 던져 불태우고는 방으로 들어간다.

이렇게 하고 나면 이제 본격적인 하루가 시작된다. 조모님의 쪽 찐 머리는 언제나 청결하고 예쁘다. 나중에 안 일이지만 키가 아주 작아

서 귀엽고 단아했다. 조모님의 머리에서는 동백기름 냄새가, 얼굴에
선 구리무 냄새가 조모님의 냄새인 양 손자인 그의 코끝을 찌른다.
그는 항상 이 냄새를 좋아했다. 가장 따스하고 상큼하였기에.

조모님에게 하루의 시작은 손자의 양 뺨을 한번 만지는 것으로부
터이다. 슬쩍 만져보시고는 바깥 볼일을 보시든지 아니면 방 안에서
일을 시작한다. 아침에 시작된 조모님과 손자의 만남을 비롯하여 두
사람 조손 간의 만남은 하루 종일 몇 번 반복된다. 대부분은 짧은 만
남이지만, 밤에는 매우 긴 만남이 매일 이어진다.

매일 2번 이상은 항상 조손 간의 겸상으로 식사를 하고, 저녁 식사
를 물린 후에는 방청소, 짧은 시간 동안의 가족 모임 후에 모두 각자
의 자리로 흩어진다. 조모님은 어두운 호롱불 밑에서 못다 한 일을
마치자마자 잠자리를 펴시고 손자와 함께 꿈나라로 가시는 게 일상
의 가장 중요한 부분이었다. 동네의 조모님 친구들이 오시는 날에는
방 한쪽 구석에서 새우잠을 주무시다 모두가 각자의 집으로 돌아간
후에 정식으로 이부자리를 펴고 조손이 같이 꿈나라로 갔다.

그날도 다른 날과 같이 시작되었다. 한겨울의 저녁은 조모님의 친
구들을 모두 조모님 방으로 모으는 역할을 했다. 모두 모인 후에 세
상 사는 이런저런 예기들이 오갔다. 언제나 할머니의 친구들 틈에 끼
어 있던 그는 그날도 열심히 귀 기울여 오가는 이야기를 듣고 있었다.
그날은 최근에 조모님의 저녁모임에 새로운 멤버로 등장한 한 할머
니도 참석하였다. 이 할머니는 최근에 이 마을에 살기 위해 이주해온
분이다. 당시에는 과부가 된 여자는 특별한 생계수단이 없을 때는 홀
아비를 만나 그 집에 따라가서 함께 사는 것이 일반적이었다. 이 할

머니도 동네의 한 홀아비 영감님을 시장에서 만나 이 동네로 살러 들어왔다고 하였다. 이 할머니는 다른 사람의 미래를 약간 알아맞히는 능력이 있었다. 이 할머니가 가끔은 남에 대해서 이러쿵저러쿵 했지만 그 사실을 확인할 만한 힘이나 능력이 저녁모임의 회원들에게나 그에게는 없었다.

그런데 그날 밤에는 그 할머니가 조모님에 대해서 이상한 말을 했다.

"이번 초여름 밤에 먼 데서 쇠 말이 이 집 앞에 오는데, 그 이후로 이 집 대문 앞에 수많은 사람들이 줄을 선다."

도대체 무슨 뜻인지도 모를 말을 했다. 그로서는 더더욱 이해하기 어려웠다.

그로부터 5~6개월이 지난 어느 초여름 날 저녁 식사 때였다. 그날도 호롱불과 남폿불(lamp)을 켜놓고 온 식구가 밥상에 둘러앉아 늦은 저녁을 먹고 있었다. 그때 신작로의 정류소에서 우리 마을로 들어오는 차가 한 대 있었다. 동네로 들어오는 길은 포장되어 있질 않아서 움푹 팬 길 위를 차가 지날 때마다 헤드라이트 불빛이 흔들렸는데, 이 길을 향해 있는 그의 집 문에 헤드라이트 빛이 와 닿았다. 여러 번 문이 밝았다 어두웠다 하더니 개울에 걸려 있는 나무로 만든 다리 앞에서 자동차가 멈추었다. 차가 멈춘 후 1분이 지나자 갑자기 그의 집 대문간에서 소리가 들려왔다.

"여기 침놓는 할머니 계십니까?"

조모님은 조선에 없는 손자의 경기를 다스리기 위해서 침놓는 것을 재 너머의 할머니로부터 사사하여 익혀둔 바 있으며, 가끔은 동네 애들의 경기를 다스리기 위해서 침을 놓기도 했다. 그렇지만 다른 동

네의 애들에게는 단 한 번도 침을 놓은 적이 없는 그야말로 아마추어
였다. 그럼에도 불구하고 그의 모친은 대답했다.

"맞심더."

"그러면 할머니 잠시 요 앞의 다릿발까지만 같이 좀 가십시다."

그리하여 조모님은 저녁 식사 숟갈을 내려놓고는 검은 양복을 입
은 젊은 사람을 따라나섰다. 셋째 삼촌도 걱정이 되어 조모님을 따라
나섰다.

조모님이 나가신 후 모든 가족은 숟가락을 내려놓고 조모님이 돌
아오실 때까지 기다렸다. 그렇지만 조모님은 금방 돌아오시지 않았
다. 꽤 많은 시간이 흘렀다. 아마도 20~30분가량의 시간이 흘렀던 것
같았다. 갑자기 자동차 시동 거는 소리가 들리고 자동차 헤드라이트
불빛이 반 바퀴 돌아가더니 신작로를 향하여 움직이기 시작했다. 이
윽고 조모님이 삼촌과 같이 집으로 돌아오셨다.

"다행이다. 애가 깨어나서."

모든 식구들은 아무 말 없이 늦은 저녁을 다시 먹기 시작했다.

밖에서 무슨 일이 있었는지 어느 누구도 조모님께 물어보지 않았다.

5일이 지났다. 점심때가 채 되지 않은 시간이었다. 검은 지프차 한
대가 뽀얀 먼지를 내며 신작로의 정류장에서 마을로 들어오고 있었
다. 이윽고 마을 앞 개울에 걸쳐 있는 나무다리 앞에 와서 멈추었다.
차에서는 초등학교에 다닐 만한 남자아이와 양복을 입은 신사 한 명
이 내렸다. 그 신사의 오른손에는 무슨 보따리가 들려 있었다. 그로부
터 1분쯤 지났을 때에 대문간에서 소리가 들려왔다.

"모친 계십니까?"

마침 마당에 있던 그는 대답했다.

"무슨 일입니꺼?"

"침놓는 할머니를 만나러 왔다."

"방에 계십니더."

이때 조모님이 방에서 나오셨다.

"무는 일이고?"

"할머니, 저 알아보시겠습니까?"

"누구십니꺼?"

"며칠 전 저녁에 여기 찾아와서 모친한테서 침 맞고 깨어난 애가 바로 얘인데, 이놈이 제 자식입니다. 그때 정말 고마웠습니다. 모친 아니었으면 아들놈은 벌써 죽었습니다. 모친의 은혜를 잊지 않겠습니다."

이렇게 그들이 찾아왔다 갔다.

그 신사는 합천 군수였다. 저녁 식사 전에 아이가 갑자기 쓰러졌는데, 부근의 의원에게 찾아갔지만 아무런 효과가 없었으며, 주위의 한 의원에도 찾아갔는데 효과가 없었다. 그때 마침 이 마을에서 합천읍 내로 시집간 어떤 아줌마가 재 너머 이 마을에 애들에게 침을 놓는 할머니가 있는데 용하다고 하니 한번 찾아가보라고 하였다고 한다. 그래서 지푸라기라도 잡는 심정으로 조모님에게 왔으며, 조모님이 그 아이를 들여다볼 때는 이미 아이의 숨이 멈추었다. 조모님의 피나는 노력으로 이곳저곳 찌른 침 덕택에 아이는 약 15분 후에 깨어났다고 한다. 그래서 그 은혜에 보답하기 위해서 찾아왔던 것이다.

이 이야기는 순식간에 온 마을에 퍼졌다. 죽은 아이를 살려낸 조모님의 활약은 약간의 과장된 표현이 덧붙은 채로 이 마을 저 마을로 퍼져 나갔다.

번호표와 직행버스

"할매, 그날 저녁에 무슨 일이 있었나?"

"별일 없었다."

"정말로 애가 죽었나."

"숨을 못 쉬더라."

"겁 안 났나?"

"큰일 났다 싶었지."

"그래서?"

"전에 그 할매한테서 배운 대로 여기저기에 침을 놓았지. 그래도 안 깨나데. 그래서 다른 방법으로 생각나는 대로 여기저기에 침을 주니까 애가 캑 하고 깨더라."

합천 군수가 그의 집엘 다녀간 날 밤 잠자리에 들기 전에 그가 조모님께 물어본 내용이다. 이렇게 하여 쇠로 만든 말인 지프차가 다녀갔다. 그가 초등학교엘 입학하기 1년 전 일이었다.

이 일이 있은 후에 그의 집 대문 앞에는 들불같이 퍼져간 소문을 듣고 찾아온 환자들이 줄을 섰다.

환자들은 아침 식사를 하기 전에도 찾아왔다. 대문간에서,

"모친 계십니까."

"할머니 계십니까."

"아지매 계십니까."

라는 소리는 모두가 조모님을 찾는 그들의 애절한 목소리였으며, 조모님을 위한 천국에서 들려오는 노랫소리였다.

어떤 때는 차를 놓쳤다면서 밤중에도 그들은 찾아왔다. 그럼에도

불구하고 조모님은 싫은 내색 한번 하지 않았다. 그전의 조모님 모습과는 너무나도 달랐다.

시도 때도 없이 찾아오는 환자들 때문에 조모님의 사생활은 엉망이 되었다. 마을 나들이도 제대로 할 수 없었다. 즐기시던 아랫마을의 친정 나들이도 마음 놓고 할 수 없었다. 그래도 환자들이 많이 찾아오는 날에는 피로한 기색에도 불구하고 입가에 미소가 사라지지 않았다. 같은 마을에 사시는 종동서인 형님은 반대로 유쾌한 기분이 아니었다. 같이 침술을 배우고, 침술 실력도 비슷한데 조모님 혼자만 유명하게 되었으니 그럴 만도 했을 터이다.

그는 매우 이상하게 생각했다. 도대체 뭘 치료하시는지 그는 이해하질 못했다. 적어도 그가 초등학교 3학년이 될 때까지는.

조모님이 이 일을 시작한 지 4년쯤 지났을 때 그는 조모님께 물어보았다.

"할매는 뭘 나숫는데?"

"놀란 것하고, 정신 신경계에 이상이 있는 것을 치료한다."

"뭘 말인지 모르겠다."

"놀란 것은 알 것이고, 나머지는 간질병이라고 하는 거다."

그래도 그는 조모님이 말씀하시는 것을 이해하기 힘들었다.

그는 어렸지만 조모님의 훌륭한 조수였다.

환자가 다음에 찾아올 날을 달력에 표시하고, 환자가 먹어야 할 약을 조모님이 불러주시는 대로 받아 적은 후에 환자의 보호자에게 건네주었다. 때로는 약의 복용법까지 간단하게 메모해 주었다. 메모지로는 아무것이나 사용했다. 손에 닥치는 대로 메모하였더니 조모님께서는 궁여지책으로 어디서 구하셨는지 백지를 아주 작게 잘라서 한 곳에 모아두셨다. 필기도구는 몽당연필을 사용했다. 세월이 흐름에 따라 그의 메모실력도 향상되었다. 서당 개 3년의 실력도 늘어나기 마련이었다.

처음에 조모님의 침술행위에는 아무런 문제가 없었다. 환자들이 침을 맞고 가면서 '파랑새'라는 그 당시로는 가장 값싼 담배 한 갑을 고맙다고 조모님께 드리고 갔다. 어떤 할머니들은 가장 값싼 대담배인 '풍년초' 한 봉지를 두고 가기도 했다. 그래도 형편이 나은 신사들은 100원을 두고 갔다. 조모님은 항상 이런 것들을 사양하였다. 어떤 경우에는 차비가 없을 것 같은 환자에게 차비에 보태어 쓰라고 백 원을 주기도 했다. 같은 면에 사는 사람들에게서는 아무것도 받질 않았다. 그래도 조모님은 아무렇지도 않게 생각하셨다.

"할매 왜 안 받는데?"

"아픈 것만도 안돼 보여서."

"신사한테는 왜 받아?"

"안노인을 공경하라는 뜻에서"

알듯 모를 듯한 대화가 조손 간에 왔다 갔다 했지만 나이 어린 그는 조모님의 말씀을 정확하게 이해할 수는 없었다.

어떤 때는 식사 도중에 환자가 찾아왔다. 조모님의 식사를 걱정하는 모친과 숙모는 환자를 다른 방에서 조금 기다리게 했다. 그러나 대부분의 경우에 조모님의 식사는 거기에서 끝났다. 숟가락을 내려놓으신 조모님은 환자가 기다리는 건넌방으로 가서 환자를 돌봤다. 잠시 후에 손자를 부르는 소리가 들리고 처방전을 적은 후에 다시 식사를 하러 돌아오셨지만 더 이상 식사를 하지 않으셨다.

"더 잡수이소."

"됐다."

"배고프다."

"밥맛이 없다."

"힘들어서?"

"아니다."

"오지 마라 할까?"

"뭐라고 하노."

언제나 밥맛이 없어서 흰 밥을 맹물에 말아놓기만 하신 조모님의 식사. 겸상을 하는 조선에 없는 손자는 조모님의 식사를 이해할 수 없었다. 단 한 번이라도 조모님이 밥 한 그릇을 다 드시는 경우를 본 적이 없다.

왜 그러셨는지 도대체가 알 수 없으니.

조모님의 명성은 인근에서 나날이 높아만 갔다. 의료서비스가 형편없던 시절이었다. 그나마 변변한 치료를 받으려면 대구나 부산 또는 서울까지 가야 하는 형편이라 인근의 평범하거나 가난한 사람들에게는 요즈음과 같은 의료서비스는 상상조차 할 수 없었다. 이때 전혀 경제적으로 부담이 없고 인간적인 침놓는 할머니가 나타났으니 많은 사람이 몰릴 수밖에 없었다. 몇 년이 지나자 겨울 같은 추운 날에는 집의 건넌방은 아예 침놓는 방이 되다시피 하였다. 그렇다고 전문적인 시술 기구를 갖춘 방은 전혀 아니었다. 조모님의 치료기구는 바느질할 때 사용하는 작은 바늘인데, 대부분은 그것 하나로 족했다. 어쩌다 조금 큰 바늘이 필요할 때가 있었다. 길거리에서도 침을 놓는가 하면 의자 위에서도, 길가에 쉬면서도, 들일을 나가서는 논두렁에서 침을 놓았다. 요즈음의 한의원이나 침술원을 생각하면 큰 오산이다. 침이 가늘지도 않았고 특별하지도 않았다. 남의 몸속에 들어갔던 침을 소독하지도 않았고, 한 번 사용한 침을 이내 사용하지도 않았다. 요즈음 걱정하는 AIDS와 같은 심각한 병이 나타나지 않아서인지 그렇게 해도 아무 탈이 없었다.

조모님의 독특한 침 시술은 주변의 많은 사람들에게 깊은 인상을 주기도 하였다. 특히 조모님의 욕심 없는 마음과 남을 배려하는 마음은 지금 그가 생각해도 독특했다. 그의 집 앞에 있는 마당 한구석에는 오래된 커다란 느티나무 한 그루가 서 있다. 이 나무 바로 옆에 개울이 흐르고, 나무 바로 3m 위에 물막이 보가 있어 느티나무 바로 아래에는 맑은 물이 가득한 웅덩이가 있었다. 여름철에는 많은 사람들이 이 나무 밑에서 더위를 피하기 위해서 모여들었다. 아이들은 물론이거니와 어른들도 모여서 더위를 피하였다. 느티나무 아래에는 각 부분마다 지정석이 있었다. 아이들이 앉는 곳, 노인들이 앉는 곳, 부인들과 할머니들이 앉는 곳. 그런데 그가 초등학교 2학년 때부터는 이 할머니들이 앉는 곳이 조모님의 진료실이 되어버렸다. 물론 진료 기구는 동네 아낙들의 머리에 꽂혀 있는 바늘이 전부였다. 어떤 때는 한 개로 모자라서 2개를 사용할 때도 있었다. 많이 사용하는 경우에는 4~5개를 동시에 사용하여 환자의 몸 이곳저곳에 바늘을 찔러놓으시기도 했다.

이렇듯 아무 데서나 침 시술을 하다가 여름에는 느티나무 아래에서 주로 시술을 하시니 자연히 환자들이 이 나무 아래로 모여들었다. 그가 초등학교 4학년 때부터는 수많은 환자들이 밀려들었다. 그래서 아예 그는 순번을 적은 번호표를 만들어 그들에게 나누어주었다. 번호표를 만들 만큼 환자들이 모여들자 손자인 그도 덩달아 바빠졌다.

아무도 몰랐다. 그가 바빠지면 조모님이 더욱 바빠지고, 식사를 거의 할 수 없게 된다는 것을. 조모님의 얼굴은 야위어갔다. 먹는 것에 비해서 너무 과도한 노동을 하시니 체력이 저하되는 것은 물론이거니와 기력이 쇠하기 시작했다. 밤에는 숨소리가 점점 거칠어졌다. 이렇게 힘든 세월이 몇 년 흐른 후에 조모님은 그만 병이 나셨다. 그제야 병원에 가시고, 상당기간 투병생활을 하시고, 몸을 조금 추스른 후에는 보약을 드신다고 법석을 떨었다. 그래서 기관지에 좋다는 무슨 약초 진액을 드시기도 하고 거의 매일 약단술을 드셨다. 매일 잠자리를 같이하는 그는 조모님의 건강이 나빠지고 있다는 것을 어렴풋이 알고 있긴 했지만 어느 누구에게도 말할 수 없었다.

조모님의 명성이 높아짐에 따라 조선에 없는 손자의 공식 호칭도 바뀌어갔다. 조모님이 뜨기 전엔 겨우 아랫마을에서는 누구 손자로 알려졌고, 그가 사는 마을의 어른들에게는 OO 댁 손자로만 알려졌다. 그러다 그가 초등학교에 입학하자 그의 부친이 면 소재지 초등학교 교사인지라 그것도 이곳 출신의 유일한 교사여서 자연히 면 소재지 주변에서는 이 선생 아들로 알려졌다. 그렇지만 이런 호칭은 군 정도의 광역에서 통하는 호칭이 될 수 없었다. 많은 이 선생이 있기에 고령읍에서도 통용되는 호칭은 되질 않았다. 그러다 조모님의 명성이 자자해지자 조모님을 만났던 사람들은 그 옆에 앉아서 그녀를 도와주던 남자아이를 기억하게 되었는데 그는 바로 안개실에 침놓는 할머니 손자였다. 그래서 그에 대한 호칭은 침놓는 할머니 손자로 정해졌다. 이 호칭은 요즘도 가끔 통할 때가 있다. 시골을 떠나온 지 오래인 그는 시골에 사는 연세 많은 분들을 잘 알지 못한다. 그래도 통성명을 해야 될 때가 있는데, 그때는 이 호칭을 유용하게 활용하곤 했다.

조모님의 행위를 자랑스럽게 생각하거나 부럽게 생각하는 사람들이 늘어갔다. 특히 이 마을 사람들이 그러하고 인근 마을 또는 재 너머 합천 율곡에 사는 사람들도 그러했다. 그가 살던 이 마을은 대구-고령-합천-진주를 오가는 완행버스들이 하루에 5~6회 정차하는 겨우 30여 호가 사는 작은 마을이었다. 마을 앞을 하루에 10여 회 이상 지나다니는 직행버스들은 도도한 자태로 신작로를 통과했다. 설사 태워달라고 차를 세워도 아무런 반응조차 보이지 않았다.

어쩌다 많은 사람들이 정거장에 모여 강제로 직행버스를 세우면 기사가 도도한 자세로 차에서 내려와 사람들을 야단치거나 훈계를 하곤 했다. 그러나 조모님의 명성이 점점 높아지면서 이 마을을 찾아오는 환자 수가 급증하자 대구 서부정류장에서부터 이들의 요구가 높아지기 시작했다. 그 요구는 그가 사는 마을에도 직행버스를 세워달라는 것이었다. 원래 직행버스는 대구에서 출발하여 고령읍 정류장, 합천읍 정류장, 진주 종점 이렇게만 정차하였다. 그런데 조모님을 만나길 원하는 사람의 수가 많아지면서 임시정차에 대한 요청이 쇄도하자 슬며시 직행버스도 서기 시작했다. 물론 공식적인 정거장 이름을 가지진 않았지만. 많은 사람들이 그냥 차에 올라타서는 '침놓는 할머니'라는 말만 하여도 직행버스는 그곳에서 잠시 섰다 다시 출발하였다. 절대 상상조차 할 수 없는 일들이 일어난 것이다. 경제학에서 말하는 수요공급의 법칙이 여기에도 적용되었다. 직행버스, 완행버스 구분이 필요치 않았다. 그냥 침놓는 할머니로 모든 것이 통했다. 아마도 마을이 생긴 이래로 가장 유명해지고 가장 많은 사람들이 방문했던 시기였다.

면소재지에도 정차하지 않았던 도도한 직행버스가 조모님의 팬 때문에 어쩔 수 없이 그 자존심을 꺾었다. 그래도 이것은 현명한 처사였다. 이 마을에 임시로 정차하면서 조모님의 친정 마을 사람은 물론 재 너머의 합천 사람들도 이곳에 내릴 수 있어 직행버스를 당당하게 이용할 수 있었다. 직행 버스가 매번 이곳에 설 때마다 적게는 3명 많게는 10명 이상이 오르고 내렸기에 웬만한 군 소재지 이용객보다 많았다.

유치장에 갇히다

모든 일에는 양면성이 있다. 조모님의 성공을 시기, 질투하는 사람도 있었다. 조모님의 행위를 치료행위로 볼 수 있다고 생각한 사람도 있었다. 고령군에는 몇 군데의 한의원과 몇 군데의 의원이 있었다. 물론 보건 진료소도 있었다. 어떤 의원에서는 기다리던 환자들끼리 자신의 병 자랑을 하다가

"아이구, 그 병은 여기보다 침놓는 할매가 더 용하다 카더라."

무심코 내뱉은 이 말 한마디가 많은 이의 가슴에 희망을 주고, 많은 이의 가슴에 절망과 미움을 주기도 한다. 이런 말은 그 뿌리가 없

기에 더더욱 쉽게 퍼져 나가기 마련이었다. 그래서 고령경찰서에 수많은 투서가 들어갔다. 담당 수사과장의 고민은 말로 표현하기 어려웠을 것이다. 우리 일반사람들은 의료법이 무엇인지, 법을 위반하는 것이 무엇인지 모른다. 그냥 법 없이도 잘 살아갈 수 있는 사람이기에 오히려 법이 거추장스러울 때가 있고, 법 때문에 인간미가 없어질 수도 있었다. 대부분의 의사, 한의사들은 그의 부친과 친밀한 유대관계를 맺고 있었고, 또 어떤 이들은 조모님과도 친분이 두터웠다. 그래서 이 일은 꿈에서조차도 상상할 수 없었다.

어느 날 고령경찰서에서 형사라는 사람 2명이 조모님을 찾아왔다.

"모친, 서장님이 좀 뵙잡니다."

이렇게 고령경찰서로 끌려가신 조모님은 곧바로 유치장에 갇혀버렸다.

10여 분 지난 후에 수사과장이 유치장으로 찾아왔다.

"모친, 조금만 참으십시오."

잠시 후에 유치장 문이 열리면서 조모님은 어떤 형사의 안내로 수사과장 책상 옆의 소파에 앉게 되었다.

"모친 일 때문에 하도 많은 투서 고발이 들어와서 무마시키느라고 그냥 모신 것이니 용서하이소."

무엇을 용서하라는 것인지, 모슨 투서인지, 무슨 고발인지.

조모님은 이런 용어조차도 잘 알지 못했다. 그냥 앉아 있었다.

수사과장이 몇 마디 말을 더 한 뒤에 조모님을 경찰서장 방으로 데리고 갔다. 서장이 자리에서 일어나며 조모님을 반가이 맞이했다.

"아이고 모친, 아드님 체면도 있는데 죄송합니다."

이것으로 사건은 종료되었다.

사실은 수사과장의 아들도, 경찰서장의 아들도 모두 조모님의 손길을 한 번씩 거쳐 간 전력이 있었다. 그래서 그들은 너무나 잘 알고 있었다. 얼마 전에 개정된 의료법에 저촉되긴 하지만, 대가를 요구하지도 않고, 거의 봉사하는 수준의 활동을 하는 조모님께 매번 감사의 마음을 그들은 옛날부터 가지고 있었다. 그러하기에 수많은 민원(?)을 잠재우기 위해서 요식행위를 한 것이다.

이런 조모님의 유치장 행은 그가 대학엘 다닐 때도 한 번 있었다. 그때 그는 서울에서 대학을 다니는 친구와 후배들과 같이 학우회 활동을 하고 있었다. 정치학과에 다니는 친구가 회장을 맡고, 그는 부회장을 맡았다. 학우회에서 서울에 계시는 출향 선배들을 찾아가 찬조금을 얻어 고향의 낙후된 마을로 가서 여름방학 때 2주일간 봉사활동을 하였다. 대학 3학년 때의 일이었다. 고향의 기관장을 찾아 인사를 드리는 과정 중에 고령경찰서에 들렀을 때이다. 서장님과 그의 일행 몇이 서장실에서 만나 이런저런 대화 중에 자연스레 가족 이야기가 나왔고, 부친과 조모님 이야기가 나왔다.

"자네 조모님이 침놓는 할머니인가?"

이렇게 해서 조모님이 두 번째로 경찰서 유치장에 갇힌 이야기를 들었다. 서장님의 미안해하는 말씀은 더 이상 그의 귀에 들어오지 않았다.

아직도 그는 생각한다. 조모님이 유치장에 갇힌 이유는 물론 위법행위였겠지만, 밥그릇 싸움이나 자존심 싸움은 아니었길 기대한다. 왜냐하면 조모님은 물질적인 대가를 바라는 분이 전혀 아니었기 때문이다. 바느질용 바늘로 피부를 찌르고, 처방전은 모두 들과 산에 나는 약초로 이루어지는 민간요법이었기 때문이다. 물론 이런 요법이 그들에게 얼마나 많은 도움을 주었는지 해를 끼쳤는지 그는 모른다. 그렇지만 그는 조모님이 하늘 우러러 한 점 부끄러운 행위는 절대로 하시는 분이 아니라는 것을 알고 있기에 이런 유치장행은 어쩌면 당연한 것이라 생각했다.

결혼한 지 7개월이 지난 어느 날 그의 모친이 그의 부부 내외가 사는 집으로 오셨다. 신혼 집을 둘러보기 위한 것이 아니라 아들로부터 뭔가 좋은 소식이 없나 해서 오셨지만 아무런 이야기를 들질 못했다. 그런데 그의 모친은 갑자기,

"익모초가 좋은데."

오랜만에, 정말로 오랜만에 듣는 풀이름이었다. 몇 년 만인가. 20년 만에 들어보는 이름이었다. 그가 대구에 있는 중학교로 진학한 후로 처음 들었던 것이다.

그의 조모님은 환자에게 침술을 시술한 후에는 거의 대부분 민간요법을 처방하였다. 우슬, 오가피, 지피, 산초, 작약, 당귀, 소철, 등등.

이제는 그 이름도 거의 기억나지 않는다. 그렇지만 그가 조모님을 도와드릴 때는 거의 100여 종의 약초이름을 줄줄 꿰었다. 이들 중에서 몇 종류만 제외하고는 거의 하찮은 잡초에 지나지 않았다. 심지어는 물가의 둑에 자라는 이름 없는 것들도 처방에 들어가곤 했다. 그러니 환자들에게 이것들을 어떻게 가공하여 달여 먹는지를 간략하게 메모하여 주는 것이 그가 조모님 옆에서 하는 일이었다.

조모님에게는 모든 것이 약초였다. 들판에 나는 나물은 물론이거

니와 산에 나는 독초들까지도 약이었다. 심지어는 집 안에 있는 마당 구석에 겨우 얼굴만 내민 잡초 같은 풀도 약초였으며, 각종 동물의 배설물 속에서 자라고 있는 이름 모를 풀도 약이라 하시며 소중하게 다루셨다. 이러니 산속으로 들어가면 바위틈에 있는 이끼, 바위에 붙어 있는 버섯, 고목나무나 썩은 나무에 붙어 있는 이상한 것들조차도 약으로 쓰인다며 소중하게 모으셨다. 그리고 반드시 이 이름 없는 약들이 어디에 쓰이는지 어떻게 사용하는지를 말씀해주셨다. 그렇지만 그는 이런 것에 전혀 흥미를 느끼지 않았다. 그래서 중학교에 진학한 후로부터 50대 후반이 된 지금까지 조모님이 말씀하신 약초들은 그의 뇌리에서 완전히 사라진 지 오래였다.

조모님이 저세상으로 떠나신 지 30년이 지난 지금 생각해보면 왜 당시에 이런 것들을 기록으로 남겨놓지 않았는지 이상했다. 요즈음의 그는 그런대로 메모를 잘하는 편이다. 그 당시에는 메모하는 것을 좋아하지 않았다. 대부분의 아이들처럼.

몇 년 전 일이었다. 그가 다니는 대학의 약학과에 그의 고교 선배 한 분이 있는데, 그는 생약이 전공이라 한국의 전통요법과 약초에 대한 연구를 하고 있었다. 우연한 기회에 그가 수행하고 있는 연구 내용을 슬쩍 흘렸다. 그 순간 그의 몸은 전율하였다. 그의 선배가 이야기하는 약초를 그는 이미 민간요법에서 어떻게 사용되고 있는지를 알고 있었기 때문이었다. 그러나 그는 전혀 모르는 것처럼 선배의 이야기를 열심히 듣기만 하였다.

그가 어릴 때 가끔은 천식도 하고, 오랜 몸살도 하여 조모님의 애를 태운 적이 여러 번 있었다. 이마에 열이 펄펄 나고 온몸이 불덩이처럼 달아오른 적도 여러 번 있었다. 그럴 때마다 조모님은 집 뒤뜰에 있는 수채(하수구) 구멍 근처에서 실같이 가는 지렁이를 잡으셨고, 수채 근처에 있는 들깨를 닮은 소철 잎을 따셨다. 또 어떤 때는 없는 개똥을 찾으신다고 마을 길을 헤매시기도 했다. 무슨 천식이 그리 심했는지 산골짜기에 있는 계곡에 가서 맑은 물속에 사는 가재를 잡아와서는 으깨어서 생즙을 만드시고는 그걸 먹으라고도 하셨다. 아마도 집 안팎은 물론이거니와 들과 길, 산과 계곡에 있는 수많은 살아 있는 것들을 먹고 이제껏 살아온 그는 아마도 자연의 한 부분이 아닐까.

약초만이 아니었다.

그는 조모님의 무릎에서 생활했기에 조모님이 다른 이들에게 처방해주시던 여러 가지의 민간요법을 그 당시에는 모두 기억하였다.

가끔은 결혼 택일을 하러 오거나 궁합을 알아보기 위해서 조모님을 찾아오는 사람들도 있었다. 그는 어깨너머로 조모님이 펼치는 책력과 관련 서적에서 여러 종류의 공부를 할 수 있었다. 아무런 의미도 모른 채로 10간 12지를 초등학교 1학년 때 완전 마스트하고, 60갑자는 물론이거니와 중요한 8글자로부터 점치는 법도 배웠지만 그게 무슨 이름인지 무슨 의미인지를 그때는 몰랐고 지금도 모른다. 토정비결 같은 것은 아주 기초에 속하지만 그걸 한 번이라도 믿어본 적이 없다.

우리나라 사람들이 좋아하는 화투를 가지고 점치는 방법도 5~6가지나 알고 있었다. 원래는 10여 가지 이상이 되었는데 이제는 모두 잊어버리고 4가지 정도만 알고 있다. 그래서 가끔은 중요한 이벤트를 앞두고 재미 삼아 이런 패를 떼어보곤 한다. 이것도 마찬가지이지만 그것의 의미는 잘 모른다. 누구에게나 직감 같은 것이 있는데, 그에게도 직감 같은 것을 잘 느낀다. 이럴 때 그것이 어떤 의미를 가지는지를 잘 해석하는 것이 중요한데, 이 해석에서는 그도 자신이 없다.

그의 조모님으로부터 물려받은 것인지는 몰라도 그도 전통 민간요법이나 놀이에 대해서 그다지 거부반응을 나타내지 않는다. 그래서 그의 주위에는 다소 황당한 사람들이 많이 있지만 그들과 멀리 지내지는 않는다.

눈, 눈동자를 봐라

돌이켜보면 그가 그토록 오랫동안 조모님과 같이 지내면서 조모님의 틀 안에 안주했지만 조모님으로부터 물려받은 것이 거의 없다는 것이 참 신기했다.

조모님은 가끔 그에게 뭔가를 남기시려고 노력했다. 그녀가 그에게 가르치려고 했던 것 중에서 가장 중요시한 것은 눈이었다.

"사람에게서 제일 중요한 것은 눈이다. 눈에는 모든 것이 들어 있다."

관상가들은 우리 몸 각 부위를 중요도 별로 점수를 매긴다고 한다. 이럴 때 얼굴이 전체 100 중에서 90 이상을 차지한다고 하는데, 관상가들은 얼굴을 가장 중요시하는가 보다. 우스갯소리로 많은 사람들은 이렇게 말한다.

"얼굴 아깝다."

얼굴은 잘생겼는데, 언행이 미치지 못할 때 안타까워서 하는 소리이다.

그런가 하면 일부 남자들은 앞을 지나가는 여성을 두고,

"얼굴 아깝다."

성희롱법에 저촉되기 전에나 하던 말이다. 지금은 이런 말을 내뱉다가는 감옥 가기 십상이다. 어떤 상황을 말하는 것일까? 얼굴은 잘생겼는데 몸매가 따르지 않는다든지 언행이 미치지 못할 때 이런 말을 썼다고 한다. 이처럼 얼굴은 그 사람의 이미지를 거의 좌우한다. 처음 모르는 사람을 만났을 때 약 5초 이내에 받았던 인상이 그 사람에 대한 모든 이미지로 남게 되며, 그 이미지가 평생을 갈 정도로 강렬하다고 한다. 우리의 얼굴은 우리 자신을 타인에게 소개하는 명함이나 이력서보다 훨씬 더 소중하다.

얼굴을 100으로 볼 때 눈이 90 이상에 해당하는데, 눈은 결국 우리 몸 중에서 80 이상에 해당하는 중요도를 지닌다고 한다.

우리 몸에서 가장 중요한 눈.

눈의 중요성을 그는 초등학교에 입학하기도 전에 조모님으로부터 배웠다. 그의 조모님은 가끔 이런 말씀도 하셨다.

"눈을 보면 그 사람의 모든 것을 알 수 있다. 아픈 곳이 어딘지, 머리가 총명한지, 의지가 강한지, 뭔가를 해낼 수 있는지, 이런 것도 눈을 보면 알게 된다."

그래서 눈 보는 법을 조모님으로부터 배웠다.

그런데 지금은 그 당시에 배운 것이 전혀 기억나지 않는다. 그가 중학교와 고등학교를 졸업하고 공과대학엘 진학해서인지, 초등학교를 마치고 난 후로는 그에게서 조모님의 존재는 다른 사람들과 별다

른 차이가 없었다.

그에게 조모님의 존재를 일깨워 준 사람은 뜻밖에도 그의 연구실
에서 박사학위 과정을 이수하던 늙은 학생이었다.

약 4년 전의 일이었다. 그를 비롯한 몇몇 늙은 학생들이 박사과정
에 진학했다. 지도교수이긴 했지만 그는 그들의 의지와 용기가 오히
려 부러웠다. 매주 토요일과 일요일에는 박사학위 논문을 위한 세미
나가 열렸다. 토요일에는 오전 9시부터 시작하여 오후 3시까지 무려
5~6시간 동안 계속되었는데, 열의는 대단하지만 모두가 지칠 수밖에
없었다. 이때 다른 대학에서 관상에 대한 강의를 하고 있던 그 학생
에게 여가로 10~20분간 강의를 하게 했는데, 이 학생이 눈의 중요성
을 몇 번에 걸쳐 이야기했다. 이때 불현듯 생각나는 것이 있었다. 무
려 40~50년 전에 조모님으로부터 들었던 기억 바로 그것이었다.

조모님의 가르침은 어느덧 몸에 깊숙이 배어 있었나 보다. 대학엘
들어가서 여학생들과 미팅을 할 때나, 누군가가 여성을 소개해줄 때
항상 상대의 눈만 쳐다보았다. 그래서인지 그 자리를 파하자마자 그
는 상대의 얼굴 생김새를 전혀 기억하지 못했다. 그 당시에 그의 상
대자들에게는 미안한 표현이긴 하지만 실제로 그는 그들의 얼굴을
전혀 기억하지 못했으며, 기억하려고 노력조차 하지 않았다. 그래도
그는 연애를 하여 지금의 아내와 결혼했다. 그것도 순탄하게. 거기에
는 그만이 알고 있는 비밀이 있다.

어느 날 그는 아내에게 솔직하게 고백하였다.

"당신이 알고 있는지 모르지만 나한테는 심각한 문제가 있는데, 그
게 바로 내 눈이 못생겼다는 거야."

그래서 그에게는 어릴 적부터 대학 졸업할 때까지 변변한 기념사진이 없다. 정확하게 말하면 한 장도 없다. 기껏해야 초, 중, 고등학교 졸업앨범에 있는 사진이 전부다. 이유가 무엇일까. 너무 간단해서 이해가 되지 않는다. 스스로 못생긴 눈에 대한 콤플렉스 때문이다. 찌그러지거나 못난 눈이 아니라 너무나도 조그마한 눈을 그는 가졌다. 그래서 카메라 렌즈에 노출되는 것을 무척 싫어했다. 대학원에 다닐 때 만난 그의 아내는 같이 어울리는 그녀의 친구들 중에서는 물론이거니와 그의 친구나 주변인물의 여자 친구나 배우자들 중에서 단연 드러나는 얼굴을 가졌다고 그는 늘 생각해왔고, 또 그렇게 말해왔으며, 이것이 그의 콤플렉스를 메워주는 것이라고 생각해왔다. 사진을 찍지 않은 다른 이유가 물론 있긴 했다. 그는 남들 앞에 나서는 것을 무척 싫어했으며, 심지어는 두려워하기도 했다. 믿기질 않겠지만 그가 약관의 나이로 처음 대학 강단에 섰을 때 학생들의 얼굴이 눈에 들어오지 않았다. 아니 눈으로 그들을 쳐다볼 용기가 거의 없었다는 것이 더 정확한 표현이다.

그는 사진 촬영하는 것을 매우 즐겼다. 항상 예쁘고 자랑할 만한 그의 여자 친구를 대상으로 사진을 촬영했다. 그래서 그의 연애 시절 사진첩에는 그녀만이 들어 있다. 그가 들어 있는 사진은 100장 중에서 1~2장에 지나지 않았다.

그가 처음 그녀를 부모님이 계시는 집으로 데려와 모든 가족들에게 소개했을 때 모두 놀랐다. 5형제를 둔 집이라 부모님까지 남 6, 여 1인 항상 남자들만 있는 집에 젊고 예쁜 아가씨가 왔으니 부모님은 물론 그의 동생들도 예쁜 형수를 보기 위해 좀 더 가까이 다가가려 했다.

결혼 후 1년이 지났을 때다. 강한 사투리와 그 사투리를 알아듣지 못하는 며느리 간에 의사소통이 잘 되질 않아서인지 아니면 무슨 다른 이유가 있어서인지 어느 날 그의 모친은 지나가는 말로 나지막이,

"얼굴만 이쁘면 다가?"

그는 못 들은 척하며 속으로는 웃음이 나왔다. 얼굴은 마음에 드는데, 하는 일이 영 서툴다는 뜻이었다.

대학 4학년 여름 방학이 시작되자 고향에 계신 조모님을 한번 찾아뵙고 대구에 있는 부모님 댁에서 대학에서 배운 것들을 복습하려고 작정을 했다. 그래서 몇 달 전부터 매주 토요일에 만나 온 여자 친구에게 그의 여름방학 계획을 전하면서 조모님이 여자 친구 얼굴을 보고 싶어 하실 테니 사진을 하나 달라고 했다. 그녀는 머뭇거리다가 다음에 만날 때 주겠다고 약속했다. 방학이 시작되자마자 그는 고향에 계신 조모님을 뵈러 갔는데, 조모님을 만나자마자 자초지종을 말씀드리고는 그녀가 건네준 사진을 드렸다.

"이쁘구나."

"몇 살인데?"

"부모는 계시고?"

모든 하문에 대한 대답에 만족하신 조모님의 결정적인 한 말씀은 그의 태도를 확 바꾸어버렸다.

"우리는 개혼(開婚)인데. 사돈이 없어서."

그녀의 부친이 1년 전에 저세상으로 떠났다는 말씀에 대한 조모님의 답이었다.

그래서 대학을 졸업하면서 그녀와의 만남을 종결할 수밖에 없었다.

대학원에 다닐 때 만난 아내에 대한 이야기를 조모님께 말씀드린 지 한 2주일이 채 지나기도 전에 대구의 집에서 긴급 전갈이 왔다. 조모님께서 그가 만나고 있는 처자를 만나고 오라는 지시를 막내며느리인 그의 막내 숙모에게 내렸다는 것이다. 막내 숙모는 친정 사촌여동생이 서울에서 결혼을 하는데 참석할 참이었다. 이때 조모님의 지시로 질부 후보를 만나야 한다는 것인데, 소위 말해서 첫 면접이었다. 긴급 연락을 그녀에게 전달했다. 아직 만나기 시작한 지 한 달이 채 되기도 전이었다. 어쩔 수 없이 그녀에게 전달을 하긴 했지만 어째 마음은 불편하였다. 다음 날 그녀에게서 연락이 왔다. 그녀의 모친이 만남을 허락했다고. 이렇게 그녀는 그의 가족에게 처음으로 소개되었다. 그의 연애는 그의 집안에서 큰일이었다. 그것은 그가 조선에 없는 손자였기 때문이었다.

조선에 없는 손자는 엉뚱하고, 고집 세며, 새로운 것에 대한 도전의식이 강했다. 그래서 집안에서 처음으로 대구에 있는 괜찮은 중학교엘 입학하고, 처음으로 안경을 꼈으며, 처음으로 연애결혼을 했으며, 그것도 서울 출신의 배우자를 골랐다. 이 외에도 그가 한 것은 모두 새롭게 개척한 것에 해당하였다. 물론 이미 다른 사람들에게는 모두 평범한 일이었겠지만. 단지 조선에 없는 손자였기 때문에 문제시되고, 주목을 받고, 가족회의를 해야 하는 상황인 것이다.

막내 숙모가 그녀를 면접한 이야기는 온 집안의 화젯거리가 되었다. 막내 숙모가 조모님을 만나러 오면 화제의 80% 이상은 그녀를 만난 것과 느낌에 대한 것이었다. 그래서 여름방학이 되자 그는 여자친구에게 사진을 한 장 달라고 했다. 조금 큰 사진으로. 평소에 패션에 관심이 많은 그녀는 여러 번 사진을 찍었지만 마음에 들지 않는다고 사진을 건네주지 않았다. 그래서 그는 그녀를 강제로 학교 인근의 사진관에 데려가 사진을 찍게 했다. 결과로 나온 사진은 당연히 그녀의 마음에 들지 않았다. 그렇지만 그는 막무가내로 이 사진을 조모님께 보여 드렸다.

"더 이쁘네."

"몇 살이고?"

"부모님은?"

이번에는 모든 것이 통과되었다.

그리고는 조모님의 예리한 관찰이 시작되었다. 조모님의 진짜 관심은 사진 속에 있는 사람의 눈이었다.

"눈이 잘 생겼네. 총명하구나. 고집도 세고."

조모님은 무척 만족하셨다. 그렇지만 그는 조모님이 만족하신 이유를 그때는 몰랐다. 이 일이 있은 지 30년이 지나서야 겨우 깨닫게 되었다.

50년 전에 조모님이 그에게 그토록 가르치려고 노력하셨던 한 말씀이었다.

"사람에게서 제일 중요한 것은 눈이다. 눈에는 모든 것이 들어 있다."

3. 퍼주는 이

조모님의 큰손

조선에 없는 손자는 그의 모친의 아들이 아니라 조모님의 손자가
되었다. 조모님은 언제나 바빴다. 5일마다 서는 고령 장날에는 언제
나 고령읍엘 다녀오셨으며, 옆에 있는 큰집과 다른 친척 집에서 발생
하는 대소사에 참견하느라 낮잠 한번 주무실 여유가 없었다. 집안의
어른인 조모님이 오셔야 시작되는 저녁상에서 국이 식는 경우가 대
부분이었다. 식사하시라고 통지를 하면 언제나,

"지금 출발하니 먼저 먹고 있으라."

하신다. 집에 돌아오시는 데 걸리는 시간은 길어야 2분을 넘지 않
지만, 조모님이 돌아오시는 데 걸리는 시간은 보통 5분에서 30분이
걸렸다. 다행히 일찍 오시면 그때부터 시작되지만, 보통은 최소한 20
분이 걸리기 때문에 먼저 식사를 시작한 팀은 이미 식사를 마치고 설
거지가 끝난 후가 된다. 그래서 나중에 오신 조모님은 혼자서 식사하
실 수밖에 없는데, 그렇지 않아도 조금밖에 못 드시는데 혼자 저녁상

을 받으면 한 숟갈을 들고는 끝내는 경우가 부지기수였다. 그래서 가끔은 손자인 그가 저녁을 들지 않고 기다리기도 했다. 그렇지만 그는 초저녁잠이 많아서 저녁을 먹지 않고 꿈나라로 가는 경우도 있었다. 이런 날에는 조손이 모두 저녁을 굶기도 했다.

때로는 그는 조모님을 기다리다 못해 조모님을 모시러 다시 찾아가서 손을 끌고 모셔오기도 했다.

동네에서 머슴으로 일하는 사람들은 조모님의 큰손에 감동하여 그의 집에서 일하기를 원했다. 그렇지만 살림이 많지 않아서 어른 머슴은 1명밖에 필요치 않았다. 그리고 꼬마 머슴이 한 명 있었다. 조모님은 평상시에도 항상 머슴들의 밥상을 챙겼다. 밥은 많이 담았는지, 쌀이 많이 섞였는지, 반찬은 넉넉한지.

이런 것들을 항상 챙기셨다. 그래서 나중에는 머슴들과 일하는 사람들의 밥상 옆에는 아예 별도로 큰 그릇에 밥을 가득 담아놓았다. 반찬 중에도 맛있는 것은 언제나 따로 한 그릇을 챙겨 놓았다. 부족하면 더 먹으라는 조모님의 배려였다. 그래서 그의 집에서 모내기나 수확을 하는 날에는 주위의 많은 사람들이 그의 집으로 몰려와서 기꺼이 거들어주었다. 그날 저녁은 온 동네 사람들의 회식일이 되었다. 일을 도우러 온 사람들의 모든 식구들이 모두 그의 집으로 와서 저녁을 때웠다. 동네에서 가장 부자였던 그의 큰댁에서도 그러했는지는 기억이 나질 않는다.

가끔, 아주 가끔은 조모님이 낮에 집에 혼자 계실 때가 있다. 당시에는 사는 형편이 어려운 사람들이 많아서 끼니때가 되면 이 집 저집 돌아다니면서 식사를 구걸하는 사람들이 많았다. 그의 집도 부자는 아니었지만, 식사 때 찾아오는 사람들을 박절하게 대하는 경우는 전혀 없었다. 조모님의 큰손은 식사 때 구걸하러 온 사람들에게도 예외가 아니었다. 찾아온 사람의 밥만 주는 것이 아니라, 다른 사람이 없는지 확인하고는 여유 있게 밥을 퍼주었다. 식사 때가 아닌 경우에는 곡식을 퍼주었는데, 언제나 주는 일정한 양이 있었다. 그런데 이때 만약 조모님이 그 자리에 계실 때는 항상 정해진 양보다는 2배가량이 나갔다.

"얼마나 힘들겠나. 좀 더 담아라."

손이 큰 조모님 덕에 어떤 때는 식구들이 먹을 밥이 모자라는 경우도 있었다. 그런 경우에는 어느 누구도 식사가 모자라는 척을 하지 않았다. 왜 그렇게 하는지 어느 누구도 이야기해주질 않아서 그도 그때는 물론이거니와 지금까지도 모른다. 아마도 그건 그의 증조모님 때문이었을지도 모른다.

증조부는 가솔들을 데리고 일제치하에 이곳으로 이사를 왔다. 원래는 같은 군의 다른 면에서 그의 일족들이 살았다. 그의 선조들은 원래 충청도 진천에서 살다가 경기도 용인으로 그리고 300여 년 전에 이곳 고령으로 와서 살았다고 한다. 그러다 일제가 한반도를 지배함에 그 꼴이 마음에 들지 않아서 그의 고조부는 식솔들을 데리고 지리산 옆의 육십령 바로 아래에 있는 함양 서상이라는 곳으로 이주를 했다. 이곳은 대식구가 살기에는 너무나 좁았다. 가지고 들어온 재산을 거의 다 소진할 무렵에 그의 증조부는 지금 그의 고향이 된 이곳으로 이주를 하여, 오로지 성실과 근면으로 차차 옛날의 부를 회복할 수 있었다. 그의 증조부는 4형제의 막내였지만 경제적으로 가장 여유가 생겼기에 함양에 계시는 그의 고조부모와 몇몇 피붙이를 데려왔다.

대식구가 이곳으로 이사 온 이후로 고조부의 막내며느리인 그의 증조모는 더더욱 허리를 졸랐다. 모든 식솔들의 입을 책임져야 했기에. 그래서 그녀의 근검절약은 부의 축적을 위한 수단이 아니라 대식구의 입을 책임지는 수단이 되었다. 마침내 모든 식구들의 입에서 거미줄을 걷어낼 수 있었다. 그녀의 솔선수범하는 이런 노력으로 함양으로 들어가기 전에 누렸던 부를 되찾게 되었다.

부를 축적하는 동안 증조모는 증조부에게 큰소리 한번 치지 못했다. 대식구를 먹여 살리고, 부까지 축적했지만 그의 증조부에겐 이런 것은 아무런 의미가 없었다. 왜 의미가 없었는지에 대한 자세한 이유는 알 수 없지만, 언제나 신선이 되겠다는 꿈으로 산속의 초당에서 선도(仙道)를 익혔다. 어쩌다 서슬이 시퍼런 일본인 순사가 동네로 순찰을 나오면 증조부의 고함이 어김없이 동네의 산골짜기를 쩌렁쩌렁 울렸다. 그러면 일본 순사는 혼비백산하여 도망쳤다. 순사뿐만 아니라 군의 산림계 직원과 세무직원도 마찬가지였다. 그도 어릴 때 그의 큰할아버지가 동네를 찾아온 지서의 순경과 군에서 온 산림계 직원과 세무직원들에게 큰소리를 쳐 그들을 멀리 물리치는 것을 여러 번 본 적이 있다. 아마도 그의 증조부가 그렇게 했을 것이다.

증조모는 집에서 일하는 하인들과 머슴들을 조모님이 머슴을 대하는 것과 같은 방법으로 대하였다. 조모님이 큰손으로 많은 사람들을 따뜻하게 대해준 것은 어쩌면 시어머니인 증조모로부터 배운 것인지도 모른다. 증조모는 밥을 할 때면 그 양을 항상 스스로 결정했다. 15인분이 필요하면 그만한 양을 가져 나오라고 하고는 언제나 그것에서 한 홉가량을 덜어내어 옆에 놓인 빈 독에 담아두었다. 그리하여 한철이 지나고 나면 이것을 기반으로 하여 부를 쌓았다고 한다. 오로지 아껴서 그 많은 재산을 모았던 것이다. 그렇게 하여 그녀는 당대에 동네에서 제일가는, 그리고 말년에는 면에서 제일가는 부를 축적했다.

축적한 부가 중요한 것이 아니라 매 끼니때마다 모자라는 식사량이 문제였다. 항상 일정량에서 한 홉을 덜어내었으니 당연히 밥은 모자랄 수밖에 없었다. 그리고 아랫사람들에게는 식사를 후하게 할 수 있도록 하였으니 본 식구들에게는 언제나 식사가 모자랐다. 그래서 끼니때가 채 되지 않아도 배가 고팠지만 어느 누구도 배고픈 내색을 할 수 없었다. 그렇지만 증조부는 증조모의 이토록 지독한 근검절약을 싫어했다.

그녀의 행동을 닮은 둘째 며느리인 그의 조모님을 증조모는 유별나게 사랑하고 아꼈다. 아마도 일찍 떠난 작은아들과 혼자서 고생하는 며느리를 안타까워하는 마음도 특별한 정이 가는 이유 중의 하나였을 것이다. 이런 이유 때문에 그가 세상에 태어난 후 1년 반 후에 저세상으로 떠날 때까지 'ㄱ' 자로 꼬부라진 허리로 증손자들 중에서 오로지 그만을 가끔 업으셨는지도 모른다.

구걸하러 온 사람들에게 후한 마음을 전하는 것도 조모님과 증조모님은 거의 같았다. 다만 조모님은 본 식구들에게도 여유 있는 식사를 하게 하셨다. 하지만 근검절약 정신은 증조모님보다 더했다. 만약에 우물가에 곡식 낱알이 하나라도 떨어져 있으면 그날 식사는 아예 사라져버린다. 밥알은 더했다. 그러니 방바닥에 밥을 흘린다는 것은 크나큰 죄악이었다. 그래서 그는 지금도 식사 때는 밥알 하나 흘리지 않으려고 노력하며, 식사가 끝난 후에는 마치 사찰에서 공양하듯이 밥그릇을 물로 행군 후에 마시는 버릇을 가지고 있다. 조모님은 이토록 곡식과 식량에 대해서는 엄하셨다.

조모님은 집에서 재 너머에 있는 절의 충실한 신도였다. 그래서 그
런지 시주승이 집에라도 오면 지나칠 정도로 후하게 시주를 했다. 구
걸하러 온 사람에게는 놋쇠로 만든 밥그릇 뚜껑에 가득 담아주시지
만, 시주승에겐 그가 어디에서 왔는지 묻지도 않고 아무 말 없이 한
바가지 가득 시주해버린다. 그래서 시주승이 몇 번 왔다 간 달에는
뒤주 안의 쌀이 빨리 줄어들었다. 이런 것이 가족 모두에게 습성이
되어서인지 그의 모친도 시주승에겐 특별히 후했다. 매달 한 번은 아
닐지라도 이름 있는 날이 되면 조모님은 어김없이 재 너머의 절로 가
신다. 자그마한 키에 이겨낼 것 같지 않은 쌀자루를 머리에 이고 집
뒤에 나 있는 오솔길을 따라 재 마루를 향해 올라가셨다. 다음 날 오
후에는 집에 돌아오시는데, 그로부터 며칠간은 손자에게 절 이야기를
하느라 내내 환한 모습을 하셨다. 재 너머에 있는 절에는 조모님을
즐겁게 만드는 신비한 기운이라도 있는 것일까.

조모님의 활약이 본격화된 그가 초등학교 2학년 때부터 집안에는
담배가 끊어질 때가 없었다. 저녁 식사 때가 되면 조모님을 찾아오는
환자들의 발길이 끊어지고, 조선에 없는 손자는 방구석에 수북하게
쌓여 있는 담배 '풍년초'를 모아서 창고 한구석에 쌓아둔다. 적게는
하루에 10봉지에서 많게는 50여 봉지가 쌓인다. 가끔은 '파랑새' 담배
도 보이는데, 필터가 없는 cigarette이다. 가격은 '풍년초'와 거의 같았
다. 이 담배는 세월이 흘러감에 따라 '아리랑'으로 바뀌었는데, 아마
도 우리나라의 소득수준이 높아감에 따라 서민용 담배가 바뀌었기

때문일 것이다.

여름철에는 느티나무 밑에 앉아 있는 동네 어른들에게 필요한 만큼 나눠주고 남은 것만 챙겨오기 때문에 숫자는 겨울철보다 작을 때도 있었다.

50년이 지난 지금도 그는 기억한다. '풍년초' 담배 냄새와 그 모양을.

세상에서 담배 인심이 가장 좋은 사람은 바로 조모님일 것이라는 생각을 그는 늘 했다. 이렇게 들어온 담배를 조모님은 다른 사람에게 팔지 않았다. 언제나 필요한 사람들에게 나누어주거나 그녀의 밤 친구들에게 떠안겼다. 그녀의 밤 친구들은 그래서 일찍 담배를 배웠다. 물론 친구들 중에 남편이 있는 사람은 한두 명에 지나지 않고 대부분은 혼자된 과부 할머니와 과부 아주머니였다. 그들은 모두 골초들이 되었다.

자신에게 엄격하다

가끔 들어오는 잔돈들을 조모님은 늘 속옷 안에 있는 돈주머니 속에 넣었기에 항상 주머니가 두둑하여 다른 할머니들에 비하여 늘 금전적으로는 여유가 있었다. 그래서 아침에는 가끔 다른 친척댁에서 잔돈을 꾸러 오는 경우가 있었다. 그때는 늘 필요한 돈을 빌려주었는데, 심한 경우에는 하루아침에 몇 번이나 돈을 빌려주는 경우도 있었다. 그렇게 빌려준 돈은 모두 다 회수했을까. 빌려준 것을 단 한 번도 기록하지 않았는데.

금전적으로 여유가 있었던 조모님은 친구분이나 가까운 분들에게 인심도 후했다. 담배 인심은 말할 것도 없고, 잔돈을 쓰는 인심도 최고였다. 음료수를 산다든가, 술을 한잔 산다든가 할 때 값을 치르는 주인공은 언제나 조모님이었다. 하기야 한 번에 치르는 돈은 몇 푼 되질 않았다. 매번 값을 치르면서도 안색 하나 변하지 않고 환한 표정을 지었다. 그런데 특이한 점은 조모님은 음료수나 술을 입에도 대지 못한다는 것이다. 조모님은 다른 이들이 즐거워하는 표정에서 만족감을 느끼시는 걸까.

다른 사람들에게 이렇게 후한 인심을 보였던 조모님은 자신에게만은 너무나도 엄격했다. 늘 신어야 하는 하얀 고무신을 제외하고는 입고 다니시는 옷이나 소품을 당신 손으로 단 한 번도 사질 않았다. 언제나 아들이나 며느리가 사온 것을 걸치고 다니다가 누군가가 어디서 샀느냐고 물으면 아들이나 며느리가 사줬다고 자랑하곤 했다. 무슨 특별한 날만 되면 아들과 며느리로부터 새 옷들이 많이 들어왔는데, 이것들을 항상 안방에 있는 장롱 속에 차곡차곡 정리해두었다. 그러다 일 년에 한 번씩 꺼내어 바람을 쐰 후에 도로 넣어두었다.

고무신도 마찬가지였다.

대부분의 사람들이 검정 고무신을 신고 다닐 때 조모님은 항상 하얀 고무신을 신으셨다. 두 켤레의 하얀 고무신은 언제나 새하얗게 빛났다. 어쩌다 진흙이 묻으면 깨끗하게 씻은 후에 그늘에서 말렸다.

조모님은 하얀 모시적삼과 모시 치마를 입는 것을 좋아하셨다. 좋아하신 게 아니라 늘 그렇게 입으셨다. 모시로 만든 것은 한 번만 입으면 구겨져 볼품이 없게 된다. 그래도 조모님의 치마와 저고리는 언제나 금방 다린 듯 단아한 자태를 뽐냈다. 어떻게 이렇게 옷을 입으셨는지 그는 알지 못한다. 그의 모친과 숙모의 피와 땀의 결과였을까.

어쩌다 음식물 흔적이 생기더라도 어느새 감쪽같이 사라졌다. 조모님은 마술사였나.

자신에게 이렇게 깔끔한 조모님도 조선에 없는 손자의 실례에는 너무나도 관대했다. 등에 온갖 흔적을 남겨도 아무 일도 없었던 양 그냥 넘어갔다. 그 녀석은 이런 조모님의 마음을 알기나 했을까.

4. 그녀의 장손

조모님에게 언제나 조선에 없는 손자는 7살이 되자 초등학교엘 입학하게 되었다. 입학식 날 시오리나 되는 면소재지의 초등학교까지 걸어갔던 그는 큰 낭패를 만났다. 입학자 명단에 이름이 올라 있질 않았던 것이다. 그곳 초등학교 교사였던 부친이 깜빡하고는 출생신고를 하지 않았기 때문이다. 입학식 후에 그의 부친이 일 학년생 앞으로 걸어왔다. 부친이 일 학년 담임이었다. 이제부터 관심을 가지고 아들의 성장을 관찰하시겠다는 의지의 표출이었나? 그래서 입학 통지서는 그에게 문제가 되질 않았다. 입학식 후에 그도 드디어 대한민국 국민이 되었다. 그래서 그의 생년월일은 기억하기 쉬운 날로 정해졌다. 앞을 내다보신 부친의 혜안 덕택이었다.

입학한 지 며칠 지나지 않아서 학교에서 그는 선생님이신 부친으로부터 벌을 받았다. 다른 애들과 같이 창문을 타고 넘어다녔다는 이유로. 그런데 부친은 다른 학생들에게는 관대했지만 그에게만은 혹독했다. 이후로도 그는 자주 벌을 받았다. 입학식 후로 두 달이 지났다. 무슨 이유인지는 몰라도 부친은 6학년의 담임으로 가시고 딴 분이 담임으로 오셨다. 그 이후로 그는 자유로운 몸이 되었다. 크고 작은 사고를 쳤다. 그래도 부친은 한 말씀도 하질 않았다.

그는 일 학년 때부터 공부를 별로 하질 않았다. 시험공부 한번 하지 않고 항상 평소실력으로 시험을 치렀다. 그래서 초등학교 내내 개근상은 받았지만 성적 우수자에게 수여하는 우등상은 4학년과 5학년 때밖에 받질 못했다. 아마도 그 면 출신으로 유일한 동료교사라는 체면 때문에 그의 담임선생님들이 그에게 우등상을 준 것이었으리라.

그의 조모님은 공부라면 아니 성적이라면 지대한 관심을 가지신 분이었다. 한 번도 내색은 않으셨지만. 그의 부친이 고등학교 졸업 때까지 항상 일등을 하였고, 다른 아들들도 언제나 일등 아니면 우등을 하였기에 자식들의 공부에 대해서만은 언제나 자부심이 대단하셨다.

이런 조모님의 자부심을 여지없이 무너뜨린 자손이 바로 그녀가 그토록 믿어온 조선에 없는 손자였다. 종동서의 장손이 같은 학년이었는데, 그 녀석이 항상 우등상을 받아올 때마다 속이 쓰렸겠지만 단한 번도 그 내색을 하지 않았다. 그러다 5학년 때 조선에 없는 손자만이 우등상을 받았다.

"잘했다."

그뿐이었다.

조선에 없는 손자

그가 6학년에 진학하자 다시 부친이 담임이 되었다. 부친은 의욕적으로 6학년을 가르쳤다. 무슨 사명감을 가지신 것처럼 보였다. 6학년 학생들의 학부모들도 그의 부친이 6학년 담임을 맡은 것을 무척 환영

하는 분위기였다. 그러다 채 한 달이 되기도 전에 부친은 대구의 대규모 초등학교로 전근을 가셨다. 무려 15년 만에 고향의 학교에서 다른 학교로 옮기신 것이다. 부친이 이임식을 하던 날 학교는 온통 울음바다였다. 졸업생 재학생 할 것 없이 모두 이임식장으로 찾아와서 부친의 이임을 아쉬워했다.

부친이 떠난 학교는 허전했다.

그래도 그는 부지런히 학교엘 다녔다.

문제의 5월 16일.

그날 아침에 대구에서 고향 집으로 오신 부친은 갑자기 그에게 책 모두를 챙겨 보자기에 싸들고 같이 대구로 가자고 하셨다. 그는 부친의 명대로 따라나섰다.

이것이 그가 지난 5년 이상을 다녔던 초등학교와의 이별이었다. 밤에 내당동 정류장에 도착하여 '합승'이라는 소형 시내버스를 타고 동인동 어느 곳에 도착하였다. 이곳은 부친이 자취를 하던 곳이었다. 그곳에는 상업고등학교엘 다니는 그의 막냇삼촌과 공업고등학교엘 다니는 고종형이 있었다. 다음 날 아침.

"며칠 동안 동네를 돌아다니면서 길을 익혀라."

부친은 돈 20원을 쥐여 주신 후 출근하셨다.

이렇게 시작한 룸펜 생활은 무려 3주간 지속되었다.

"어느 학교엘 다닐래?"

6월 7일에 동네 학교엘 전학했다. 첫날부터 시험을 치렀다. 반년 후에 있을 중학교 입학시험을 대비하여 매일 모의시험을 치른다고 했다. 문제지를 받아본 순간 앞이 캄캄했다. 알 수 있는 문제라곤 없었다. 이 학교에서는 이미 1학기와 2학기 공부를 끝내고 이제 복습을 하면서 매일 몇 과목씩 시험을 치르고, 1주일에 한 번씩 전 과목 시험을 치른 후에 학반별로 성적을 비교 평가한다고 했다. 더욱 그를 놀라게 한 것은 전 과목 석차에 따라 1등에서 10등까지는 1분단, 11~20등까지는 2분단, 나머지는 3분단으로 나뉘는데, 1분단은 선생님 교탁 바로 앞 5번째 줄까지 앉으며, 2분단은 중앙에서 창 쪽 5번째 줄까지, 나머지는 자유석이라고 한다. 심지어 1~2분단은 매일 옥수수 식빵 1개씩을 급식으로 받으며, 청소당번도 면제받는 특혜를 받았다.

그는 전학 첫날 시험에서 국어는 겨우 70점. 아직도 기억한다. 꼴찌에서 10번째. 자연(지금의 과학)은 32점으로 꼴찌였다. 고개를 숙였다. 선생님의 말씀.

"촌놈이 잘한다고 해봐야."

심한 자괴감.

그날로부터 처음으로 공부를 했다. 밤 12시까지였다. 밤 12시가 되면 통행금지 사이렌과 함께 제한 송전으로 전기가 끊어졌다. 촛불을 켜놓고 공부를 했다. 여름방학도 없었다. 여전히 학교엘 나갔고, 집에 와서는 여전히 열심히 했다. 2학기 중간인 10월에 2분단 끝에 앉을 수 있었다. 11월 중순엔 1분단 끝으로 옮겨갔으며, 입학시험을 치르기 전에는 1분단 중간까지 진출했다.

담임선생님이 부르셨다.

"성적은 좋지만 전학을 와서 점수를 못 믿으니 3위 학교엘 원서 내라."

"왜 1분단 전체가 1위 학교엘 내는데, 안 된다고 합니까."

"못 믿는다."

"다음 시험을 보고 내 주이소."

그래서 더 열심히 했다. 자리는 드디어 2번째 줄로 옮겨졌다. 그래도 원서를 내주지 않는단다. 부친께 말씀드려 자존심을 세우려고 해보았지만 허사였다. 결국 2위 학교에다 원서를 냈다. 이걸 어쩐다. 1위 학교는 경쟁률 1.5:1, 2위 학교는 경쟁률 8:1. 시험을 치렀다. 남학생 192명 중에서 102등. 합격이었다. 커트라인은 역전되었다. 2위 학교가 무려 30여 점이나 높았다. 어쨌든 합격은 했다. 반에서 1위 학교 5명, 2위 학교 5명 합격했다고 난리가 났다. 교장 선생님의 표창도 있었다. 담임선생님이 원망스럽기도 했다. 5명 전원이 1위 학교엘 합격하고도 남았는데.

부친은 신이 났다. 막냇삼촌과 고종형도 신이 났다. 실제로 제일 좋은 중학교엘 합격했으니까 기쁠 수도 있겠다. 조모님의 배려로 마침 아들의 입학시험엘 맞추어 대구 자췻집에 와 계시던 모친도 기뻐했다. 합격자 발표가 있은 다음 날 모친은 기쁜 소식을 안고 조모님이 계시는 고향 집으로 가셨다. 이미 조모님은 조선에 없는 손자의 금의환향을 알고 계셨다. 합격자 발표가 있던 날 아침에 배달된 신문 호외에서 합격을 확인한 면장님이 아침 일찍 조모님께 찾아와서 기쁜 소식을 전해 드렸다. 합격 소식을 전해 들은 조모님은 너무나 기뻤다.

'조선에 없는 내 손자.'

손자의 귀향에 맞추어 조모님은 동네잔치를 열었다. 군에서 유일하게 1위 학교엘 합격한 자랑스러운 그녀의 조선에 없는 손자를 알리기 위해서. 그는 일약 스타가 되었다. 적어도 면에서는 모르는 사람이 없게 되었다.

중학교에 진학한 그는 1달에 한 번쯤은 조모님을 뵈러 고향으로 갔다. 매번 조모님의 심부름으로 뭔가를 사 가지고 갔다. 대부분은 대구의 약전골목엘 들러 한약재를 사 가지고 갔다. 시골의 산과 들에서는 구할 수 없는 것을 공급하는 공급책이었다. 그때 그는 처음으로 여러 한약재가 약전 골목에서는 다른 이름으로 불린다는 것을 알게 되었다. 조모님이 부르는 명칭과 한약방에서 부르는 명칭은 서로 달랐다. 조모님은 순우리말이었지만, 한약방에서는 완전한 한자어였다. 그래서 필요한 것을 살 때마다 그것의 생김새와 용도를 말한 후에 정확하게 구입할 수 있었다. 가끔은 이런 말도 들었다.

"아직 이렇게 부르는 사람이 있네."

나중에 알게 된 사실이지만 그의 조모님은 민간요법으로 처방하였던 것이다.

많은 세월이 흘러서 그도 고등학생이 되었다. 그런대로 학교생활을 하던 그가 무슨 결심을 했는지 고2 때부터 열심히 공부하기 시작했다. 그런 결과로 고3에는 가장 우수한 성적으로 진급하였는데, 학년 초에 학교로 불려 가신 부친께서 집으로 돌아오셔서 기분 좋은 표정을 하고 계셨다. 학교에서 좋은 이야기를 들으셨나 보다.

대학진학원서를 낼 때 집안에서 약간의 의견 충돌이 있었다. 어려운 가정 형편을 염려하는 삼촌들의 이의제기에 그의 부친이 주춤했다. 때마침 결단을 내리신 조모님 덕택에 그는 무사히 대학입학원서를 낼 수 있었다. 서울로 가서 시험을 치르고 합격이 되었다. 물론 이번에도 합격자 공고가 되었다 한다.

조모님의 기쁨은 그야말로 하늘 높은 줄을 몰랐다.

"조선에 없는 내 손자."

조모님은 무려 두 번이나 잔치를 벌였다. 아마도 한 번은 당신을 위해서. 또 한 번은 손자를 위하여. 조손은 이때만큼 기쁜 적이 없었다.

그녀의 뇌리에는 많은 일들이 스쳐 갔다. 38살이라는 청상의 나이에 홀로되어 어려운 살림살이에 자식들을 키워내고, 이제 자랑스러운 손자마저 키워냈으니.

그래, 청상이라는 이름으로

서울에 있는 대학에 진학한 그는 경제적으로는 힘들었지만 그래도 늘 감사하는 마음과 즐거운 마음으로 생활했다. 학비는 별문제가 되지 않았지만 늘 생활비가 문제였다. 원래 촌놈이라서 잡비란 걸 몰랐기에 생활에는 별 불편함이 없었다. 매달 조모님의 전폭적인 지원으로 학교생활을 했다. 조모님도 손자에게 보내는 돈을 마련하시느라 힘들었지만 자랑스러운 당신의 분신을 위해 최선을 다했다.

촌놈이었던 그는 평범한 생활을 했다. 그러다 무슨 바람이 불었는지 대학 3학년 때에 무슨 봉사활동이다, 클럽활동이다, 동문회 활동이다 하여 학업에 열중하지 못했다. 여름방학 때 집에 와서 곰곰이 생각하였다. 그래서 새사람이 되기로 작정하였다. 그로부터 그의 근면하고 집중하는 생활이 시작되었다. 대학 4학년 때는 기숙사의 여러 방들 중에서 일부러 외지고 한적하여 아무도 찾지 않는 방을 택하여 그곳에서 수도사 같은 생활을 하기 시작하였다. 6시 기상 후 산책과 식사 그리고 샤워, 오전 또는 오후에는 수업을 듣고 남는 시간에는 공부에만 열중하고, 밤에는 최소한 3시간 이상 공부에만 열중하였다. 이렇게 한 학기가 지날 무렵에 겨우 눈앞이 열리기 시작했다. 앞으로의 길이 보이기 시작했다. 4학년 2학기는 덤으로 주어진 시간이었다. 그리곤 대학원에 진학하면서 전공을 바꾸었다.

그가 진학한 대학원은 조금 특수하여 많은 특혜가 주어지는 기관이었다. 학비와 생활비가 해결됨은 물론 병역문제까지도 해결되었다. 동기생들이 모두 140명이라 재학기간 중에 서로를 모르는 사람이 거의 없을 정도였다. 그래서 진학 그 자체가 주위로부터 많은 부러움을 사는 곳이었다. 이것을 어렴풋이 알고 계시던 조모님은 손자의 합격 소식에 너무나도 감격하셨다. 전국의 중앙지에 실린 합격자 명단을 보고 조모님을 알던 많은 사람들이 축하해주자 신이 난 조모님은 당장에 잔치를 했다. 하기야 영남 출신의 합격자 수가 30여 명이 채 되지도 않는 형편이라 조모님의 자부심은 대단하였으리라.

이후로 조모님은 언제나 가슴을 펴고 여기저기로 출타하셨다. 비록 청상으로 살아왔지만 이제 자랑스러운 자손들을 길러 내셨음을 인근에서는 모두가 인정하기에.

그래. 청상이라는 이름으로.

막내아들

그가 중학교에 진학했지만 부친과 삼촌, 고종형과 함께한 자취생활은 변함이 없었다. 모두가 궁핍한 생활을 하던 때라 제대로 된 식사를 하기 힘들었다. 아침만 되면 서로 식사당번을 하기 싫어서 이런저런 핑계를 대기 바빴다. 고2인 삼촌은 한창 사춘기였는지 큰형에게 대들기 일쑤였고, 툭하면 자기 순서를 건너뛰었다. 여차하면 고교 친구들과 여기저기를 쏘다녔다. 막내로 태어나서인지 걸핏하면 무슨 자랑인 양 8삭 동이로 태어났다고 강조하고 다녔다. 한번은 큰형님에게 전날 야단맞은 일로 짐을 싸들고 집을 나가버렸다. 부친은 걱정으로 제대로 주무시지 못했다.

"무조건 데려와라."

아침에 출근하시면서 아들에게 내린 명령이었다. 그가 다닌 중학교와 삼촌이 다닌 학교는 담 하나로 서로 이웃하여 있었기에 하교하자마자 그 학교로 찾아갔다. 평소에 집으로 여러 번 놀러 온 적이 있는 삼촌 친구들을 만나서 수소문한 뒤에 교문에서 만났다.

"아부지가 오라 카더라."

"알았다."

이 한마디를 뒤로하고 삼촌은 친구들과 가는 길을 재촉하였다. 조카에게 말 한마디 없이. 최근에 유행한 적이 있는 노래 가사가 생각난다.

잘 지내는지, 밥은 잘 먹는지, 걱정도 안 되는지.

그래서 삼촌 뒤를 추적했다. 겨우 거처하는 곳을 알아낸 뒤에 퇴근하신 부친께 말씀드렸다. 만약 삼촌의 거처를 알아내 오지 않았으면 부친과 그는 밤새 잠 한번 이룰 수 없었을 것이다.

부친은 막냇삼촌이 아버지의 사랑을 받질 못해서 항상 방황했을 것이라고 언제나 큰형으로서 미안하고 불쌍한 마음을 잊은 적이 없다고 먼 훗날 아들인 그에게 고백하신 적이 있다. 어쨌든 이 시절의 막냇삼촌은 막무가내, 막내아들, 철부지였다. 말을 함부로 하여 상대를 우울하게 만들기도 하였다.

다음 날 다시 삼촌을 만나 부친의 엄명을 전했다. 그로부터 며칠 후에 삼촌은 자췻집으로 돌아왔다. 그날 밤에 그는 큰 사건을 기대했지만 실망스러웠다. 아무 일도 없었던 양 그냥 조용히 지나갔다. 막냇삼촌은 고교졸업 후에 금융기관에 취직했다. 어느 시골에 있는 지점에서 근무하게 되었는데, 토요일 오후가 되면 빨랫거리를 싸서 대구로 돌아왔다. 1년 동안 그곳에 근무하였는데, 많은 에피소드를 남겼다. 무려 3회나 빨랫거리를 가져오지 않아서 조카인 내가 일부러 그곳까지 가서 빨래를 챙겨왔다. 얄밉기도 하지만, 왜 부친은 막냇동생을 야단치지 않는지. 이런 부친의 행동이 그에게는 늘 불만이었다. 한번은 그곳에 근무하기 싫다고 불시에 사표를 제출하고는 아무에게도 말을 하지 않고 잠적해버렸다. 지점장으로부터 이런 사실을 통보받은 조모님과 부친의 얼굴은 사색이 되었다. 삼촌을 찾을 방법이 없기에 더욱 난감했다. 그때까지 있었던 삼촌의 불성실한 행동을 그가 조모님께 낱낱이 고백하여 모두가 해결책을 모색하는 것이 유일한 방법이었다. 그때까지 이런 사실을 모르고 계셨던 조모님은 화가 많이 나셨지만, 우선에는 아들을 찾는 것에 주력했다. 일이 발생한 후 약 한 달이 다 되었을 때 막냇삼촌이 돌아왔다. 조모님은 막내의 교육을 다시 시키신다고 엄포를 놨다. 그의 부친은 엄하지만 무척 부드러운 성품을 지니셨기에 막냇동생의 버릇을 고치는 방법을 찾아내지 못했다. 결국 조모님께서 막내아들에게 타협안을 제안한 후에야 겨우 해결되는 실마리를 찾아냈다. 이런 종류의 일은 조모님이 돌아가신 후에도 여러 번 발생하여 그의 부친은 늘 마음고생을 하였다.

고모네

고종형이 외삼촌 두 분과 같이 자취를 할 때였다. 그는 외가의 남자들 틈바구니에서 요령껏 잘 대처하고 있었다. 항상 약자인 척하여 큰 외삼촌의 동정심을 끌어내기 바빴다. 막내 외삼촌은 같은 나이로서 같은 학년이지만 외삼촌인지라 대어들기도 힘들어 언제나 움츠리고 다녔다. 약자인 척하면서 언제나 실속은 다 채웠다. 졸업 후에는 제대로 된 근사한 곳에 취직하여 얼마 전에 퇴직할 때까지 다소 여유 있게 사회생활을 했다. 본인 말로는 자신이 승진할 수 있는 데까지는 갔다고 말하는 걸 보면 꽤나 자신 있게 생활을 한 것 같다. 그의 고모는 조모님을 닮아서 불 칼 같은 성품을 지녔다. 반면에 고모부는 유약한 선비 형이다. 아마도 고종형은 그의 부친의 성품을 많이 닮았나 보다. 고모부는 몇 대 독자인 데다 가정형편이 여의치 않았다. 그러다 보니 자연히 경제권은 고모에게 넘어가 있었다. 고모도 별 뾰족한 수가 없었다. 삶이 자신을 괴롭혀 피로가 많이 쌓이면 재 너머의 친정으로 나들이를 갔다. 친정에 간다고 해서 무슨 뾰족한 수가 생기는 게 아닌데도 고모는 가끔 친정으로 왔다. 아마도 고모에게는 친정이 피안의 세계였는지도 모른다.

집안 형편이 이러하니 고종형의 어깨는 늘 축 처져 있었다. 한번은 고종형과 막냇삼촌이 심한 말다툼을 했다. 그리고는 짐을 싸서 다른 곳으로 가버렸다. 그의 부친이 이미 이런 일을 예견했지만 별 대책이 없었다. 그래서 아들인 그에게 고종형의 형편을 보고 오라고 하셨다. 평소에 고종형의 입장을 이해하고 있던 그로서는 무거운 발걸음으로 고종형의 친구들을 만나 그의 거처로 가서 많은 이야기를 들었다.

"고맙다."

며칠 후에 고종형이 집으로 와서 용서를 구하고 이제 독립해야 할 때가 된 것 같다고 큰외삼촌께 말씀드렸다. 그의 부친은 말이 없었다. 이렇게 고종형은 그곳을 떠났다. 이제 환갑을 넘긴 나이가 되었는데 옛날 일은 잊어버렸는지.

조모님에게 딸과 외손자들은 언제나 큰 숙제이며 짐이었다.

영원히 해결되기 어려운 숙제.

스무 살일 때 태어난 딸은 조모님에게는 사랑스러운 분신이었지만, 열다섯 살인 조부님에겐 부끄러움이었다. 그래서 딸을 자신의 호적에도 올리지 못하고. 큰집 형님의 딸로 등록이 되었다. 아직도 그는 이해하지 못한다. 이런 사연을 가지고 있던 그의 고모는 열다섯 살에 시집을 갔다. 그리고 금방 아들을 낳았다. 조모님이 서른여섯 살일 때 외손자가 태어났으니 너무도 어린 나이에 외할머니가 되어버린 조모님. 그것도 막내아들을 낳은 후 몇 달이 지나지 않은 상태에서 외손자까지 보게 되었으니. 연이어 남편의 죽음. 조모님에게는 이 시절이 어려움이 겹치고 겹친 때로 기억되었다. 그래서 웃어도 웃는 것이 아니고, 기뻐도 기쁜 것이 아니었다. 불쌍한 고모는 이후로 많은 아들과 딸을 낳아 살림이 더욱 어려워졌다. 고모님에 대한 이런 살림살이 소식이 조모님에게 전해지는 날이면 조모님의 기분은 비정상이 되었다. 이유 없이 화를 내시는 것은 기본이고, 말수가 턱없이 줄어들어 집안 사람들을 긴장하게 만들었다.

조모님은 막내아들과 맏딸에 대한 이야기를 일절 하지 않으셨다. 적어도 친구나 다름없는 조선에 없는 손자에게까지 단 한 번도 말씀

을 하신 적이 없었다. 그래서 그가 어릴 때 고모는 딴 집사람인 줄 알
았다. 나중에야 겨우 알게 되었지만 조모님의 고모네에 대한 생각은
조금 유별났던 것 같다. 아쉬움과 미안함, 그리고 안타까움이 조모님
을 괴롭혔는지도 모른다.

5. 남을 배려하는 사람

　남들 앞에서 강의를 한다는 것은 쉬운 일이 아니다. 더구나 남을 가르친다는 것은 어려운 일이 아니라 거의 불가능한 일이다. 가르친다는 것은 상대가 모르는 것을 알도록 만드는 일이다. 무엇을 안다고 하는 것은 무척 주관적이다. 자신이 알고 싶어 하는 욕구가 없는데 알도록 하는 것은 강요이다. 강요에 의한 지식의 습득은 그것을 내 것으로 만들게 하지 않는다.

　그가 공부를 끝내고 처음으로 강의를 시작한 것은 아직 스물일곱 살에 지나지 않은 어린 나이였다. 그래서 아직은 대중 앞에 서는 것이 서툴러서 말을 잘하지 못했다. 정직하게 말하면 그는 어릴 때부터 대인공포증이 있어서 남들 앞에 선뜻 나서기가 쉽지 않았다. 그래서 강단에 서긴 했지만 학생들 얼굴을 쳐다보기가 쉽지 않았다. 적어도 5년 정도가 지날 때까지 이런 공포증은 남아 있었다.

　그가 이곳에 부임한 지 2년째 되던 해에 고교 친구가 찾아왔다. 20여 분 동안 이런저런 이야기를 하다가 그를 찾아온 목적을 물었다. 그 친구는 주저하더니 자신은 아직 대학을 졸업하지 못했지만 어느

회사에 다니고 있는데, 마지막 학기이지만 학교엘 나오기 어려우니 친구인 그의 강의를 수강해도 되는지를 알아보러 왔노라고 했다. 그 정도로 그 당시에는 늙은 학생들이 있었다. 친구의 사정은 딱하지만 친구의 청을 들어줄 수 없었다. 그 정도로 그는 원리원칙주의자였다.

당시의 시국상황은 어수선하였다. 조금만 튀는 말을 해도 뭔가 다른 조치가 취해지던 그런 세월이었다. 대학본부에서는 학생지도를 철저히 해달라고 시도 때도 없이 요구를 해왔다. 언젠가는 그가 지도하는 학생 한 명이 아주 핵심적인 운동권이라는 소문이 들렸다. 초봄 어느 날 본부에서 학생 면담 기록을 비롯한 지도 보고서를 제출해달라는 요청이 왔다. 그래서 문제의 그 친구를 만나기 위해서 연락을 하고 약속을 했다. 그 학생은 당당하게 그의 사무실로 찾아왔고, 당당하게 서로 이야기를 나누었다. 사실 그는 운동권에 대하여 구체적으로 아는 바가 전혀 없었다. 왜 운동을 하는지도 몰랐으며, 그들에게 무슨 이념인가가 있다고 하지만 그 학생을 만날 때까지는 전혀 몰랐다. 그 학생은 순진한 교수의 솔직함에 마음에 있는 말을 하고, 자신의 일로 그가 신경 쓸 일이 다시는 없을 것이라고 하고는 떠났다. 그로부터 10년 후에 그는 그 학생이 신학대학 교수가 되었다는 이야기를 들었는데, 그 순간에 그는 그 학생이 제대로 된 자신의 길을 갔다는 생각을 했다. 이처럼 교수도 학생으로부터 뭔가를 배울 수 있는 기회가 주어지는 곳이 대학이라는 장소이다. 특히 그는 이러한 방법으로 사회의 일부를 이해하고 알게 되었다.

조모님도 많은 환자들의 이야기를 통해서 본인의 침놓는 기술을 향상시키기도 했으며, 환자들을 진단하는 실력도 환자들을 통해서 향상시켰다. 다시 찾아온 환자에게 침을 맞고 약을 복용하기 전의 상태와 침술 시술 후의 상태 간의 차이를 반드시 물어보았다. 조모님이 이렇게 물어볼 때마다 당시에 그는 그 이유를 몰랐다.

한번은 17년 선배 교수와 같이 초저녁에 시내에서 맥주 한잔을 하고 있었다. 그는 술을 거의 하지 않기에 술자리가 파할 때까지 맥주 한 잔으로 때웠다. 그런데 우리 일행이 당시의 현안이었던 아웅산 사태에 대해서 이야기 하던 중에 그 당시에 변을 당했던 분에 대한 이야기가 어쩌다 나왔다. 갑자기 옆자리에 앉아 있던 젊은 친구가 벌떡 일어나더니 자기 고모부에 대한 이야기를 한다고 버럭 화를 내는 것이었다. 사실 이야기 내용은 별것이 아니었다. 그런대도 아마도 대학생으로 보이는 그 젊은 친구가 열을 올릴 정도로 사회가 메말랐던 시절이 그가 강단에 섰던 초년병 시절이었다.

5년여가 지난 후부터는 학생들의 얼굴이 눈에 들어오기 시작했다. 그래도 그들의 표정을 읽으면서 강의를 할 정도로 노련해지거나 강의 요령이 는 것은 아니었다. 초기보다는 약간 여유가 생겼기에 이제 제법 자투리 시간을 활용할 줄도 알았다. 강단에서의 연륜이 쌓여감에 따라 점차로 강의 기법도 노련해지면서 달라졌다. 실제로도 조금 나은 기법을 위해서 고민하고 부단한 노력을 하기도 했지만, 항상 결과는 기대에 미치질 못했다.

그가 홀로서기를 하여 2년이 지난 후부터 독자적인 연구를 위해서 많은 계획을 세우기도 했지만 언제나 과거의 연장에 지나지 않았음을 10여 년이 지난 후에야 깨달았다. 그래서 새로운 시도를 하기 시작하였으며, 과거의 연구 테마로부터 과감하게 탈피하기 시작하였다.

이렇게 시작된 지 5년이 지난 후에 국가적으로 큰 위기였던 IMF 체제가 시작되었다. 위기가 기회를 만든다는 말처럼 그도 새로운 시도를 했다. 역시 큰 반향을 일으킬 만큼의 결과들이 도출되었다. 이때 처음으로 그는 기고만장해졌다. 돌이켜보는 지혜만 가졌더라도 그는 참담한 실패를 겪지 않았을지도 모른다. 10년간의 암흑기는 그의 인생을 송두리째 바꿔버렸다.

처음으로 그는 여러 가지를 깨달았다. 세상에는 여러 종류의 사람들이 있으며, 각자는 각자의 역할이 있다는 것을 이해하였다. 많은 사람들이 유기적인 조직체를 이루어 더불어 살아간다는 것도 그제야 이해하였다. 겨우 왜 남을 배려해야 하는지를 깨달았다. 이런 것들을 종합해보면 10년간의 암흑기는 그를 겨우 철들게 만든 계기가 되었다 할 수 있다. 왜 그전에도 그의 아내가 항상 자신을 되돌아볼 필요가 있다는 충고를 했는지를 20년이 지난 후에 겨우 이해하게 된 것이다. 그간 기고만장했던 그가 이제 겨우 겸손함을 알게 된 것이다.

고집, 그 고집

원래 고집을 타고난 그였다. 조모님은 가끔 고집이 너무 강한 그에게,

"고집 때문에 고생 한번 할 거다. 큰일도 한번 내겠지만."

고집과 주관은 다르다. 더욱이 집념은 전혀 다르다. 그가 최근에 그의 제자로부터 배운 관상론에 따르면 그는 옹고집은 없으나, 주관이 분명하고, 집념이 강한 얼굴을 가지고 있다. 그가 스스로의 성품을 평가하면 관상으로 보는 것과 같은 결론을 내릴 수 있다.

초등학교 1학년 때의 여름이었다. 전년도에 우리 땅을 덮친 태풍 '사라'호에 이어 다음 해에도 강한 태풍이 우리 땅을 덮쳤다. 동네 앞에 있던 나무로 만든 작은 다리가 간밤에 내린 폭우로 그만 떠내려가버렸다. 그의 고향인 이 산골짜기는 길이가 짧아서 폭우가 오면 금방 물이 불어나 일 년에도 5~6회 정도 큰물이 지곤 했다. 그래서 마을 앞의 다리는 거의 1년에 한 번씩은 새로 만들어야 했다. 그해에도 예외 없이 큰물이 졌고, 다리가 떠내려갔다. 그가 학교엘 입학하기 전까지는 다리가 떠내려가는 것이 그에게 그리 큰일이 아니었다. 그렇지만 학교에 입학하고 나서는 다리가 없으면 등교가 어려우므로 중요한 사건이 되고 만 것이다. 늘 자전거로 학교로 출근하시던 부친이 떠내려간 다리 때문에 걸어서 출근하시면서,

"다리가 없으니 너하고 삼촌은 학교 안 와도 된다."

그의 막냇삼촌은 학교에 갈 생각을 애초에 버렸다. 그는 달랐다. 아침을 먹고는 책 몇 권을 보자기에 싸서 어깨에 둘러매고는 집을 나섰다.

"오늘은 그만 집에 있어라. 아무도 못 간다."

조모님의 만류에도 불구하고 우산을 들고는 밖으로 나갔다. 당장 집 앞에 있던 다리가 없어졌으니 우선 뒷산으로 올라가서 산 능선을 타고 평소에 잘 알고 있던 산길을 따라 학교를 향해 갔다. 봉우리를 수십 개를 넘어 면 소재지가 있는 데까지 왔다. 아뿔싸. 면소재지에 있는 일제강점기에 만든 시멘트 다리의 중간이 지난밤의 큰물에 의해 두 칸이나 떠내려가고 말았다. 다리를 만든 후에 처음으로 이런 일이 생긴 것이다.

난감했지만 학교로 가는 걸 포기하지 않았다. 다시 산으로 올라가

능선을 타고는 빙빙 둘러서 다리의 반대편에 도착했다. 그리고 마침내 학교에 도착했다. 교실에 들어가니 담임선생님이 놀라셨다. 교실에는 10명도 채 안 되는 친구들이 자리에 앉아 있었다. 조금 지나서 금방 학교가 파했다. 그가 학교에 도착한 것은 거의 11시 30분쯤이었다는 이야기를 저녁 식사 시간에 부친으로부터 들었다.

학교에서는 난리가 났다. 원래는 천재지변으로 인해서 등교가 불가능하기 때문에 학교엘 오지 못한 거의 80% 이상의 학생들을 '출석'으로 처리하기로 결정했다고 한다. 그의 부친도 10시가 훨씬 넘어서야 겨우 출근했으니 이 결정은 지극히 당연한 처사였다. 그런데 1학년짜리 꼬마가 그것도 학교에서 제일 먼 곳에 사는 아이가 산을 넘고 물을 건너 등교를 했으니 기가 막힐 노릇이었다. 학교 교무회의가 다시 열렸고 많은 논의 끝에 학교에 오지 않은 사람을 '결석'으로 처리하기로 결정했다.

해가 바뀌어 2월이 되었다. 2월 말의 종업식에서 개근상을 받은 학생들의 수는 1~5학년 전교생 400여 명 중에서 30명이 채 되지 않았다. 종업식에서 항상 5학년이 대표로 받던 개근상을 1학년 꼬마인 그가 대표로 상을 받았다. 상을 들고 집에 왔다. 조모님은,

"장하다."

1960년대의 겨울은 너무나 추웠다. 길거리의 바람은 지금보다 훨씬 차가웠다. 부모님과 동생들까지 대구로 이사 와서 살던 때이다. 부친께서 그를 친척 댁으로 심부름을 보내었다. 그 댁에는 같은 또래의 친구 한 명과 두 살 위의 누나와 여동생 등이 있었다. 부친의 심부름에 관한 일을 끝낸 후에 우리는 즐거운 시간을 보냈다. 서로가 거의

1년 만에 만났기 때문에 할 이야기가 너무나도 많았다. 저녁 식사 후에도 우리들의 이야기는 끝이 없었다. 그 집 식구들은 이야기를 생산하는 기계 같았다. 이야기는 꼬리에 꼬리를 물었고 급기야는 그의 귀가는 밤 10시를 넘고 말았다. 그가 늦게 귀가하자 부친은 아들에게 엄한 벌을 내렸다.

"밖에 나가 있어라."

그래서 그는 추운 겨울날 마당에 나가 있었다. 왜 이런 벌을 받아야 하는지 그 이유를 알 수 없었다. 지금껏 부친으로부터 이런 벌은 커녕 야단조차 받은 적이 없었기 때문이다. 그렇지만 부친의 명령은 엄중하기에 그대로 따랐다. 약 한 시간이 지나자 집안이 조용해졌다. 방안의 불은 모두 꺼졌다. 조용히 문이 열리더니 그의 모친이 살그머니 나오시더니,

"들어가자."

"안 돼요. 들어오라는 말을 들어야 돼요."

"주무시는데, 이제 안 들어도 된다."

그래도 그는 방으로 들어가지 않았다. 밤이 새도록 마당 한구석에 쪼그리고 앉아 있었다. 날이 밝았다. 부친은 조반을 마친 후에 조용히 학교로 출근하셨다.

모친은 그를 끌고 방 안으로 데려갔다. 이불을 덮어 밤새 얼은 몸을 녹이느라 애를 썼다.

이런 난리를 쳐도 그는 눈 하나 깜짝거리지 않았다.

그 후로 부친은 이번 일에 대해 아무런 말이 없었다. 뒤늦게 모친으로부터 이 사실을 전해들은 조모님은 손자의 고집을 염려하셨다.

"고집 때문에 고생 한번 할 거다. 큰일 한번 내겠지만."

이 일로 인해서 그의 귓불과 손가락에는 동상이 걸렸다. 겨울만 되면 동상 증세가 나타나곤 했는데, 30년이 지나자 겨우 이런 증상이 사라졌다.

명상에 젖다

1960년대의 아낙들은 대부분 힘든 삶을 영위하면서 목숨을 이어가고 있었다. 남편이 있는 아낙들은 그래도 나은 편이었다. 홀로된 아낙들은 겨우 하루하루를 연명하고 있었다. 그래서 나날이 쌓이는 스트레스를 해소하는 방안을 다각도로 강구하였다. 더러는 푸닥거리를 하거나, 교회에 나가거나, 절이나 성당에 나가는 사람들도 있었다. 허전한 마음과 스트레스를 해소하기 위해서.

조모님은 그 어떤 것도 하지 않았다. 다만 시어머니께서 권했다는 재 너머의 절에 다녀오는 것이 전부였다. 절의 입장에서는 소위 불성실한 신도에 지나지 않았다. 일 년에 초파일과 동지 부근에 한 번씩 갔다 오는 게 전부였으니 별로 도움이 되지 않는 신도였다. 그래도 침놓는 할머니로 소문이 나고 나서는 절에서의 영향력은 상당한 수준이었다. 신도들을 몰고 다니지는 않았지만 조모님의 말 한마디로 신도 수에 영향을 줄 정도가 되었다. 그래도 이런 능력을 발휘하지 않았다. 급기야는 절의 주지 스님이 직접 그의 집으로 조모님을 만나러 오셨다. 무슨 이야기가 오갔는지는 그로서는 알 수 없었지만 영향력이 있는 신도와 논의할 만한 것이라고는 절의 세를 확장하는 방안이외에 또 무엇이 있을까? 조모님의 절 출입 때문에 그가 살던 동네의 친척 아낙들은 물론이거니와 타지로 시집을 간 딸네들 그리고 동네와 근동의 아낙들이 모두 그 절의 신도가 되었다.

절에 다녀오신 후에 2~3일이 지나면 절에 있었던 일을 저녁 모임에서 서로 자랑스레 늘어놓았다. 뭔 할 이야기가 그리도 많은지. 그로서는 이해할 수 없었다. 한 달 정도가 지나면 화젯거리가 떨어져서인지 지난번에 했던 이야기를 하고 또 하곤 했다. 마치 바둑을 두고 난 후에 복기하듯이.

옆집에 사는 손아래 동서가 가끔 조모님의 심기를 어지럽히기도 했다. 어릴 적에 다친 눈 때문에 혼인 초야를 치른 다음 날에 종조부에게 버림받았던 종조모. 그 후로 수시로 데려온 종조부의 씨앗들 때문에 종조모는 수많은 가슴앓이를 삼키곤 했다. 명문가의 후손으로 태어났지만 겨우 눈 하나 때문에 기처를 당한 종조모는 마음 둘 곳이 없었다. 비슷한 처지인 손위 동서가 시키는 대로 바로 옆집에 터전을 마련하고 조석으로 형님 얼굴만 쳐다보고 살았다. 어쩌다 조모님의 꾀에 넘어가 종조모도 귀여운 딸 하나를 건졌다. 종조부는 씨앗을 통해 여러 명의 아들딸을 두었으나 모두 사고를 당해 저세상으로 떠나고 겨우 두 딸만이 그 후손으로 명맥을 유지하였다. 이런 처지이니 가슴이 답답할 때마다 동서의 구원을 얻을 수도 없어서 그녀는 나름대로 해결책을 찾기 시작했다. 매일 밤마다 마당 한구석에 있는 감나무 밑에 정한수 한 그릇을 소반에 받쳐놓고 신령님께 빌고 또 빌었다. 한밤중에 쉬가 마려워 대청마루로 나온 그는 가끔 종조모의 중얼거림을 꿈결에 듣곤 했다. 종조모 생전에 자신이 낳은 외딸이 결혼해서 사위와 오손도손 살아가는 모습을 이십여 년 동안 보았으니 감나무 밑의 정한수가 효험이 있었나 보다.

종조모는 가끔씩 푸닥거리를 했다. 몸이 너무 아프다고 하면서 인근의 무당을 불러와 굿을 했는데, 바로 옆집에서 일어나는 푸닥거리 조차도 조모님은 관심을 두지 않았다. 푸닥거리 다음 날 종조모가 그의 집으로 오면 조모님의 엄한 말씀이 종조모의 가슴을 억누른다.

"아무짝에도 쓸데없는 짓을 또 했나."

"그거라도 하고 나니께 몸이 좀 가벼워짐십더."

정한수와 푸닥거리는 종조모님께 구원이었나 보다.

그가 어릴 때 머리를 어지럽히는 일이 발생할 때마다 조모님은 안방의 구들목에 앉아서 눈을 감고 조용히 앉아계시곤 했다. 그때 그는 조모님이 무얼 하시는지 전혀 알지 못했다. 집안의 식구 어느 누구도 조모님의 이런 행위를 본 적이 없다. 조모님은 그 당시의 아낙들이 가끔 행하는 정한수 떠놓고 빌어보는 행위나 신수 점, 무당을 불러 푸닥거리를 하는 것 등은 일체 한 번도 한 적이 없다. 그런 말이라도 꺼내면 난리가 난다. 그렇다고 부처님을 찾지도 않는다. 이런 것에 대한 남다른 생각이 있으신 것인지 아니면 아무런 생각이 없으신지 알 수 없었다. 평소에 말이 별로 없는 조모님은 무슨 일이 생기면 더더욱 말없이 지내셨다. 조모님을 가장 잘 알고 있다고 생각하는 그도 조모님에게서 알 수 없는 것들이 많이 있었다.

그의 특이한 성징은 거의 조모님으로부터 물려받은 것이다. 조모님의 자손 중에서 이런 성품을 지닌 사람은 오로지 그 이외에는 없었다. 고집과 집념이 그렇게 강했다니 그 자신도 믿을 수 없었다. 조모님은 생전에

"고집 때문에 일을 낼 것이야."

그뿐이랴. 부친도 생전에,

"그 고집 한번 꺾는 게 소원이다."

그런데 그가 생각해도 큰일은커녕 작은 일조차도 해내지 못한 것 같다. 무엇이 그로 하여금 기대에 부응하는 일을 하지 못하도록 하는 것일까. 2000년부터 10년간은 그에게 인생 공부를 하게 하는 그의 조모님의 계시였는지도 모른다.

우연히 정말 우연히도 2008년에 그는 평소에 잘 알고 지내던 명리가 김 선생님으로부터 재미있는 제안을 받았다.

"교수님, 산에 가서 명상을 한번 하시지요."

이 제안에 대해 생각할 겨를도 없이 그는 그에게 어디에 가서 어떻게 하는지를 물었다. 그는 너무나도 쉽고 간단하게 대답했다. 장소는 그가 말해주었고, 정확한 위치와 방법은 그곳에 가면 알게 될 것이라 했다. 그리고는 한동안 김 선생님의 말을 잊고 지냈다. 약 한 달여가 지난 8월 초에 무슨 일로 우연히도 그 부근을 지나면서 갑자기 그가 한 말이 생각났다. 그래서 제자인 졸업생에게 그 위치를 확인한 후에 그가 이야기한 곳에 가보았다. 그냥 평범한 계곡이었다. 찾아오는 사람이 거의 없어 한적했다. 계곡에 흐르는 물은 너무나도 깨끗했다. 계곡을 오르는 동안 많은 생각들이 떠올랐다. 20여 분이 지났을까. 갑자기 계곡 한옆에 자리 잡은 바위에 잠시 쉬어야겠다는 생각이 들어 그곳으로 갔다. 나무 그림자로 제법 시원하였다. 바위에 앉아 20여 분동안 쉬었다. 마음이 너무 편했다. 다음에도 시간이 나면 다시 이곳으로 오겠다는 생각을 하며 산을 내려왔다.

처음 계곡에 갔다 온 이후로 그것에 대한 생각을 잊어버렸는지 한 달이 지나도록 그곳엘 가지 않았다. 그러다 다시 또 우연히 그곳을 지나다 그곳을 찾게 되었다. 이번에는 지난번에 앉아서 쉬었던 바로 옆의 자리에서 쉬었다. 물 흘러내리는 소리는 너무나 상쾌하고 처량했다. 간간이 살을 스치는 실바람은 그의 기분을 상쾌하게 만들었다. 그는 아무런 생각을 하지 않기로 마음먹으면서 살그머니 눈을 감았다. 너무나 편안한 마음. 그야말로 무념.

약 20분이 지났을까. 갑자기 떠오른 생각.

"나는 무엇을 해야 하는가."

눈이 번쩍 뜨였다. 그냥 산에서 내려왔다. 기분이 한결 상쾌해지고 마음이 가벼웠다.

그로부터 다시 한 달이 지난 어느 날, 갑자기 그곳엘 가고 싶다는 생각이 들었다. 다음 날 아침 일찍 채비를 하고 그곳으로 출발했다. 가는 도중에 휴게소에 들러 작은 방석 하나와 생수 한 병을 준비하였다. 산을 오르기 시작할 때부터 지난번에 떠올랐던 생각,

"나는 무엇을 해야 하는가."

에 대해 곰곰이 생각했다. 20여 분간 산을 오르면서 생각해도 특별한 것이 떠오르지 않았다. 그러다 그곳에 도착하였다. 우선 흐르는 물로 얼굴을 식히고는 방석을 깔고 무념의 좌선을 시작했다. 20분이 지났을까. 갑자기 떠오른 생각.

"모두 버려야 한다."

눈을 뜨고는 그냥 산에서 내려왔다.

사무실로 돌아와서 틈만 나면 버리는 것을 생각했다. 학교에서 버려야 하는 것은 그래도 찾기가 쉬웠다. 일체의 욕심과 보직을 버리고, 내가 줄 수 있는 것이라면 모두 필요로 하는 사람에게 주고, …… 그

외에는 버릴 것이 없을까. 당시의 그는 경제적으로 무척 힘든 상태였다. 외자도입을 위한 법률경비와 여러 제 경비를 마련하느라고 힘이 들었다. 이런저런 경비에 대한 금융 부담이 그를 힘들게 할 때가 서서히 다가오고 있었다. 그래 이런 것들은 버릴 것이 아니고 오히려 챙겨야 하는 것들이지. 거의 3주일 동안 버릴 것을 생각하다가 내가 챙길 수 있는 지적재산권이 생각났다. 그래 그것을 버리는 방법을 생각하기 시작했다. 그러다 문득 그곳이 생각나면 일부러 시간을 내어 찾아가곤 했다. 그해 말까지 그곳에 무려 10회나 갔으며, 매번 20분 동안 무념으로 앉아 있으면서 문득 떠오른 생각으로 깨달은 여러 가지 내용들.

이것이 제정신인 정상적인 사람이 깨닫는 방법이기나 할까.

그래도 많은 도움이 되는 결론을 얻었다.

진정으로 내 것이라고 생각하는 것일지라도 0.125% 이상은 취하지 말라.

모든 것은 기준을 설정하기에 달렸다.

사유(思惟)로부터의 자유.

세상에 태어나서 처음으로 얻은 광명이었다. 진정 찾고자 한 것이 이것이었단 말인가?

명리학 김 선생이 권했던 이유가 바로 이것이었을까?

얽매이지 않는 생각. 기준으로부터 얻는 자유. 이것이 그 어려운 사유로부터의 자유였다.

10번 만에 얻은 것이라고 하기에는 너무나도 큰 수확이었다.

이후로 자동차 운전 시에는 남의 차를 의식하지 않고 정속의 90%로 내 갈 길을 갈 수 있었다. 굳이 90%를 주장하지 않아도 되었다.

깨달음은 행동으로 이어져야 한다. 그래서 매일 매번 이것을 지키려고 열심히 노력했다. 수많은 유혹을 뿌리치는 것이 쉽진 않았다. 절제와는 의미가 전혀 달랐다.

어떠한 일에도 충격을 받지 않으며, 어떤 것에도 감사하는 마음이 생기는 것 같았다. 늘 편안한 마음이 생기는 바람에 정신적인 여유를 갖게 되었다.

아니 이건 어쩌면 조모님이 주신 선물?

그래, 내가 이해하지 못했던 조모님의 의식.

그래, 그 명상.

아니 무려 30년이 지났는데 이제 와서 손자에게 무엇인가를 전하시려는가?

버린다.

무엇을 버린다.

무엇을 버린다는 것인가?

진정으로 내 것이라고 생각하는 것일지라도 0.125% 이상은 취하지 말라.

그런데 왜 0.125%는 버릴 수 없는 것일까?

그는 어려서부터 무슨 일을 하든지 간에 명분이 분명해야 한다는 것을 무의식적으로 몸속 깊숙이 그리고 머릿속과 마음속 깊숙이 간직하고 있었다. 뭐 특별히 교육을 받은 적은 없지만 성장하면서 자연스레 익히게 된 것이다. 솔직히 말하면 이런 주관을 가지고 있는지 잘 모르지만, 만약 그러하지 않은 명분이 없는 일은 속으로 전혀 내키지 않는 것이 사실이며, 절대로 그걸 행하려 하지 않는다. 아마도 조모님의 품성을 그대로 이어받았는지 모른다.

15년쯤 전에 학교 일로 모시던 총장님은 그의 이런 품성을 잘 알고 있다. 그래서 지금도 무슨 일로 그를 다른 사람에게 추천할 때는 반드시,

"하고 싶지 않은 일은 아무리 대단한 일일지라도 절대로 응하지 않는 사람."

이라고 말한다.

버린다면 왜 버려야 하는지?

버리는 명분이 무엇인지?

그에게 2009년은 큰 기대를 가지게 하였다. 커다란 프로젝트를 기획하여 그것을 실행하는 한 해로 출발하였기 때문이다. 그래서 시무식 다음 날 바로 그곳으로 갔다. 몹시 추웠다. 그래도 뭔가를 확인해야 할 일이라도 있는 것처럼. 산을 오르는 내내 매서운 바람이 귓가를 때리고, 꽁꽁 얼어붙은 계곡은 보기만 해도 차가운 기운을 몸속 깊숙이 넣어주었다. 씩씩 거리면서 그곳에 와서 앉았다.

무념의 시간을 가졌다.

갑자기 마음이 편안해지면서 얼음 밑을 흐르는 물소리가 크게 들려오기 시작했다. 물소리가 죽 이어지는 듯이 들려오더니, 시간이 갈수록 모든 부분이 하나씩 끊어져 있는 것처럼 들렸다. 그 소리들은 모두 서로 다른 일정한 주기를 가지고 있는데, 이것들이 합쳐서 연결된 얼음 밑의 물 흐르는 소리로 들리는 것을 깨닫게 되었다. 이걸 알게 되는 데 무려 20분이 지나갔다. 그 순간 머리를 때리는 생각이 있었다.

모두가 하나였다.

그냥 눈을 뜨고 산을 내려와 차를 몰고 돌아왔다.

환한, 너무나도 환한 밝은 세상을 느끼면서.

나의 정체성을 확인한 순간이었다.

나라는 존재가 있는 것이 아니고, 우리라는 존재가 있는 것이 아닌, 유일한 하나만이 존재한다(그것을 우주라고 부르기도 한다). 그 존재의 한 부분이 소위 나라고 하는 것이며, 또 다른 부분이 남이라고 하는 것이기에, 나와 남은 전체의 한 부분이므로 나와 남이 존재하지 않고, 우리가 존재하지 않으며, 내 것이 존재하지 않음과 남의 것이 존재하지 않음을 깨달았다.

아. 이제 버리는 것이 무엇인지, 0.125%가 의미가 없음을 깨달았다.

이번의 깨달음은 그를 전혀 다른 사람으로 만들었다.

주위의 모든 사람들에게 버림의 이치를 말했다.

이해를 구하는 것이 목적이 아니라, 깨달음을 확인하기 위해서 그냥 말했다.

겨우 왜 이런 지난 10년의 시간이 있었는지를 알 수 있었다.

그는 소유라는 의미가 존재하지 않음을 알았다.

나와 남이 존재하지 않으므로 소유가 존재하지 않으며, 존재라는 단어가 아무런 의미가 없음을 깨달았다.

2009년 4월부터 우연히 정말로 필요한 프로젝트를 기획하였다. 주위에 많은 사람들이 모였다. 그들은 각기 다른 경험을 가지고 있으며, 각기 다른 삶의 목표를 가지고 있다. 틈틈이 그가 깨달은 것에 대한 설명을 해주었다. 처음에는 매우 조심스럽게 꺼내었다. 그런데 그 무리 중에는 아주 어렸을 때부터 불교에 귀의하여 거의 승려로 살아갈 기회까지 있었던 사람도 있었고, 20여 년 이상을 기도와 참선을 통하여 수행을 이어온 이도 있었다. 그래서 그들과의 교류를 통하여 그가 깨달은 바를 확인하였다.

이러는 와중에도 그는 그곳을 열심히 찾았다. 찾는 빈도는 더욱 늘어갔다. 어떤 때는 한 달에 10회나 찾기도 했다. 그리고 우연히 손에 쥐게 된 반야바라밀다심경을 조금씩 읽기 시작했다. 일주일에 몇 페이지밖에 읽지 않아서 1년 동안 겨우 절반의 진도가 나갔다. 반야심경의 내용은 그가 깨달은 바와 전혀 차이가 없었다. 너무나 같은 내용이기에 놀랍기도 하였다.

'색즉시공 공즉시색'

수많은 철학적인 명언과 법칙은 물론이요, 사서오경, 주역, 성경 등등의 책과 그 해설서를 수없이 많이 읽어왔건만, 그 모두는 그에게 명쾌한 답을 주지 못했다. 명쾌하다고 하는 것은 논리적으로 설명된다는 의미이다. 이제야 겨우 논리적으로 설명할 수 있는 것을 찾다니.

이런 깨달음이 왜 그에게, 왜 이제야 주어졌을까?

조모님은 환갑이 지나면서 기력이 점점 쇠하기 시작했다. 눈에서 발산되던 눈빛은 점점 약해지고, 근력조차도 급격하게 쇠하기 시작했다. 생각조차도 점점 유하게 바뀌었다. 그토록 명쾌하고, 그토록 총명하던 조모님은 점차 멍청해지고, 점차 둔해지기 시작했다. 그가 보기에 조모님은 옛날의 조모님이 아니었다. 어쩌다 얼굴을 마주하면 옛날과는 달리 편안한 모습에 빙긋이 웃기만 하여 그의 마음을 아프게 하였다.

그는 조모님의 이런 변화가 단순히 노화 때문인 줄 알았다. 근력의 감소와 생각의 변화, 성품의 변화, 행동의 변화, 이 모든 것이 노화 때문인 줄로만 알았다.

어쩌면 조모님도 그동안의 경험과 명상으로 그가 깨달은 것과 비슷한 깨달음을 얻었던 것일까?

분홍 진달래

그날은 의미가 있었다. 부친께 말씀드려야만 한다고 생각한 지 2일 만에 그는 장문의 편지를 썼다. 옛날 대학 시절에 잡비를 보내달라는 의례적인 내용의 편지를 쓸 때와는 달리, 그는 처음으로 부친을 감동시킬 만한 내용과 발휘할 수 있는 최대한의 문장력을 동원하여 정성 들여 편지를 썼다. 대학원에 다니는 지금 이제 혼기가 가까워져 왔음을 말씀드리고, 부친의 기대에 어긋나지 않는 며느릿감을 찾고 있음과 이제 그런 사람을 찾았을지도 모르겠다는 내용으로. 아가씨를 한 명 사귀고 있는데, 평소 부친의 기대에 부응하고 조모님의 기대에도 부응할 만한 사람일지도 모르겠다는 내용 끝에 두 분께서 직접 한번 보시고서 판단을 해주십사는 내용이었다.

그의 부친은 마침 장학사로서 울릉군에서 근무하고 계셨는데, 울릉도 파견기간 2년 중에서 아직 1년이나 근무기간이 남았다. 나중에 그의 아내가 된 그가 만나던 아가씨는 아직 대학생이었는데, 나중에 장인이 된 그녀의 부친이 건설회사 중동 어느 국가의 지사장이었다. 그의 부친은 한 달에 한 번 육지인 대구로 나오셨고, 그녀의 부친은 1년에 한 번 휴가를 나올 수 있었기에 두 사람이 조우할 기회가 그때밖에 없다는 것도 그는 편지에서 강조했다.

부친이 편지를 받았을 때쯤 전화를 드렸다. 마침 한 달 전쯤에 울릉도와 육지 간에 직통전화가 개통되었는데 이것도 어쩌면 그에게는 다행스러운 일이었다.

"여보세요. OO입니다. 별일 없으십니까?"

"그래."

"드릴 말씀이 있어서 전화 드렸습니다."

"뭣인데?"

"자세한 내용은 편지로 보내드렸습니다. 제 편지를 받아보신 후에 다시 전화 올리겠습니다."

"그래, 알았다."

다음 날 부친은 아들의 편지를 받았고, 반듯하게 키운 아들의 편지에 흐뭇해하셨다. 그래서 곧바로 아들에게 전화를 하셨다. 그렇게 하여 다음 주 토요일 날 육지로 나와서 양가의 부모와 그의 조모님 그리고 당사자들이 대구에서 만날 약속을 했다. 물론 대구에 있는 집에도 알려 모두 그날을 기다리고 있었다. 그녀와 그녀의 부모도 사돈될 분들을 만날 기대로 모두 들떠 있었으며, 일요일에 서울역으로 가서 대구로 갈 기차표를 예매하였다.

월요일 아침. 그는 언제나처럼 6시에 일어나서 홍릉 숲 속에 난 길에서 아침 조깅을 하고, 아침 조반을 마치고는 실험실로 향했다. 간단하게 청소를 하고 환기를 시킨 후에 일주일 계획을 세우고는 본격적으로 하루 일과를 시작했다. 막 10시가 되었다는 괘종소리가 끝나는가 했더니 전화벨이 울렸다.

"나, 형인데."

의외의 전화였다. 단 한 번도 걸려온 적이 없던 6촌 형으로부터의
전화.

"할머니가 지난밤에 ……."

그 뒤의 말은 들리지 않았다. 하늘이 무너져 내렸다.

잠시 후, 정신을 차린 후에 그녀에게 전화했다. 모든 것은 취소라
는 통보를 하였다. 이것으로 그녀와의 인연은 끝인가?

조모님의 별세는 그의 가장 강력한 후원자와의 이별보다 더한 의
미를 가졌다. 그가 온갖 어려움을 극복한 것에는 조모님의 강력한 도
움도 있었지만, 그의 노력과 성공이 모두 그녀를 위한 것이었기 때문
이다. 목적이 바랜 행보 그것일까?

그녀가 세상과 작별을 하던 순간은 오로지 모친으로부터 들은 바
로부터 생생히도 기억하였다. 조모님은 모친과 함께 대구에서 말년을
보내셨다. 고향을 떠난 지 일 년이 채 되기도 전이었다. 대구의 집에
는 그의 동생들도 있었지만, 모두 공부하는 학생들이라 밤이 늦어서
야 집으로 돌아왔다. 부친은 울릉도에 계신지라, 저녁 식사는 늘 고부
간에 겸상으로 해결되었다. 그날도 저녁상을 그렇게 물리셨다. 1시간
가량 서로 이야기를 주고받았다. 조모님은 말씀이 별로 없는 분이라
주로 듣기만 하고, 시어머니에 대한 두려움이 많은 모친이 조심스럽
게 말을 꺼내는 형편이었다. 갑자기 조모님이 말씀하셨다.

"이제 갈 때가 됐나 보다. 날 좀 눕혀다오."

방바닥을 정리하고 조모님을 눕혀 드렸다.

"나 간다."

그 순간 모친은 깜짝 놀랐다. 시어머니의 입에서 핏기 같은 침이

비치는가 하더니 갑자기 숨이 끊어지는 것이 아닌가. 조모님을 와락 껴안고는 정신 차리시라고 흔들고, 주무르고, ……

그녀가 할 수 있는 것은 뭣이든지 했다.

그렇게 조모님은 떠나셨다.

많은 사람들은 말했다. 죽는 복을 타고났다고.

그는 조모님의 영정을 들고 제일 앞에 앉았다. 영구차 앞의 전망은 평소와는 너무나도 달랐다. 어찌 이렇게 다르단 말인가? 모든 경치가 모두 조모님의 별세를 슬퍼하는 것 같았다.

약 한 시간이 지난 후에 고령읍에 도착하였다. 누군가가 가시는 길에 인사를 하고 싶다고 하여 노제를 지냈다. 그리고는 다시 고향을 향해서 달렸다. 면 소재지에 또 행렬이 멈추었다. 조모님의 친정 동네에서 노제를 지냈다. 다시 2분 정도 달렸다. 누군지도 모르지만 또 노제를 지냈다. 조모님은 일곱 번의 노제 끝에 당신의 유택에 들어가셨다.

그녀는 평소에 당신이 영원히 계실 곳을 미리 확인해두었다. 그의 셋째 삼촌이 이미 유택을 마련해두었기 때문이었다. 그래서 항상 편안한 마음으로 죽음을 맞이하겠다고 결심하였다.

하직하기 6개월 전부터 그녀는 늘 남을 편안하게 해주려고 했다. 그래서 평소와는 전혀 다른 모습을 접하는 그녀의 며느리들은 어리둥절하였다. 그래도 그녀는 전과는 달리 너무나도 너그러웠다. 이런 변화는 가끔 찾아뵙는 그도 이미 알고 있던 것이었다.

조모님이 돌아가신 후에 그는 단 한 번만 슬픔으로 눈물을 흘렸다. 그것으로 끝이었다. 주위에서 슬퍼하는 척이라도 하라고 요구했지만, 그는 진정 슬픔이 무엇인지 알 수 없어서 더 이상 슬퍼하지 않았다.

산으로 오르는데 멀리서 어떤 새가 우는 것을 들었다. 그 새도 슬픔으로 우는 것처럼 들렸다. 4월. 진달래 피는 계절.

그의 어린 시절에 피던 진달래는 꽃의 전부였다. 하얀 꽃, 연한 분홍 꽃, 짙은 분홍 꽃.

하얀 꽃은 맛이 없을 것 같아 따 먹질 않았다. 대신에 애꿎은 분홍 꽃만 언제나 그의 입속으로 들어갔다.

유택으로 가는 길엔 하얀 진달래라고는 하나도 없었다. 그 흔한 하얀 진달래. 모두 숨어버렸다. 환하게 펴져 있는 분홍 진달래가 그에게 뭐라고 소곤거리는 듯했으나 그는 그것이 무엇인지 몰랐다. 그걸 깨닫는 데는 무려 25년이나 걸렸다.

25년 후에 그는 얼굴 한번 본적이 없는 조부님과 그의 영원한 애인인 조모님의 유택을 정리하여 고향으로부터 100리나 떨어진 곳에 합장하여 모셨다. 그 옆에는 조모님이 언제나 안타까워하던 장남과 며느리를 불러들였다. 처음 이장 계획을 숙부들께 말씀드렸을 때 반대가 몹시 심했다. 그는 진달래의 속삭임으로 전격적으로 일을 벌였다. 새벽 2시에. 지금 생각해보니 그는 분명 미쳐 있었다. 진달래의 속삭임에 꼬여서.

일상으로 돌아온 그는 가끔 그녀에 대한 기억으로 상념에 잠기곤 했다.

며칠간의 황망한 시간을 보내고 서울로 올라오기 전에 그는 그녀가 항상 몸에 지니고 다니시던 것 하나를 챙겨왔다. 은비녀였다.

"나가서 재 좀 담아올래."

부엌에 있는 아궁이에는 늘 나무를 태우고 남은 재가 소복하게 있었다. 은빛의 고운 잿가루를 놋그릇에 담아 방으로 들여오면 조모님은 머리에 꽂혀 있는 은비녀를 뽑아 그가 담아온 잿가루로 닦기 시작했다. 수십 번 잿가루로 문지르고 나면 얼룩덜룩하던 은비녀는 원래의 색으로 반짝거렸다. 깔끔하게 정리된 은비녀를 머리에 다시 꽂고는 벽에 붙어 있는 손바닥만 한 거울에 비친 매무새를 단정하게 정리하면 조모님은 순식간에 선녀로 현신하였다.

"이쁘다. 할매."

"그래 보이나."

"예."

손자의 뻔한 말에도 조모님의 얼굴이 환하게 밝아지셨다.

은비녀는 얼룩덜룩했다. 그렇지만 주변에는 아궁이도 잿가루도 없었다. 그냥 하얀 종이에 싸서 책상 서랍 깊숙이 넣어두었다.

다시 한 달이 지났다. 그동안 우여곡절 끝에 그녀의 부모와 그의 부모 간에 상견례가 이루어지고, 몇 달 후에 약혼하기로 서로 약속하였다. 아마도 그의 부친은 이것이 조모님의 바람이라고 생각하였던 것 같다.

그로부터 7개월이 지난 후에 그는 이제 약혼녀가 된 그녀에게 엄청나게 중요한 선물을 했다. 바로 그 은비녀를.

나보다 남을

불 칼인 조모님은 쉰을 넘어서면서 생각이 바뀌었다. 남을 배려하는 마음이 조금밖에 없었는데, 언제부터인가 항상 남을 먼저 배려하기 시작했다. 중간에 혼자되는 시련을 겪다 보니 잠시 생존을 위한 투쟁으로 인해서 목소리가 높아지고 내 몫도 찾게 되었는지도 모른다. 복잡한 차를 타더라도 나보다 약자처럼 보이는 사람에게 자신의 자리를 남보다 먼저 양보하곤 하시던 조모님을 생각하면. 그래 어쩌면 배려하는 마음이 원래의 성품이었는지도 모른다.

농사일에서도 배려하는 마음을 가지셨다. 남에게 조금이라도 해가 미칠 일은 아예 그 뿌리부터 뽑고 보는 그런 엄한 성품 또한 가지셨다. 중간 샛길을 다니실 때도 남에게 피해를 주지 않는 방법으로, 논농사에서 가장 중요한 물꼬 확보도 남을 먼저 배려하는 방법으로 하라고 자식들에게 시키는 성품이었다. 그가 생각할 때 조모님은 언제나 마음이 따뜻한 분이었다.

그가 살던 곳에서는 두 군데의 5일장을 봤다. 25리 떨어진 고령읍의 고령장과 30리 떨어진 합천읍의 합천장이다. 이상하게도 조모님은 고령장에만 다녀오셨다. 행정구역 때문이었을까? 5일마다 열리는 고령장에 거의 빠짐없이 다녀오셨다. 손자 수가 늘어나고, 가산이 늘면서 매번 필요한 물품이 기하급수적으로 늘기 시작했기에 5일장 출입 때문에 조모님은 더욱 바빠지셨다. 장날 아침만 되면 할머니의 왼손은 조금도 쉴 시간이 없었다. 손자녀의 신발 길이를 왼손으로 직접 재어야 하고, 길이가 얼마 되는 물건을 살 경우에도 왼손으로 그 길이를 재어야 하기 때문이었다. 그의 집에서 구입해야 되는 물건의 가짓수는 만만치 않았다. 메모지에 메모를 해도 꽤 많은 양이 될 법하였다. 그런데 옆집에서도 한두 가지를 사달라고 부탁하였다. 그럴 땐 싫은 내색 한번 없이 그 부탁을 다 들어주셨다.

"아이구 그래 바빠서 그렇제. 내가 사다주꾸마."

부탁하는 사람을 부끄럽지 않도록 배려하는 말씀을 잊지 않으셨다.

조모님의 기억력은 가히 천재보다 뛰어났다. 집에서 필요한 것, 부탁받은 것 하나하나를 빠트리지 않고 모두 정확하게 사 오셨다. 어떤 때는 사 오셔야 할 물건 목록을 적어 드리기도 했지만, 그렇게 도움이 되지 못했을 것이다.

그는 달랐다. 남을 먼저 생각한다는 것은 그의 사전에는 없었다. 결혼 후에 아내로부터 항상 야단맞는 말이 이것이다. 남의 입장을 생각해서 말을 해야 한다고. 결혼 후에 적어도 수십 번 아니 수백 번은 들었을 것이다. 그래도 고쳐지질 않았다.

조선에 없는 손자로서 남을 배려한다는 것은 있을 수 없는 일이었다. 나와 대등한 자격을 갖춘 사람이 없었기에 남은 존재하지 않았다. 오죽했으면 그의 고교 친구들조차 그를 에고이스트라고 했을까. 그가 고등학교 3학년 때였다. 중학교 1, 2, 3학년은 물론이지만 고등학교 1, 2학년 때의 짝꿍이 누구인지는 기억한다. 무려 2살 때의 기억도 희미하나마 더듬을 수 있을 정도로 기억력이 뛰어난 그는 유독 고3 때의 짝이 누구인지는 알지 못한다. 짝이 수시로 바뀌어서가 아니라 그가 기억하려고 노력조차 하지 않았음은 물론이거니와, 고3 내내 옆자리에 앉은 짝의 얼굴을 쳐다본 기억이 전혀 없기 때문이었다. 왜 쳐다보지 않았을까?

고3에 진급하자마자 그는 결심을 하였다.

'옆자리에 앉은 친구가 누구인지 모를 정도가 되면 내가 원하는 공부는 물론이거니와 원하는 성적, 결국에는 내가 가고 싶은 학교로 진학할 수 있으리라.'

그의 결심은 적중했다. 마침내 대학진학을 결정할 시점이 되자 그는 진학할 대학과 전공을 선택할 수 없었다. 성적이 나빠서가 아니라, 아무 대학이나 아무 학과엘 진학할 정도의 성적이 되었기 때문이었다. 무척이나 뿌듯했다. 이것이 자랑스러운 일일까?

1년 가까이 옆에 앉은 친구의 얼굴을 보지 않는다는 것이 가능이나 할까? 나중에 안 일이지만 그의 고교 동기 중에서 3명이 그와 고3 시절에 바로 옆자리에 앉았다고 한다. 그중에서 한 명은 의과대학에 진학하여 정신과를 전공하여 그 대학의 교수를 한 적이 있었다. 고등학교 졸업 20년 후에 동기들끼리 한자리에 모였다. 우연히도 그 의과대학 교수님과 한자리에 앉았다. 이런저런 얘기 끝에 고3 짝꿍 이야기가 나왔다.

"많이 변했다. 그렇게 독하더니. 뭔 일이 있었나?"

그 친구의 놀라움은 지극히 당연한 것이었다. 그가 공부를 끝내고 다른 사람들보다는 훨씬 젊은 나이에 현재의 자리에서 강의를 한 후 10여 년이 지났을 때 그는 생의 큰 전기를 맞이했다. 그해는 정말로 소중한 해였다.

한 해에 수술대에 두 번이나 올라갔다. 이 수술대의 경험이 그의 생각을 완전히 바꾸었다. 그동안 모든 친구들과 그를 알고 있는 주위의 모든 사람들이 알고 있는 그의 주관이 완전히 무너졌다. 그때까지만 해도 그의 생각은 어쩌면 희대의 살인마인 히틀러의 우월주의나 조지 오웰의 『1984』에 나오는 빅 브라더의 생각과 거의 비슷했다고 하는 것이 적절한 표현일지도 모른다. 그의 아내는 가끔 화가 나면 말다툼 끝에,

"혼자만 잘나서."

로 그를 공격하곤 했다. 남을 배려하는 마음은 손톱만큼도 없었다. 그런데 수술 후에 그는 심각한 정신적 갈등으로 무려 6개월이나 시달렸다. 물론 하루에 2갑씩이나 피우던 담배를 수술하자마자 갑자기 끊어버린 후유증도 무시할 수 없을지도 모른다. 무려 1년 가까이 멍한 사람, 정신 나간 바보 멍청이가 되었다.

"그래 모든 사람들은 각자의 장점과 단점을 갖고 있지."

이 생각이 그의 머리를 한 방 때린 것은 수술을 한 지 1년이 지나갔을 때였다. 사람을 보는 자세가 달라졌다. 미워했던 사람도 예쁜 구석이 있었다. 그렇게 보였다. 그러니 미워했던 사람들에게도 눈길을 줄 수밖에 없었다. 주위의 많은 사람들이 수군거렸다.

"그 친구 정신 나간 거 아냐?"

그렇다고 근본이 바뀌지는 않는다. 조금 변한 것처럼 보일 뿐이었다. 이럴 때 그 의과대학 교수를 만났던 것이다.

그가 현재의 자리에 온 지 18년이 되었을 때 갑자기 엉뚱한 생각이 떠올랐다.

"나는 무엇인가?"

아마도 그가 성철스님이나 법정스님과 같은 품성을 조금이라도 지녔다면 그 생각에 대한 답을 얻기 위해서 산속의 깊은 절로 들어갔을지도 모른다. 그는 그저 평범한 모범생이었다. 그래서 그가 내린 결론은,

"그래. 지금까지는 남의 도움으로만 살아왔지만, 이제부터는 조금이라도 남을 위해서 뭔가를 하자."

그래서 그는 남을 위해서 공학에 대한 이야기를 쉽게 풀어쓰기로 했다. 그래서 만약 책을 쓸 기회가 있다면 '풀어쓰는 공학'이라는 제

목을 붙이기로 했다. 그의 이런 결심은 그런대로 실천에 옮긴 바 있다. 몇 권의 책에 이런 제목을 붙였다.

그래도 옛날보다는 남을 생각하는 마음이 조금이라도 있었을까? 아니면 본인의 호기심이었을까? 그의 관심은 이것에서 저것으로, 이곳에서 저곳으로 옮겨갔다. 어떤 사람들은 그의 왕성한 관심을 부러워하기도 했다. 그러나 그것은 겉으로 드러난 것이었지 기본이 바뀐 것은 아니었다. 여전히 욕심으로 가득 찼으며, 여전히 에고이스트였다. 겉으로 드러나지는 않았지만 여전히 조선에 없는 손자였다.

그가 진정으로 깨닫기 시작한 것은 바로 그의 조모님 때문이었다.

그는 큰 계기를 만들었다. 911 사태가 발생한 지 1년 반이 지났을 때 그가 제시한 새로운 아이디어를 일본 우익에서 채택하겠다고 그가 만들어둔 도쿄도의 신주쿠구에 있는 사무실로 제안이 들어왔다. 3개월 동안 상호 간에 활발한 논의가 있었다. 가끔 그도 불려가서 설명을 하곤 했다. 마침내 그들은 이것을 채택하기로 결정했다. 그 아이디어를 구체화하여 새로운 개념의 보안 시스템을 확립하겠다는 의사를 표명해왔다. 연구 개발비는 무려 100억 엔, 우리 돈으로 환산하면 무려 1,000억 원가량이나 되었다. 그야말로 천문학적인 연구비였다. 그 이후에도 그들은 필요한 경비를 지원하기로 했다. 결정적인 D-데이 오후 2시에 그를 대신한 신주쿠의 사무실 사장과 그들을 대리하는 변호사 간에 사인과 선급금이 들어 있는 연구비 통장을 받기로 했다. 그는 일본에 있지 않고 학교의 연구실에서 연락이 오기만을 기다리고 있었다. 흥분과 기쁨은 그를 전율케 했다. 오후 2시 10분경. 그의 이동전화 벨 소리가 울렸다.

"취소하겠답니다."

하늘이 무너졌다. 이유도 없다.

3년이 지난 후에 그 이유를 들었다.

"자존심이 너무 강해서 말을 안 들을 것 같으니, 개발해도 일본 것이 안 될 것."

같다는 궁색한 내용이었다.

"나는 다 버렸는데."

아직도 다른 사람들의 눈에는 그렇게 보이지 않았나 보다.

그 일이 있은 후 한 달여가 지났다.

평소 가까이 지내던 O 박사가 스리랑카로 가서 잘 아는 장관에게 그가 개발한 작은 검사기를 보여주고 한번 팔아보겠다고 했다. 그래서 그렇게 하라고 했다. 아무런 뜻도 없이.

한 달 후에 그가 돌아왔다.

"그 나라에서 200대를 주문했습니다."

정말로 낭보였다.

한 대에 5,000달러라면 무려 10억 원. 그동안 투자한 비용은 물론이고, 약간의 돈도 챙길 수 있겠다. 그런 데다 이웃한 말레이시아에서도 스리랑카에서의 반응을 본 후에 약 1,000대를 주문하겠다고 알려왔다. 이제 길이 열렸다. O 박사는 12월에 그 장관을 모시러 그 나라엘 갔다. 정식으로 조인식을 하고 앞으로의 협력을 다지는 행사를 하자는 제안에 그 장관이 방한하기로 했다. 한국에서의 행사 준비는 그가 직접 챙기고, 장관을 모셔오는 일은 O 박사가 맡았다.

문제의 그날.

인도네시아에서 발생한 쓰나미가 스리랑카를 덮쳤다. 마침 O 박사가 그곳에 도착한 지 만 이틀째 되는 날이었다. 조금 남아 있던 하늘마저 무너져 내렸다. 왜 이런 시련을.

우선 태연한 척하고 O 박사의 생사를 확인했다. 전화연결이 되지 않아서 속은 정말로 시커멓게 타들어갔다. 10여 일이 지난 후였다.

"접니다."

전화기에서 들려온 목소리. 모든 긴장이 풀렸다.

무사히 귀환(?)한 것만으로도 다행스러웠다.

그가 귀국하고 며칠 후에 서울로 찾아가서 그를 만났다.

"건강은?"

"꿈속에서 교수님의 조모님을 만났습니다. 도와주시라고 말씀하셨습니다."

아직도 귀신 씨나락 까먹는 소리를 믿는 사람이 있나?

다른 이야기나 나누었다. 다시 2주일이 지난 후에 서울에서 만났다.

"조모님이 왜 도와주지 않느냐고 야단치셨습니다."

"뭔 말이오?"

쓰나미한테 한 방 먹었나.

이것이 계기가 되었다. 그래서 다시 용기를 내어 새로운 시도를 했다. 여전히 일이 제대로 풀리지 않는 것은 마찬가지였다.

이렇게 많은 시도를 하다가 명리학을 하는 O 선생님이 찾아오셨다.

"교수님, 어디에 가서 명상을 해보십시오. 명상할 팔잡니다."

또 한 명의 씨나락 까먹는 사람이 아닌 까먹는 분. 연세가 그보다는 높으니까.

이것이 계기가 되어 우연히도 명상을 시작하게 되었고,

"나는 무엇인가?"

에 대한 답을 얻게 되고, 남을 배려해야만 하는 이유를 알게 되고, 남을 나보다 더 소중하게 대해야 하는 이유를 알게 되고, 하찮은 돌조차도 나와 똑같이 소중한 것을 알게 되고, 나보다 더 소중한 것도 없으며, 나보다 덜 소중한 것도 없으며, 모두가 똑같이 소중함을 알게 되었다.

멘델은 위대하다

완두콩으로 유명한 유전법칙을 발견한 멘델(Gregor Johann MENDEL, 1822~1884)은 오스트리아 시레지아 지방의 작은 마을 하이젠도르프에서 태어났다. 수도원의 정원에서 완두콩으로 유전실험을 하였으며, 이 결과를 이용하여 1865년에 멘델의 법칙을 발견했다. 멘델의 법칙은 우열의 법칙, 분리의 법칙, 독립의 법칙 등 3가지로 이루어져 있는데, 유전학의 중심축이 되었다. 멘델이 완두콩으로 실험한 결과를 보면 재미있는 부분이 드러난다. 예를 들어 동그란 완두콩과 주름진 완두콩을 교배할 때 제1대는 모두 동그란 완두콩이 된다. 이 잡종 제1대를 자가수분을 통해 다시 교배시키면 주름진 완두콩이 다시 나오게 되는데, 이때 동그란 완두콩과 주름진 완두콩의 비율은 대부분 3대 1이 된다. 여기서 동그란 모양이 우성유전을 하고, 주름진 모양이 열성 유전하는 경우인데, 잡종 1대에서는 열성유전이 감추어진다는 것이다. 색상이 다른 것과 모양이 다른 것들은 따로따로 독립적으로 유전법칙이 적용된다는 것이 독립의 법칙이다.

그의 8대 조부는 아들 3명을 두었다. 장남은 무자녀, 그의 7대 조부인 차남은 아들 1명, 막내는 아들 2명을 두었다. 당시의 관습대로 6대 조부는 무자녀인 큰아버지에게 양자를 가서 장남과 그의 5대 조부인 차남 등 2명의 아들을 두었다. 5대 조부인 차남은 친할아버지 계열로 양자를 갔다. 그래서 두 형제는 6촌 간으로 촌수가 벌어졌다. 아버지가 같은 형제가 2촌, 조부가 같은 4촌, 증보부가 같은 6촌으로 촌수가 벌어질 때, 5대 조부 형제는 같은 부모임에도 불구하고 증조부가 같은 사람으로 촌수가 벌어진 것이다. 이렇듯 5~7대 조부의 후손은 매우 적었다.

5대 조부는 3형제를 두었다. 이 중에서 장남인 4대 조부는 4명의 아들과 9명의 손자, 29명의 증손자, 55명의 현손자를 두어 4대까지 모두 97명의 후손을 두었다. 여기서 딸과 손녀는 통계에서 제외하였다. 차남은 3명의 아들, 6명의 손자, 10명의 증손자, 5명의 현손자를 두어 모두 24명의 후손을 두었다. 3남은 1명의 아들, 3명의 손자, 2명의 증손, 3명의 현손 등 9명의 후손을 두었다. 그래서 5대 조부는 6대손에 이르기까지 133명의 아들 후손을 둔 셈이다. 6대에서 나타난 양가독자에도 불구하고 5대 조부는 5대 후손까지만 무려 133명의 아들 후손을 둘 정도로 후손은 번성하였다. 만약 모든 아들들이 2명의 아들을 둔다면 2대까지 62명의 후손이 생기며, 3명의 아들을 둔다면 무려 363명의 후손이 생긴다. 그래서 5대 조부의 후손들은 4대까지 2~3명의 아들을 두었다는 말이 된다. 바로 옆집은 5대에 이르기까지 6명에서 30명의 후손을 두었는데, 이들에 비해서 5대 조부는 이들보다 5배 이상이나 되는 후손을 둔 셈이다. 어찌해서 이런 일이 발생했을까? 정말로 신기한 일이다.

5대 조부의 아들 3형제의 후손 수는 약간 색다른 결과를 보인다. 전체 133명을 3으로 나눈 평균은 약 44명인데, 장남의 후손은 97명으로 평균보다 2배 이상의 후손을 두었고, 차남은 24명으로 평균의 약 1/2 정도의 후손을 두었으며, 3남은 9명으로 평균의 1/5 정도에 지나지 않는 후손을 두었다. 즉 장남>차남>3남 순으로 후손 수가 많았다. 장남은 평균 3명가량의 남자 후손을 둔 반면에, 차남은 1.5명가량의 남자 후손을, 3남은 1명가량의 남자 후손을 둔 셈이다. 이처럼 장남의 후손은 매우 번성하였으나 차남, 3남으로 갈수록 후손은 쇠퇴하였다.

4대 조부는 4명의 아들을 두었는데, 장남은 29명, 차남은 10명, 3남은 12명, 4남은 43명의 후손을 두었다. 4남의 후손이 가장 번성하였는데, 세대별로 4~5명의 아들이 태어났다.

그의 직계는 5대조에서 차남, 4대조에서 장남, 3대조에서 4남으로 후손이 가장 번성한 계통을 이루고 있다. 그래서 8촌 이내의 친족들 중에서 얼굴과 이름을 정확하게 알고 있는 사람이 50%에도 미치지 못할 정도로 자손이 번성한 가문이다.

이러한 후손 번성은 완두콩 실험과는 전적으로 다르다. 완두콩은 자가교배를 통하여 잡종이나 2세를 만들 수 있지만, 사람은 자가수정이나 자가교배가 불가능하다. 이것은 윤리적으로도 불가능하지만, 만약 그렇게 할 경우에는 근친혼에 의한 유전적 결함으로 인해서 많은 문제점을 유발한다. 하기야 신라시대에는 '신국의 도'(이문호 저, 『한국역사를 뒤흔든 여성들』, 도원미디어, 2002년)라는 이름으로 근친혼을 했지만, 조선 건국 후에는 근친혼을 막기 위해서 '동성동본 금혼'이나 왕가에서의 '동성이본 금혼'까지 강력하게 실시하고 강상의 죄를 엄히 다스린 결과 이런 근친혼은 완전히 사라졌다.

자가교배가 불가능할 경우에는 멘델의 법칙을 적용하기가 용이하지 않다. 그럼에도 불구하고 자손이 번성하거나 쇠락하는 가문이 나타나는 것은 어떻게 생각해야 할까. 그것은 아마도 배우자 가문의 후손도 살펴보아야 확인할 수 있는 내용이다. 참고로 그의 5대 조모 기계유씨는 8남매 중에서 중간이며, 4대 조모 성산 전씨는 7남매 중에서 장녀이고, 3대 조모 강진 안씨는 8남매 중에서 중간이며, 조모인 일선 김씨는 5남매 중에서 외딸이며, 그의 모친은 11남매 중에서 중간이다. 이렇듯 그의 직계 조모들은 모두 많은 형제자매를 둔 경우이다. 반면에 후손이 끊어지거나 1~2명의 아들만 둔 경우에는 3명 이내의 형제자매를 둔 경우가 대부분이다. 대체로 많은 아들을 둔 부부는 형제자매가 많은 남편과 배우자 간의 결합인 경우가 대부분이며, 아들을 적게 둔 부부는 형제자매가 적은 배우자 간의 결합이 대부분이다.

그의 가계는 다산의 가계이면서, 멘델의 법칙에 따를 때 다산이 우성으로 작용하는 가계에 해당한다. 멘델의 유전법칙을 후손 수에 적용한 경우에 이런 이야기가 성립된다. 아, 위대한 멘델이여. 그는 직계 선조들께 새삼스레 감사한 마음과 존경하는 마음이 생겼다.

남을 배려하는 마음의 정도를 평가한다는 것은 매우 어렵다. 그렇지만 그(또는 그녀)가 세상을 떠나고 난 후에는 세상의 풍문에 의해 어느 정도 짐작은 가능하다. 경우에 따라서는 아들이나 후손의 성품으로부터 어느 정도 짐작은 가능하지만 확언하기는 매우 어렵다. 멘델이 주장한 바와 같이 독립의 법칙은 자손 수는 번성하는 인자라 할지라도, 측은지심인 남을 배려하는 마음은 자손 수와는 완전 별개의 인자로 작용할 것이다. 이런 현상은 주위에서 종종 관찰된다. 어느 무남독녀가 혹은 무녀독남이 자원봉사활동으로 일생을 마쳤다든지 현재 열심히 이런 분야에 종사하고 있다든가 하는 이야기는 이 세상에서 쉽게 찾아낼 수 있다. 그래서 남을 배려하는 마음은 독립변수로서의 유전인자에 해당할 것이다.

그의 증조부는 가정생활에 그리 충실하지는 않았던 것으로 보인다. 부자에다 양반이며, 풍류를 즐겼다면 대체로 배려와는 약간 거리가 있을지도 모른다. 증조모는 항상 남을 배려하였다고 하는데, 특히 사회적 약자에 대한 배려가 남달랐다고 한다. 그들의 네 아들은 대체로 배려하였다는 쪽으로 평가하기가 용이하지 않았을 것으로 보인다. 어릴 적부터 부잣집 아들이면서 양반 행세를 했다면 특별한 경우를 제외하고는 배려와는 약간 거리가 있는 것으로 봐야 될 것이다. 그런데 그의 조부는 일찍 요절한 관계로 다른 형제들에 비하여 남들에게 피해를 적게 주었을지도 모른다. 큰댁의 백조부와 백조모는 배려라는 측면에서는 그리 좋은 평가를 받기 어려울지도 모른다. 집안 내에서는 물론이거니와 대외적으로도 좋은 이미지를 남겼다고 하긴 어렵다. 그래서 큰댁의 다섯 당숙들은 나름대로 성실하게 살아온 분들과 그렇지 못한 분들로 나뉜다. 둘째인 그의 조부와 조모는 남들에게 피해를 주지 않고 무난하게 세상을 살다 간 분들이다. 특히 조모는 특이한 성품도 있었지만 많은 이들에게 깊은 인상을 주어 장례 때 여러 차례의 노제를 드신 분이다. 그 다음의 종조부와 종조모님들에 대한 평가도 가능하지만 아직 생존하고 계시므로 세상을 떠난 후에 세인들의 평가를 받아야 할 것이다. 그의 부모들도 조모에는 못 미치지만 존경받았다. 이렇듯 그의 직계 선조들은 대부분 남을 배려하는 품성을 지니신 분들이었다. 얼마나 다행한 일인가. 그러나 경계해야 할 것이다. 아무리 훌륭한 품성을 물려받았다 하나 열성인자 또한 받았음을 기억하라.

그리움은 글이 되어

봄이 왔습니다.

부친이 저세상으로 가셨습니다.

또 봄이 왔습니다. 그렇게 봄이 왔습니다.

봄은 오고 또 오고 그리하여 여덟 번이나 왔습니다.

그러다 마침내 모친도 세상을 떠났습니다.

이제 조모님은 외롭지 않습니다. 오랫동안 떨어져 있던 원망스런 조부님과 같은 방에 계십니다. 왼쪽에는 사랑하던 아들 내외가 와 있습니다. 조선에 없는 손자가 할 수 있는 것은 그것밖에 없습니다.

그동안을 정리했습니다.

그러다 문득 발견된 쓰다 만 원고. 그것은 먼 옛날의 14대 조모에 대한 것이었습니다.

할머니를 만난 듯 불현듯이 읽어보곤 그리움으로 가득한 마음을 글로 만들어냅니다.

30년이 흘렀습니다.

그동안 사라졌던 그리움이 시냇물 소리를 타고 들려옵니다.

산들바람보다 더 약한 바람을 타고 멀리 머얼리 200리를 달려옵니다.

겨우 2살 때의 일이 기억 날듯 말듯 합니다.

아른거리기만 합니다. 그래서 그리움이 됩니다.

30년은 그리움을 진하게 합니다.

조모님에 대한 기억은 10년밖에 되지 않습니다.

그래서 조모님은 항상 그의 마음속에 있습니다.

그는 언제부터인가 조모님의 영정을 가슴에 안고, 손에 들고 다닙니다.

왜냐구요?

몰라요.

그는 정말로 모릅니다.

왜 조모님이 그의 수첩에 있는지.

30년이 되었습니다.

30년은 조모님을 보내야 하는 햇수입니다.

30년은 한 세대를 나타냅니다. 30년마다 세대가 바뀌기 때문이지요.

그가 집을 떠난 45년 중에서 30년은 너무나 긴 시간이었습니다.

옛날, 대학생 시절, 조모님이 계신 곳에 갈 때 눈이 마주치면, "도련님"이라 불러 주던 옆집 할머니의 모습을 기억나게 합니다.

큰댁의 바깥사랑 대청에 높이 쳐진 시렁 위에 놓여 있던 조모님이 타고 오셨던 검은색 가마가 생각납니다. 보얀 먼지를 뒤집어쓰고 있던 검은색 가마. 늘 다음엔 누가 타는지가 궁금하던 그 가마는 아직도 그곳에 있을까? 작별인사도 못하고 떠나온 것이 아쉽습니다.

큰댁의 대문간 곁에 있던 모감나무는 아직도 달콤한 홍시를 달고 있는지 궁금합니다. 반시를 따다 들키면 들려오던 큰할아버지의 고함소리는 이제 기억나지 않습니다. 항상 무표정하던 큰할머니의 모습은 아직 기억에 살아 있습니다. 새집에서 잠을 자던 때가 그립습니다. 조모님 냄새가 나지 않던 이상한 새집의 작은 방. 그곳에서는 잠이 잘 오지 않았습니다.

그는 잠을 잘 못 자던 집이 많았습니다.

고모네 집이 그렇고,

한 번밖에 가보지 않았던 외갓집이 그렇고,

새집이 그렇고,

작은아버지 댁이 그랬습니다.

조모님 냄새가 없는 곳에서는 잠을 잘 이루지 못했습니다.

중학교 진학 후로 그는 조모님과 같이 잘 기회가 없었습니다.

냄새와 상관없이 잘 잘 수 있었습니다.

조모님 냄새와 상관없이 잠을 잘 수 있다는 놀라운 사실을 알게 되었습니다.

머릿속에 쌓이는 글의 수에 비례하여 조모님의 말씀이 줄어듭니다.

조모님의 냄새조차 기억나지 않습니다.

고등학교에 진학하고, 대학에 진학하고, 대학원에 진학하고.

조모님과 그는 점점 멀어져 갑니다.

점점 멀어져 갑니다.

이제는 기억할 기회조차 줄어듭니다.

겨우 조모님이 원하시는 바를 만들어냅니다.

겨우 만들었습니다.

이제 조모님을 놓아 드립니다.

30년 만에 끄집어낸 조모님에 대한 기억을 작은 상자에 차곡차곡 담았습니다.

그 상자를 조모님 계신 곳에 보내드립니다.

이제 조선에 없는 손자가 아닙니다.

이제 조선의 손자입니다.

그냥 손자입니다.

그냥 아들입니다.

그냥 아버집니다.

그냥 할아버집니다.

6. 모모(慕母)

창밖이 밝아오는지 눈이 저절로 뜨였다. 같은 아파트 단지에 사는 아들네 집 베란다가 신경이 쓰인다. 많은 자식들이 전국 여기저기에 흩어져 있어 한 자식만이 같은 곳에 산다. 수도꼭지 물로 얼굴과 눈을 대충 훔치고 빗으로 머리를 대충 다듬고는 현관문을 나섰다. 희뿌연 동녘 하늘이 눈앞에 어른거린다. 남편이 저세상으로 떠난 후로 눈앞이 점차 흐려지기 시작했는데, 자식들에게 말하는 것도 신경이 쓰인다. 전보다는 약간 무거운 다리를 끌면서 아들네 베란다로 갔다.

다리만 아프지 않으면 이 세상 어디라도 다 가볼 생각을 한 적도 있다. 20대 후반부터 온몸의 여기저기가 아파서 단 하루도 약 없이는 버티기 힘들었다. 통증 없는 다리와 깨끗한 머리, 속 쓰림 없는 위 등등을 해결할 수만 있다면 해보고 싶은 것은 무엇이든 할 작정이었다. 남편이 살아 있을 때 한쪽 다리의 무릎 관절 수술을 했다. 도저히 아파서 걸을 수가 없어 다리를 끌다시피 했지만, 아무도 별 무관심이었다. 남편에게 하소연을 하여 겨우 수술을 했지만 금방 좋아지진 않았다. 그래도 남편과 자식들의 체면을 생각해서 아픈 내색을 하지 않았다. 최근 들어 양반 후손임을 자주 들먹이는 남편의 체통에 조금이라도 흠이 생길까 봐 내색을 못했는데, 걷는 모양을 본 남편이 결단을 내려 수술을 하긴 했다. 되도록이면 아프지 않은 척을 했다. 하기야 근 50년을 매일 죽는다고 끙끙 앓아왔으니, 남편도 지칠 대로 지쳤을 것이다. 그래도 부부가 무엇인지 50대 후반에 들어가면서 남편이 관심을 많이 가지기 시작했다. 원래 시어머니 살아계실 때부터 효성이 지극했던 남편은 혼자되신 모친 때문에 신혼 초부터 신부와 합방을 하지 않았다. 직장인 학교에서 퇴근하면 항상 모친께 문안드리고 모친의 독수공방을 염려하여 모자가 같이 잤다. 신부는 딴 방에서 자고. 그러다 손자를 빨리 보고 싶다는 모친의 엄명(?)으로 혼인 후 1년 6개월 만에 첫아들을 보게 되었다. 그 후로도 항상 퇴근 후에는 모친과 같이 잤다. 모친은 첫 손자와 진한 사랑을 나누었다. 그래서 손자는 그녀의 몸의 일부이자, 장식이자, 의관이자, 자식 이상이었다. 이러한 사랑 때문에 손자는 이미 조모의 손자로 바뀌어버렸다. 그 후로 남편은 모친의 공방에서 쫓겨나 부부가 같은 방에서 밤을 지낼 수 있었다. 그래도 남편은 항상 모친의 기분이나 생각에 눈높이를 맞추기 위해 세심한 배려를 했다.

아들네 식구들이 혹시라도 잠에서 깰까 봐 조심스레 베란다로 갔다. 그동안 호미를 들고 잡초를 없애고, 물을 주고, 벌레를 잡고, 거름을 주며 키웠던 채소와 꽃들이 나름의 자태를 뽐내고 있었다. 이 모습을 보는 것이 매일 아침의 즐거움이었다. 노래가 절로 나왔다. 아픈 다리도 잊고, 아픈 머리도 잊고, 세상의 모든 근심도 잊었다. 가끔은 입속에서 노래를 흥얼거리기도 했나 보다. 입 밖으로 살짝 새어나온

소리에 깜짝 놀라서 허리를 펴고 주위를 둘러보았다. 누가 내 노랫소리를 듣지나 않았나 해서 창피한 마음이 들었다. 아무도 없음을 확인해도 부끄러움에 얼굴이 화끈거렸다. 다행히 아무도 못 들었나 보다. 매일 이 1층 베란다의 손바닥만 한 공간에 찾아오는 것이 안타까워 큰 자식이 근교에다 조그마한 밭을 하나 샀지만 너무 멀어서 가기도 힘들고, 매일 나만의 즐거움으로 바꾸기엔 문제가 있었다. 비록 작지만 그래도 철철이 먹을 수 있는 채소를 가꾸는 재미는 그 무엇보다 컸다. 재배한 대부분의 소출이 자식 식구들의 반찬으로 사용되기에 비록 힘든 몸으로 가꾸지만 마음은 언제나 즐거웠다.

쇠락한 부잣집 가운데 딸로 태어나서 어렵사리 생계를 유지했던 유년기는 너무나도 행복한 추억들로 채워져 있었다. 사립문 밖에 흐르는 실개천의 물소리는 마음을 들뜨게 하고, 초가집 뒤의 대나무 숲이 부르는 노랫소리는 꿈 많은 소녀에게 상상의 나래를 펼치게 했다. 골목 제일 안쪽에 있는 집은 골목 중간에 있는 동무들과 더 많은 시간을 보내게 하여 또래끼리 언제나 재잘거리게 했다. 손위의 언니들과는 태어난 배가 달라도 너무나도 애틋한 동기 애를 서로 간에 나누었다. 그러다 하나둘씩 짝을 찾아 멀리 시집갈 때면 주체할 수 없는 눈물로 며칠을 지새우곤 했었다. 언젠가는 만날 수 있을 것이라는 희망스러운 꿈을 꾸면서. 30~40년을 보낸 후에는 정말로 꿈에 그리던 언니 동생들을 만나서 서로 내왕을 할 수 있었다. 다시 만난 혈육들은 얼마나 따스하였는지 먼저 세상을 떠난 남편이 생각나지 않을 정도였다. 조금 더 건강하다면 조금 더 세상을 구경할 수 있을 텐데. 그렇지만 어쩌랴. 이만큼의 여유와 행복은 과분할 정도의 복이지.

20살에 시집을 와서 청상의 시어머니 밑에서 생활해서일까? 매사가 조심스러운 것은 어쩔 수 없었다. 시어머님, 시할머니, 시백부모, 시숙부모, 심지어는 성인이 다된 시동생들까지 조심스러웠다. 시집오기 전에는 언니 오빠들에게 어리광이나 애교로 모든 것을 해결했건만, 이런 것이 전혀 통하지 않을 것 같은 분위기라 매사가 노심초사였다. 하물며 하인이나 머슴들조차도 조심스러운 사람들로 보였다. 딸이 사는 형편을 보러 재 너머의 친정에서 몇 년에 한 번꼴로 찾아오시던 친정아버지마저 조심스러웠다. 새로운 환경에 적응하느라고 보낸 지난 세월들은 그래도 약과였다. 남편 따라 산골에서 대처로 나와 생활하기 시작했을 때 느꼈던 관습의 차이는 그렇잖아도 조심스러운 그녀를 더욱 위축시켰다. 도시생활에 적응하기 시작했을 무렵에 고3인 아들이 새벽에 깨워달라는 요청이라도 하면, 새벽의 깊은 잠에 빠진 아들의 측은한 모습에 방 안에 있는 전등조차 켜기가 두려울 정도로 아들에게 미안한 마음이 들었다.

조심스런 마음은 좋은 일에서나 나쁜 일에서나 전혀 차이가 없었다. 남의 좋은 일에는 장단 맞춰 좋아해 주고, 안타까운 일에는 같이 안타까워했다. 나의 좋은 일에는 좋은 표정을 지을 수 없었고, 나쁜 일에는 슬퍼할 수도 없었다. 항상 남의 눈을 의식해서 생활했다.

"당당하게 의사표현을 해도 좋습니다."

"야야, 그래도 어떻게 그럴 수가 있나. 남의 심정도 이해해야지."

그래서인가. 그녀의 자식들은 나름대로 각자의 길을 개척했다. 자식들은 모두 다 스스로의 능력과 노력으로 개척한 결과로 생각했다. 부모님의 음덕도 모르고.

부모는 자식들이 항상 제구실을 하는 것을 보람으로 생각한단다.

이런 말은 스스로 잘났다고 생각하는 자식들에게는 들리지 않는 법인가? 그래도 자기 역할을 제대로 하는 자식들에게는 신경이 쓰이지 않으나, 조금이라도 미흡한 경우에는 온 신경이 집중되지만 이 또한 허사였다. 언젠가는 자식들이 이것을 알아줄 날이 있으리라고는 생각조차 해본 적이 없지만, 하루일과가 이런저런 쓸데없는 걱정으로 가득 차 있었다. 미흡한 부분이 마치 당신의 잘못인 양 생각되었기에. 그렇지만 나 혼자 애쓴다고 그 일이 해결될까? 괜한 걱정과 힘만 쓰는 꼴이다.

큰손 찬가(讚歌)

모두가 형편이 어려워 많은 사람들이 후한 시골인심 덕에 구걸로 연명하던 시절이 있었다. 조석으로 끼니때가 되면 많은 사람들이 집 안으로 와서 구걸을 했다. 그때마다 시어머니는 이들에게 후한 대접을 했다. 측은지심이 발동하여 언제나 배고프지 않을 정도로 음식을 나누어줬다. 이것도 소문이 났는지 단 하루도 사람들이 찾아오지 않는 날이 없었다. 작은 동네지만 오직 두 집에만 찾아왔다. 그중에서도 이 집으로만 제일 많은 사람들이 찾아왔다. 시어머니의 손이 커서 그렇다는 이야기도 있었다. 그러다 우리 식구들의 식사가 모자라면,

"우리가 좀 적게 먹으면 되고, 조금 있으면 또 끼니때가 되니까 그때까지만 참아라."

이러면서도 하인이나 일꾼들 배는 골리면 안 된다고 하신다.

보리쌀을 삶아서 저녁을 준비할 때쯤에 문제가 벌어진다. 보리쌀 삶는 구수한 냄새가 많은 손님들을 유혹한다. 이때 찾아온 손님한테

는 삶지 않은 생보리쌀이나 생쌀을 줘야 하는데, 그 양이 문제였다. 시어머니는 이미 그 양을 정해두었다. 구걸하는 남자, 아이, 아기 있는 여자, 스님 등등으로 나누어서 주는 양을 정해두었다. 그런데, 시어머니가 있는 날에는 지출이 훨씬 더 심했다.

"살림하는 사람 손이 이래 작아서 되나."

하시면서 더 얹어주셨다. 집안에 잔치라도 있으면 남들 다 싸주느라고 집의 식구들은 먹을 음식이 사라진다. 얼마나 봉지를 많이 싸는지 그 수를 헤아릴 수 없을 정도였다.

"다음에 좀 더 많이 해서 먹지."

이게 끝이다. 시어머니는 큰손을 가지셨다.

이런 시어머니를 닮아서인가? 그녀도 봉지 싸는 데는 일류 선수였다. 남편이 세상을 떠난 후에 너무 과다한 생활비 지출 때문에 문제가 생겼다. 확인 결과 전부터 죽 해왔던 과다한 봉지와 잡비 사용이 주범이었다. 결국 큰손은 그 버릇을 고치지 못한 채로 이 세상을 떠나갔다. 시어머니보다 더 큰손을 가졌던 그녀는 시어머니와 같은 곳에 잠들어 있다. 큰손들이여 편히 계시옵소서.

그녀는 아들을 많이 두었다. 무려 5명. 그렇지만 말년에는 딸 가진 사람들을 부러워하기도 했다. 사람이 그리워서였다. 혼자서 지키는 큰 집은 밤만 되면 집이 아니라 짐이 되기도 했다. 아들이 살림을 합치자고 했지만, 때늦은 며느리 시집살이라도 하는 것은 아닐지라도 아들 며느리 손녀들의 눈치를 보면서 생활하는 것도 쉬운 일은 아닐 성 싶었다. 외로움이 엄습해올 때면 아들들에게 여기저기 전화라도 하고픈 마음이 굴뚝같지만, 바쁜 생활에 한가하게 어미와 전화할 수 있는 녀석은 한 명도 없을 터. 그냥 참는 것이 상책이야. 그래도 가장 기다리는 날은 있었지.

설과 추석 명절.

모처럼 모이는 자식들과 손자녀들을 집으로 데리고 가서 밤새도록 함께 이야기하고 웃고 떠들면서 밤을 지새우는 즐거움은 무엇과도 바꿀 수 없는 최고의 행복이었지. 몸이 아무리 고단해도, 평생 동안 아파온 편두통도, 일어나 걸을 때면 쑤셔오는 양쪽 무릎도 이날만은 아무렇지 않았다. 평생을 살아온 이력보다도 이 자식들과 함께 보낸 짧은 시간이 더욱 소중하기에 무엇인들 아까우랴.

수시로 들락거리는 자식들과 손자녀들의 얼굴을 보는 순간 노년의 외로움은 눈 녹듯이 사라지니, 마약이 따로 없다. 피붙이가 마약인걸. 다 크고 나면 제대로 자란 것에 감사하고, 지금 한창 자라는 것에는 그것이 예뻐서 좋으며, 막 꽃을 피우는 것들은 너무나 사랑스러워 좋았다.

피붙이든 아니든 내가 줄 수 있는 모든 것을 꺼내어 주고 싶은 마음은 처음 만나는 순간부터 생겼다. 엄한 분위기의 시집살이 덕택에 감정표현이 어눌하여 언제, 어떻게 이 좋은 느낌을 전해야 하는지 몰랐다. 그래서 혼자된 직후에는 그 표현이 어색했다. 그래도 시간의 흐름에 어색한 것에서 자연스러운 것으로 표현이 바뀌고, 때로는 과감하게 표현하기도 했다. 이제 노마님은 모든 것을 자연스럽게 표현할 수 있었다.

찾아오는 손님이 없을 때는 스스로가 그들을 찾아갔다. 어릴 적부터 친구처럼 지내온 친정 올케들은 세월이 흘러감에 따라 완전한 촌로로 바뀌었다. 그래도 좋았다. 마음속의 말을 터놓고 이야기할 수 있어 좋았고, 남편 없는 외로운 처지를 서로 이해할 수 있어서 좋았다. 그동안 잊었던 농촌생활을 조금이나마 새삼스러이 맛볼 수 있어서 좋았다. 항상 긴장하며 살아온 시댁과는 달리 마음 내키는 대로 자유롭게 생각하고 행동할 수 있는 친정과 피붙이들이 자신을 편안하게 만들었다.

찾아가야 할 곳이 많아지고, 만날 사람이 많아짐에 따라 그녀의 씀씀이는 상당했다. 이전에는 생활비의 절반 이상을 저축할 수 있었는데, 이제는 여유가 거의 없게 되었다. 손자녀를 만나면 귀여워서 용돈을 두둑이 주고 싶고, 여유 없는 친척을 만나면 생활비에 보태라고 주고 싶고, 길에서 어려운 사람이라도 만나면 안타까워서 주고 싶고. 자신도 선생의 부인으로 월급을 쪼개면서 살아온 처지이지만, 누구든 간에 주고 싶은 마음 때문에 주머니에 돈이 붙어 있을 새가 없었다. 시어머니보다 더한 큰손이 되었나.

모든 것이 사랑스러워

산골에서 살던 유년기에 대한 수많은 추억들이 그녀의 머릿속을 채웠다. 동무들과 나물 뜯던 일, 집 뒤의 대밭에서 새알 줍던 일, 시원한 바람이 불어오던 강변에 동무들과 나란히 앉아서 서로의 꿈을 이야기하던 일. 맑고 맑은 강에는 어찌 그리도 물고기들이 많던지. 모래무지, 참피리, 버들치, 메기. 수많은 물고기들이 맑은 물속에서 헤엄쳐 다녔지. 집 앞 사립문 밖을 흘러내리는 실개천은 졸졸 소리마저 정겹게 내었지. 큰 돌이라도 들면 주황색 알을 품은 푸른빛 나는 참가재가 죽은 듯이 엎드려 있었지. 잊히지 않는 유년의 추억들. 어릴 적 동무들은 지금 어디서 무얼 하는지.

큰애를 낳았을 때인가. 시어머님이 손수 지은 집에서 시집살이를 시작한 지 5년 정도가 흘렀을 것으로 추측되지 아마. 그녀는 가끔 젊었을 때 시집살이하던 기억을 되뇌곤 했다. 마당 한구석의 장독대 옆에 남편이 학교에서 가져온 줄장미 한 그루를 심었지. 장미가 가장 예쁠 때는 새순이 날 때와 검붉은 꽃이 막 피어날 때였지. 너무나 예뻐서 쳐다보다가 할 일을 제대로 하지 못해서 시어머니께 야단맞았지. 또 흙담 밑에다 맨드라미, 채송화, 분꽃, 접시꽃을 심고, 흙 담장 위에도 맨드라미와 채송화를 심었지. 그것들이 꽃을 막 피우려고 할 때 한번 쳐다봐. 얼마나 사랑스러운지. 하루 종일을 들여다봐도 지겹지가 않잖아.

집 안 마당 한구석에 고목이 다 된 감나무 한 그루가 서 있었다. 어른 두 사람이 감싸야 할 정도로 제법 굵은 것이었다. 어른 눈높이 정도에 감나무 구멍이 하나 있었는데, 이곳에 청개구리 한 마리가 살고 있었다. 비라도 오려고 날이 흐려지면 청개구리는 머리만 밖으로 내민 채로 울기 시작했다. 청개구리의 울음소리는 정확했다. 이 신호에 따라 마당에 널려 있는 곡식을 수습하고, 마당 한편의 빨래를 거두어들이고, 마당을 쓸고 했다. 청개구리는 뛰어난 일기예보가였다. 그놈이 머리를 내밀고 우는 모습은 너무도 사랑스러웠다. 귀여운 몸짓과 자태는 그 어떤 놈보다도 훌륭했다. 그녀는 이런 것까지 사랑했다.

1960~1970년대는 대부분의 사람들이 힘들게 살았다. 대도시에서는 거의 70%에 가까운 사람들이 남의 집에서 세를 살았다. 그녀도 몇 년인가를 남의 집에서 세를 살았다. 시멘트로 덧씌워진 마당에는 화단이 있을 리 없었다. 시장에 갔다 오는 길에 조그만 화분이라도 하나

사서 문 앞에 두고 열심히 키워냈다. 꽃을 피울 때까지. 마침내 꽃망울이 터지고 예쁜 자태가 나타나면 너무나 좋아했다. 너무나 귀엽고 예뻐서 매일 화분을 닦아주었다. 비록 못생겼지만 예쁜 꽃을 품고 있기에. 처음으로 내 집이 생긴 후에는 틈만 나면 꽃을 키웠다. 아들이 사는 아파트에까지 손수 키워낸 꽃을 들고 와서 잘 키우라며 화분을 두고 가곤 했다. 가끔씩 아들 내외가 새로운 꽃이라도 키우고 있노라면, 온갖 능력을 발휘하여 새 화분에 분양하여 가지고 갔다. 마치 마술사의 손과 같았다. 그래서 그녀가 사는 집 안에는 늘 푸르고 싱싱한 화초들과 작은 과일나무들이 가득했다. 화분에는 물론 먼지 하나 묻어 있지 않았다. 어쩌다 발견한 불쌍한 새를 집으로 데려와서 마치 자식인 양 키우기도 했다.

우리의 보편적인 할머니와 어머니들이 그랬듯이 그녀도 매년 일정한 시기에 자식들에게 주려고 엄청난 양의 간장과 된장을 담갔다. 그래서 자식들은 간장, 된장 걱정 없이 지낼 수 있었다. 가끔은 김치와 참기름도 직접 만들어 자식들에게 퍼 날랐다. 이런 일들이 그녀의 즐거움이었다.

1970년 겨울은 매우 추웠다. 나라 전체가 경제적으로 어려움을 겪고 있어, 경제개발을 통해서 조금이라도 나라 형편이 나아지려는 노력을 하고 있을 때였다. 그녀의 가족도 경제적으로 어려움을 겪고 있었다. 교사 월급으로 고등학생에서 초등학생에 이르는 학생 5명 뒷바라지가 너무나도 힘들었다. 그렇지 않아도 20대 중반부터 시작된 편두통으로부터 몇 년마다 새로 얻게 된 병들로 인해서 매일 엄청난 약을 복용하고 있었다. 그러다 심신이 지쳐서 몸져누워버렸다. 그 때문에 집안 꼴은 말이 아니었다. 남편은 장남에게 O 한의원에 가서 약을 지어오라고 하였다. 장남은 이 일로 인해서 처음으로 학교엘 지각을 하였다. 그 후로도 그녀는 수시로 병원을 찾았다. 얼마나 많이 병원엘 들락거렸는지 헤아릴 수 없었다.

신체의 5장 6부에까지 손을 대었다. 신장 한쪽, 담낭, 맹장, 대장 일부 등은 수술로 제거한 부분이며, 백내장, 쌍꺼풀, 요실금, 척추, 양쪽 인공무릎, 어깨관절 등을 손보았다. 어느 하나 규모가 작은 수술이 아닌 데도 일생을 수술로 보냈다. 그런가 하면 심장질환, 정신질환, 위장질환, 만성두통 등으로 20대 중반 이후로는 단 하루도 편하게 잠을 자본 적이 없고, 개운한 머리로 단 하루를 보낸 적도 없었다. 그래서 그녀의 머리맡에는 항상 약 봉투가 놓여 있었고, 그녀의 가방 속에는 약이 한가득 들어 있었다. 외출이나 여행 시에는 항상 약을 챙겨야 했다.

자식이 많다 보면 별의별 일이 다 생긴다. 그래도 그녀는 행복한 사람이었다. 자식들이 크게 속을 썩이지 않고 나름대로 구실을 하고 있으니. 다만 한 가지 아쉬운 것은 아들이 무려 5명인데, 손자는 겨우 3명, 손녀 7명으로 모두 10명의 손자녀만 있는 것이다. 적어도 15명은 되었으면 좋으련만. 그중에는 키가 큰 녀석, 덩치가 큰 녀석이 있는가 하면 그렇지 않은 경우도 있다. 공부도 잘하는 녀석, 보통 녀석, 그렇지 않은 녀석들로 섞여 있다. 어쩌면 이 글도 글쓰기를 좋아하는 녀석이 있기에 전부는 아닐지라도 조금이나마 후손들이 들여다볼 수 있도록 기록으로 남기게 된 것이리라. 항상 큰 자식만 제대로 되면 그 아래는 걱정할 것 없다던 시어머니의 말씀이 뇌리에 스친다. 항상 큰자식 잘되길 바라면서 지내온 세월이 어느덧 50여 년. 돌이켜보면 남들 못지않은 공부와 세상살이를 볼 때 여유 있게 해주지는 못해도 잘 키웠다는 생각이 든다. 남은 바람은 앞으로도 형제간에 우애 있게 잘 지내는 것이다. 늘 시어머님이 말씀하신 것처럼.

마침 큰자식이 책을 썼다고 단행본 몇 권을 가져왔다. 그렇지만 초등학교도 나오지 않은 주제에 글을 읽어낼 수가 있나. 그래서 열심히 한글 공부를 했다. 몇 년이 지나니 그것도 이골이 나서, 처음과는 달리 머리도 아프지 않고 책 속의 의미가 어렴풋이 머리에 들어왔다. 몇 년이 지나자 넷째 자식도 자기가 쓴 책이라고 한 권을 가져왔다. 내용이 너무 어려워 읽을 엄두를 못 냈다. 그리고 몇 년이 지나는 동안에 백내장이 심해져 눈을 뜨고 보는 사물들이 뿌옇게만 보였다. 큰자식과 의논하여 백내장 수술을 했다. 수술 후에 몇 달이 지났을까? 문득 아들이 쓴 책을 꺼내어 읽었다. 눈이 환하니 글 내용이 쉽게 머릿속으로 들어왔다. 눈이 마음의 창이라더니 진정 맞는 말이구면.

무릎이 아프면 일어나거나 앉는 일은 물론 어디로 이동을 할 수 없게 된다. 그것도 양 무릎이 다 아프면. 정말로 무릎이 아파서 움직일 수도 없게 되었다. 물리치료, 한방치료, 민간요법. 안 해본 방법이 없다. 그래서 특단의 조치를 내렸다. 인공무릎으로 바꾸기로. 수술 후에도 오랜 시간에 걸쳐서 재활운동을 했다. 겨우 걸을 수 있게 되었다. 그런데 나이가 들어서인지 가끔은 자신이 원하는 대로 움직이지 않는 경우도 있었다. 어떤 경우에는 자신도 모르게 양다리에 힘이 빠지면서 넘어지기도 했다. 한번은 친정 올케가 사는 시골에 갔다가 갑자기 넘어져서 팔이 골절되었다. 큰 자식에게 연락하지 않고 그냥 참기로 했다가 병을 키우게 되어 얼마나 낭패를 봤는지 모른다. 병원에 가서 치료를 받고 나서도 상당한 시간이 흐른 후에야 회복이 되었다.

또 한 번은 친정아버지 제삿날에 조카네 집 화장실에서 넘어지는 일을 당했다. 이번에도 사고 자체를 숨기고 있다가 낭패를 당했다. 하도 자주 이런 작은 사고를 내기에 매번 큰 자식에게 연락하는 게 쉽지 않았다. 그래도 괜찮으니 제발 사고 즉시 연락해달라는 아들의 말도 귀에 잘 들어오지 않았다. 미안해서.

죽는 날까지 자식들을 괴롭히지 않아야 되는데. 이 말을 몇천 번이나 되뇌었을까? 시어머님처럼 저녁 잘 먹고 그냥 편안히 이 세상을 하직하는 방법은 없을까? 내 맘대로 할 수 없긴 하지만 절에 갈 때마다 부처님께 빌었으니 내 소원을 들어주실까. 갑자기 왼쪽 어깨가 결리더니 왼손을 움직이기 힘들어졌다. 병원에 가 보니 어깨에 물이 생겼단다. 특별히 치료할 수 있는 방법은 없지만 물리치료를 열심히 받아보란다. 손을 못 움직이면 식사를 못하고, 청소도 못 하게 되는데. 억지로라도 움직여야지. 그래야만 자식들에게 애를 덜 먹이지. 다행인지 불행인지 어깨는 점차 차도가 있어 아들에게 아쉬운 소리를 하지 않아도 되었다.

나이가 들면 노환이라는 포괄적인 질환이 찾아온다. 60년 이상이나 쉼 없이 사용된 장기나 신체기관에 이상이 발생하기 때문이다. 그녀도 어깨에 이상이 발생하여 한쪽 손을 마음대로 사용할 수 없었다. 다리도 마찬가지였으며, 허리조차도 그러했다. 이런 몸으로도 자식들과 남들에게 뭔가를 퍼주려고 운신을 했다. 우리의 신체기관도 기계와 마찬가지로 내구연한이 있나 보다. 말년에는 드디어 올 것이 오고야 말았다. 몸을 추스를 수 있는 힘은 있으나 실제로는 움직일 수 없는 상태가 되었다. 퇴행성 질환이 나타난 것이다. 작은 병원에 입원을 하여 약 한 달 반가량을 지내게 되었다. 처음에는 답답했지만, 금세

병실 내에서 친구들을 만들어 즐겁게 지냈다. 문제는 입원한 날에 발생했다. 여기저기의 병원에서 검진을 받느라고 병원에서 드실 약을 챙겨 오질 못했다. 병원에서도 현재 복용하고 있는 약과 약물 부작용을 확인하고서 적절한 처방을 할 수 있기 때문에 입원절차를 끝내고 스스로 집으로 가서 약을 챙겨왔다. 당신의 약은 다른 사람이 챙길 수 없기에 스스로 확인해서 가져올 수밖에 없었다. 병원으로 가지고 온 약의 종류가 얼마나 많은지, 병원관계자마저 놀랐다. 그런데 더욱 놀란 것은 이렇게 많은 약을 매일 밥 먹듯이 드셨다는 것이다. 약인지 밥인지. 위장을 비롯한 소화기관에 이상이 없는 게 신기할 정도였다.

배려(配慮)

따스한 햇살 속에 간간이 섞인 칼바람의 매서움이 도심의 소로를 헤집고 다닐 동안, 편안하게 남향의 대웅전 안으로 들어가 부처님을 마주 보고 다소곳이 자리했다. 아침 해만 뜨면 햇살이 들어오는 대웅전 대청마루를 건너 바라보는 그분의 미소를 머금은 듯한 모습은 늘 한결같아서 40여 일이 지루한 줄 몰랐다. 일주일에 한 번 법당을 가득 메운 신도들과 이들에게 법문을 들려주는 노승의 모습을 보는 것만으로도 가슴 편한 시간을 가질 수 있어 좋았다. 삶이 이러하다면 무슨 의미가 있겠냐만, 다행히도 마지막을 이렇게 보낼 수 있다는 것이 그동안의 모든 것들이, 모든 행위가 나름의 뜻을 가졌다는 것을 의미하는지 융숭한 대접이 아니어도, 시끌벅적한 대접이 아니어도 진솔한 마음을 나눌 수 있어 아름다웠다.

돌이켜보건대 무엇이 삶이며, 무엇이 생활인지도 모르면서 지내온

78년의 세월은 화려하진 않으나 나름의 결실을 맺어 많은 씨를 뿌릴 수 있어 의미가 있었다. 코앞에서 들려오는 시냇물 흐르는 소리를 노래 삼아 태어나, 태산같이 생각되던 뒷산을 의지하고 발아래 마을과 논밭들과 씨름하다, 콧물조차 훔칠 여유도 없이 재 너머로 시집오던 날, 뭣이 그리 부끄러웠던지 고개조차 들지 못했다. 많은 언니들과 남자형제들 속에서 재잘대며 지내던 시절이 그립기도 했으나, 엄한 분위기 속에서 조심스럽게 생활하며 하루하루를 보내다 부모님 얼굴을 기억하는 것만으로도 사치스런 생각이 들었다. 쇠락해가는 친가는 걷잡을 수 없는 지경으로 나빠졌지만, 엄하고 힘들지만 경상도식의 화목한 분위기 속에 홀시어머니와 같이 사는 집은 점차로 활기를 띠었다. 남편 덕에 마침내 대처로 나가 몇 년 후에는 나름대로 대처사람이 다 되었다. 눈 속으로 글씨가 들어오고, 사람들의 얼굴과 사람 사는 모습이 들어옴에 자신감도 생겼다. 자식들이 커감에 자신도 커갔다. 키도 커지고, 마음도 커지고, 생각 또한 자랐다. 그래도 어릴 적의 뒷산은 언제나 자신을 소심하게 만들어, 큰소리 한번 지르지 못하는 엄마와 할머니가 되었다. 강한 성품의 가족 속에서도 언제나 사랑은 피어나 진흙 속의 연꽃처럼 그 자태가 드러났다. 남들에게 드러나지 않은 연꽃으로 은은한 향기만을 밖으로 내보냈다. 의지가 없는 것처럼 느낀 적이 한두 번이 아니었지만 종국에는 뜻대로 일을 해내었다. 나이 들어 홀로 산다는 것을 생각조차 해본 적이 없건만, 용케도 어려움과 외로움을 이기고 10여 년을 지냈다. 오로지 열매들이 제구실을 하는지를 보는 것만으로도 살아 있을 가치가 있었다.

많은 사람들이 북적였다. 무슨 일인지는 모르나, 무슨 사연인지는 모르나, 많은 이들에게 의미가 있는 것처럼 보인다는 것은 산골 소녀가 감당하기는 어려우나, 대처의 노마님에게는 당연한 것인지도 모른다. 산골 소녀가 노마님이 되기까지 자신의 존재는 흔적조차 없었다. 늦게 귀가하는 남편의 시중들기는 평범한 일상이었고, 많은 자식들의 뒷바라지 또한 일상이었으나, 무관심한 척하기와 철저한 내조는 흉내 내기가 쉽지 않고, 모르도록 행하는 것은 본성이었지만 누구도 흉내 낼 수 없는 것이었다. 해도 해도 끝이 없는 내조는 이해할 수 없는 상황에까지 가서도 행해졌다. 그야말로 그림자 같은, 집토끼 같은 기나긴 세월을 거쳐 혼자 지내는 집토끼가 되어 무려 10여 년, 그래서 많은 사람들이 두려워하던 그 10여 년을 자신의 굴을 지키는 ○○캣처럼 연약해 보이지만 굳건히 그 자리를 지켰다. 관심에서 벗어나 그것이 사라져도, 누구의 눈에 띄지 않아도, 조용히 그 자리를 지킨 노마님에 대한 예의였던 것일까. 동생은 말했다. 산골 소녀에게 맞지 않은 옷을 입었기에 동무들처럼 일상의 행복과 평범함의 평온을 누리지 못했을 것이다. 동생의 추측처럼 그런 족적을 남기진 않았다. 많은 사람들에게 도움이 되는, 될 수 있는 씨앗을 뿌리는 것이야말로 주어진 생명체가 누릴 수 있는 최대의 행복이자 평온이었을 것이매, 노마님은 산골 처녀에서 대처의 노마님으로 조용히 나타났다 조용히 잊혀갈 따름이었다.

도와주거나 보살펴주려고 마음을 쓰는 것을 배려라 한다. 배려에는 목적이 없다. 그냥 일방적이다. 여유가 있는 데서 시작한 배려는 아무나 할 수 있는 것이나, 여유 없는 것에서 비롯하는 배려는 특별한 이들만이 할 수 있다.

여유가 있는 배려는 아름답다. 교육에 의해서, 환경에 의해서 이것이 자연스럽게 받아들여질 수 있다. 과거와 현재, 미래에 일어났고 일어날 것들이다. 미국의 빌 게이츠나 워렌 버핏과 같은 유명한 부자와 능력 있는 사람들의 기부는 거의 이것이다. 많은 것들이 여기에 속한다. 어떤 지역의 의료재단 설립자도 이런 일을 했으며, 어떤 기업가, 어떤 독지가, 어떤 기부자, 심지어는 시장에서 콩나물을 팔아 평생을 살아온 할머니의 기부는 우리의 얼었던 마음을 녹이는 데 일조를 하기도 했는데, 이런 등등이 모두 알려진 선행들이며, 여유가 있는 배려이다. 이것은 사람들이 왜 살아야 하는지에 대한 등대와 같은 것이다.

여유가 없는 배려는 마음을 흔들어놓는다. 남의 눈에 띄게 행하질 않는다. 그것이 행해졌는지도 모른다. 오직 당사자만이 그 사실을 알기에 대체로 눈물겨운 사연을 가진다. 그렇지만 아무도 모른다. 의식적인 것이 아니라 거의 본능에 가까운 것이다. 이것은 교육을 통해서 익히는 것이 아니고, 이 세상에 태어날 때 이미 타고난다. 이런 사람은 수만 내지 수십만 명 중에 한 사람이 나올 듯 말 듯하다. 여유 없는 배려는 누가 했는지, 언제 했는지 아무도 모른다. 마치 산타클로스 같은 인물이라 할까? 이 세상에 올 때 이미 타고나기에 타고나지 않은 대부분의 사람들은 여유 없는 배려를 본 적도 들은 적도 없다. 그래도 이런 사람들은 이 세상에 태어났다 사라진다. 인간 사회에서 산소 같은 사람들이 바로 이런 사람들이다. 눈에는 보이지 않으나 우리 사회에 꼭 필요한 사람인 것이다. 우리 모두는 이런 산소 같은 사람들의 음덕으로 생명을 보지하고, 희망을 가지고 행복한 삶을 누릴 수 있는지도 모른다.

휴일마다 등산을 즐기는 많은 사람들 중에는 높고 큰 산에 올라가는 사람들이 있는가 하면, 낮지만 아름다운 산에 올라가는 사람도 있다. 낮은 산의 초입이나 능선에 따스한 햇볕이 드는 곳에는 크고 작은 무덤들이 있다. 이 땅에서 태어나 이 땅으로 돌아가 바로 그곳에 묻힌 것이다. 오래되었지만 웅장하고 화려한 묘가 있는가 하면, 희미한 흔적만을 남긴 묘도 있다. 작지만 단정한 묘가 있고, 봉분에 나무가 자라 묘인지 아닌지 분간이 어려운 묘도 있다. 조성한 지 오래되지 않은 묘들도 그 역사가 어떠하든 간에 형태는 각양각색이다. 공동묘지가 있는가 하면, 공원묘지가 있고, 단독으로 넓은 자리를 차지한 묘들도 있다. 오래되었지만 아직도 그 모습이 단정한 묘들은 그의 후손들이 그곳을 관리하고 있다는 뜻이므로 대체로 반듯한 집안 혹은 후손이라 할 수 있다. 하기야 자연에서 태어나 자연으로 돌아가는 삶을 생각하면 빨리 산의 일부분으로 돌아가는 것이 바람직할지도 모른다. 그렇지만 우리나라에 거주하는 장년에서 노년에 해당하는 많은 사람들은 오랫동안 묘가 보존되기를 원한다.

실제로 오래되었지만 단정하게 보존된 묘들의 후손들은 사회에서 제 역할을 제대로 하고 있는 것도 사실이다. 그래서 이러한 묘들을 일부에서는 대체로 명당이라고 부르기도 한다. 그곳이 실제로 과학적으로 명당인지, 풍수적으로 명당인지는 모르지만 명당이라고 하자. 한 가지 특이한 점은 이러한 묘들의 후손들이 대체로 반듯한 생각을 가지고 있는 바른 생활을 하는 사람들이라는 것이다. 이들의 반듯한 생활은 물론 그들의 부모와 조부모로부터 유전적으로 물려받은 부분이 많다고 할 수 있다. 달리 말하면 단정한 묘의 주인공이 실제로 바른 생활을 했다고 가정할 수 있다면 논리의 지나친 비약은 아닐 것이다. 멘델의 법칙뿐만 아니라, 심리학과 정신분석학이 주장하는 유전과 환경의 영향이 개체의 형질을 좌우하기 때문에 반듯한 묘와 후손들의 반듯한 생활은 직접적인 관계가 있다고 할 수 있을지도 모른다.

누가 반듯한 묘에 들어가는가? 그것은 아무도 모른다. 그런데 흥미로운 연구결과들이 있다. 그의 연구팀은 이러한 묘에 들어가는 사람들의 인품이 남달랐다는 사실을 도출하였다. 놀랍기도 하고, 어처구니없는 결과이기도 하다. 결국 그분이 살아 있을 때 배려하는 삶을 산 경우에는 후세에 묘도 단정하게 남아 있고, 후손들도 반듯하게 살고 있다는 비논리적인 결론을 도출한 것이다. 일면에서는 유전학적으로 이해할 수 있는 부분도 있으나, 묘와의 연관성에서는 논리의 전개가 용이하지 않음을 시인한다. 이것이 사실이든 아니든 단정한 묘는 나쁘지 않다. 산이라는 자연환경을 훼손하지 않고 주위와 조화를 이루며 잘 순응하고 있는 것을 알 수 있다. '좋다, 나쁘다'에 대한 기준은 간단하다. "좋다"는 대체로 반듯하게 사는 후손이 많다는 점을 강조한 경우에 해당한다.

그 이유야 어떠하든 간에 남을 배려하는 마음은 이 인간사회의 산소이다. 많은 교육을 통해서 여유 있는 배려를 자발적으로 하도록 하는 것이 현대사회에서는 반드시 필요하다. 교육의 기본이 인간다움을 알게 하는 것이라면, 인간다움은 바로 배려에서 출발한다. 그래서 사회가 아름답기 위해서는 배려를 제대로 가르치는 교육이 이루어져야 한다.

여유 없는 배려는 태어날 때 부여된 것이기에 자신만의 것이다. 이것을 부여받은 사람들은 대체로 고단한 삶을 살게 된다. 그러나 그것은 본성이기에 이를 극복하기 어렵다. 부모로부터 자식에 이르는 2대에 걸쳐 모두 4명의 조상 중에서 1명이 여유 없는 배려를 하는 사람이 나타났다면 그 집의 후손들은 소문난 '노블레스 오블리주'의 삶을 살게 된다. 그 대표적인 경우가 경북 경주시 교동의 경주 최씨 문중이다. 최진립 장군으로부터 13~14대에 걸쳐 부자로서 여유 없는 배려를 해온 집안이다. 최 장군이 병자호란에 참전하여 전사한 후로 집안에 많은 어려운 일들이 있었으나, 일제로부터의 독립운동과 근세에 민립(사립)의 대구대학(영남대학교 전신)을 설립할 때까지의 여유 없는 배려를 해온 생활은 많은 이들의 귀감이 되고 있다. 이러한 여유 없는 배려는 오늘날에도 가능할까? 이것은 매우 어리석은 질문이다. 이런 배려는 남이 알 수 없기에 언제 어디서나 일어날 수 있다. 배려의 크기나 형태는 아무런 의미가 없다. 이것은 타고나기에 아무도 말릴 수 없으며, 교육을 통해서 배울 수도 없다.

그녀도 평생 동안 여유 없는 배려를 행하였다. 하지만 누구도 그것을 알지 못했다.

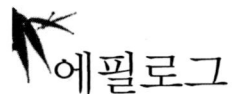

에필로그

답답함을 쏟아내고 싶지만 모든 것이 의지대로만 이루어지지는 않을 터라, 쏟아내어도 계속 쏟아내어도 찌꺼기는 고사하고 핵심은 그냥 깊숙한 곳에 박혀만 있습니다. 선무당을 해온 지 30년, 이제 평민으로 돌아가기 위한 준비를 하기 위해 먼저 가슴속에 있는 할머니들을 통해서 바깥세상을 내다봅니다. 첫발이 너무나 무섭기에 섬돌만 내려다봅니다. 차마 제대로 쳐다보지 못해서 내 버선의 코만 눈에 크게 들어옵니다.

400년 전의 나는 누구였습니까? 그대였습니다. 그대의 흔적을 찾고, 그대의 냄새를 맡고, 그대의 그림자를 봅니다. 그대는 섬세함과 강인함을 지녔습니다. 굽힐 줄 모르는 의지를 지녔습니다. 그래서 훌륭한 자녀를 만들었습니다. 키웠습니다. 병자호란 첫 전투에서 산화한 아들을 키웠습니다. 제도에 굴하지 않는 아들을 키웠습니다. 그 속에서 저를 발견합니다. 그대는 바로 나입니다.

조모님은 단아하셨습니다. 언제나 단아하셨습니다. 그리고 불 칼이었습니다. 근접하기 힘든 불 칼. 조모님은 예리한 섬광을 지닌 눈을 가지고 계셨습니다. 누구도 조모님의 눈을 제대로 보지 못했습니다.

50년을 거슬러 올라가 조모님의 눈빛을 바라봅니다. 언제나 따뜻하게만 느껴지는 조모님의 눈빛. 50년이 지난 지금 제 눈이 조모님을 닮았습니다. 제가 모르는 사이에 조모님의 눈을 가졌습니다. 조모님은 바로 나입니다.

어머니는 배려였습니다. 때로는 수줍고, 때로는 약하고, 때로는 힘없어 보였지만, 당신은 너무나도 아름다웠습니다. 항상 남을 먼저 생각하셨기에.

소천(韶燦) 이문호(李文鎬) ————————

1954년 경북 고령에서 출생하다. 1976년 서울대학교 전자공학과를 졸업하고, 1978년과 1981년에 KAIST에서 석사 학위와 박사 학위를 받았다.

1981년부터 현재까지 영남대학교 공과대학 교수로 재직하고 있으며, 대학원학감, 생체의 용전자연구소장, 평생교육원장 등을 역임하고, 현재 신소재공학부 교수 겸 대학원 응용전 자학과 주임교수로 재직 중이다. 과학기술부 신소재위원장, 대구지방환경청 평가심의위 원, 대구시 심의위원 등을 역임했다. 마르퀴즈 후즈후를 비롯한 5개의 세계인명록에 등재 되어 있다.

저서로는 『공학박사가 말하는 풍수과학 이야기』(2001), 『한국역사를 뒤흔든 여성들』 (2002), 『펭슈이 사이언스』(2003), 『환경을 바꾸면 명문대가 보인다』(2004), 『좋은 집이 우 리를 건강하게 만든다』(2005), 『공학박사의 음택풍수기행』(2006), 『조상을 잘 모셔야 자손 이 번성한다』(2007) 등이 있다. 본명은 이문호이며, 이석정(李碩檉)은 필명이다.

10년간의
우리 행복은

초판인쇄 | 2012년 2월 1일
초판발행 | 2012년 2월 1일

지 은 이 | 이문호
펴 낸 이 | 채종준
펴 낸 곳 | 한국학술정보㈜
주   소 | 경기도 파주시 문발동 파주출판문화정보산업단지 513-5
전   화 | 031) 908-3181(대표)
팩   스 | 031) 908-3189
홈페이지 | http://ebook.kstudy.com
E-mail | 출판사업부 publish@kstudy.com
등   록 | 제일산-115호(2000. 6. 19)

ISBN   978-89-268-3080-2 93910 (Paper Book)
        978-89-268-3081-9 98910 (e-Book)

이 책은 한국학술정보(주)와 저작자의 지적 재산으로서 무단 전재와 복제를 금합니다.
책에 대한 더 나은 생각, 끊임없는 고민, 독자를 생각하는 마음으로 보다 좋은 책을 만들어갑니다.